国際関係学

地球社会を理解するために

第3版

滝田賢治
大芝　亮 編
都留康子

Studies of International Relations:
How to Understand the Global Society, 3rd Edition

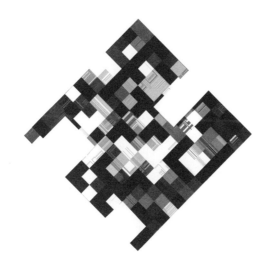

有信堂

まえがき

　本書『国際関係学——地球社会を理解するために』は、文字通り、国際関係・地球社会を学ぶための教科書である。

　国際関係とは国家と国家の関係である。いまなお、われわれが外国に旅行に行くときには国籍を示すパスポートが必要なように、世界で活躍しようと思えば、国家と国家が決めたルールや仕組みにのっとり、行動していかざるをえない。政府間の外交活動や企業の貿易・投資活動は、国家と国家の間の取り決めに従って、展開されている。

　それでは、副題にある「地球社会」とは何だろうか。これは、国際関係とどう違うのだろうか。地球社会と深く関連するのは、経済や情報などのグローバル化である。われわれの日常生活でも、マクドナルドでランチを食べ、iPhoneを使い、テレビで外国のニュースを見る。市民の生活は世界中とつながっている。また、環境保全や資源の管理は、地球規模で行わなければならないグローバル・イシューだともいわれる。このような特徴をもつ世界は「地球社会」と呼ばれることも多い。実際、国家が中心だと主張する人はいまなお多いが、その国家自体が、従来のような国民国家から変わりつつある。例えばアメリカには多くの中国国籍や韓国国籍、そしてより少数ではあるが、日本国籍の人も、長期にわたり暮らしている。ドイツでもトルコ系住民の数が増大している。

　他方、グローバルな人の移動に対して、人種差別的な排他的ナショナリズムも世界各国で強まっている。欧州における統合についても、これへの反発もまたきわめて強力になってきている。このように、グローバリズムとナショナリズム、あるいは統合と分離など、相反する動きが顕在化し、「地球社会」といっても、一様ではなくなってきている。

　現代世界では、伝統的な国際関係という流れと地球社会という流れの２つが

混在するとともに、問題が複合化する状況が生まれている。

今日、世界に蔓延している新型コロナウイルス（以下、コロナ）などの感染症問題を例に取り上げてみよう。感染症については、国境を越えて世界に広がるリスクが高いために、地球社会全体の問題として取り組む必要があるといわれる。しかし、実際のコロナ対策を見ると、各国は国境封鎖・国境管理の厳格化を進め、一部医薬品の輸出制限を行うなど、自国第一主義的行動が目立っている。また、感染症は単に保健衛生の問題であるにとどまらず、複合的問題でもある。コロナ対策が、各国の経済・社会活動に大きな負担となり、世界経済にも大きな打撃を与えていることはわれわれもよく知っている。また毎年のように繰り返し登場する鳥インフルエンザ問題は、ヒトと野生動物、そして生態系が相互に影響しあっていることを示しており、国連機関は、相互連関を考慮した対応策（ワン・ヘルス・アプローチ）の重要性を主張している。

それでは、本書では、具体的にどの問題をいかなるイシュー（安全保障問題とか経済問題とか）として位置づけ、どのような文脈（伝統的国際関係の問題として、あるいは地球社会の問題として）のなかで取り上げるのか。実は、こうした問題は決して自明ではないのである。

政治の世界では、何が解決すべき問題か、何が議論すべき争点かをめぐり、大いに議論がなされ、駆け引きが行われる。消費税アップを次の選挙の争点にするとか、震災復興を選挙の争点にするとか、何を選挙の争点にするかは、各政党にとり、投票数を左右する重要な問題だからである。

国際政治においても同様である。かつて、冷戦時代には、米ソ間の核戦争を回避することが世界の最優先事項だと主張されていたのに対して、第2次世界大戦後に独立した新興国は、南北問題を東西冷戦と同程度に、あるいはそれ以上に深刻な問題であると主張した。他方、日中間では、従来は尖閣諸島問題を争点にしないように棚上げしてきた。

それでは、私たちは、日本の国民として、あるいは世界の市民として、いかなるイシューについて分析し、解決のために努力すべきだろうか。メディアの報道に耳を傾け、また政治の世界での争点にも注目しながらも、それだけに流されることなく、私たち自身で、実はこれこそ解決すべき問題であると気づき、

問題解決のために取り組んでいくことが必要であろう。どうすれば「問題発見」できるのか。ここで、私たちは、先人たちの行動・努力の跡である歴史を学び、また、先人たちの知恵である理論を学ぶことが大切といえる。

本書では、以上のようなことを議論した上で、順序を逆にして、構成を組んだ。まず、序章において、「地球社会の生成と発展」と題して、地球社会の生成を、現代のグローバル化の時代に限らず、大航海時代にまでさかのぼり、伝統的な国際関係と競合して、またある場合は並存するような形で、地球社会が発展してきたことを述べ、現代世界では、伝統的な国際関係と地球社会という2つの流れが混在していることを述べる。

次に、第Ⅰ部において、近代の国際関係について歴史的な流れを理解した上で、第Ⅱ部において、国際関係・地球社会の様々なドラマの見方として、国際関係の諸理論を解説する。第Ⅲ部では、いよいよ、国際関係・地球社会の様々なドラマの登場人物＝アクターの紹介を行う。第Ⅳ部、第Ⅴ部において、私たち編集者が考える、現代の国際関係および地球社会における重要イシューの事実関係を整理し、解説を加える。

もとより、本書で取り上げたイシューで、すべての問題がカバーされているとは考えてはいない。紙幅の関係で盛り込めなかった問題や切り口は多々ある。例えば、日米関係や日中関係、あるいはアジアにおける国際関係など、二国間関係や地域レベルでの国際関係などは、本1冊では取り込むことができなかった。こうした問題については、随時、参考文献に挙げ、さらに読み進める人への道しるべを示すことで対応した。

最後に、読者に問いを投げかけたい。何のために国際関係を学ぶのか。なぜ、国際関係を学ぶ必要があるのだろうか。私たちが、将来、「グローバル人材」となって世界を舞台に活躍できるようになるために、まず、国際社会の現状を知っておくことが必要だからという回答もあるだろう。あるいは、地方で生活していこうと思っても、「グローカル」といわれるように、われわれの地域社会自体が、グローバル化によって、いまや世界と直接に結びつくようになっており、必然的に地域・日本・世界の問題を考えざるをえないから、という答えもあろう。さらに、まさに袋小路の状況にある日本外交を立て直すために、国際関係を理解することが必要だからというのもありうるだろう。

いずれでもよいのだが、いま何が問題か、そして、自分はどこを改善・改革していきたいと思うのか、この点を、本書を通じて、国際関係を学ぶなかで、ぜひ、考えていただければと思っている。

編　者

国際関係学——地球社会を理解するために〔第3版〕／**目　次**

まえがき　i

事項・人名索引　xi

序章　地球社会の生成と展開 —————————————————— 1

3つのグローバリゼーション／現代世界における2つの流れ

第Ⅰ部　近現代国際政治史

第1章　ウェストファリア体制の成立・拡大・変容 ————— 8

ウェストファリア体制の成立と現代国際政治／ウェストファリア体制の拡大・変容／第1次世界大戦とウェストファリア体制の変容／第2次世界大戦とウェストファリア体制の再生

第2章　冷戦とウェストファリア体制 ————————————— 14

冷戦とは／冷戦の発生・展開：双極体系の形成／冷戦の緩和（「雪解け」）からデタントへ／新冷戦と冷戦終結

第3章　冷戦終結後の国際政治史 —————————————— 20

冷戦終結の「効果」／冷戦終結が引き起こした国際政治の現実

第Ⅱ部　国際関係理論：国際政治史と現代地球社会を見るレンズ

第1章　リアリズム（1）————————————————————— 29

古典的リアリズムと勢力均衡論／H・モーゲンソーのリアリズム／古典的リアリズムの問題点

第2章　リアリズム（2）————————————————————— 34

ウォルツの3つのイメージと構造的リアリズム／覇権安定論／ネオ・リアリズムの問題点

第3章　リベラリズム（1）———————————————————— 41

出発点としての機能主義／新機能主義と欧州統合／国際的相互依存論／国際レジーム論

vi　目　次

第4章　リベラリズム（2） ———————————————— 50

グローバル化とグローバル・ガバナンス／デモクラティック・ピース論／
誤解と批判

第5章　従属論と世界システム論 ———————————————— 57

国際関係を資本主義システムから見る視点／従属論／世界システム論／ま
とめ

第6章　政策決定理論 ———————————————————————— 67

アリソンの政策決定モデル／心理モデル

第Ⅲ部　アクター：地球社会という舞台の役者たち

第1章　主権国家 ———————————————————————————— 74

主権、国家、国民／国家の成立条件／国家承認／国家の多様性

第2章　国際機関 ———————————————————————————— 83

国際機関の「青写真」としての設立文書と黙示の権限論／国際機関の三部
構成／国際機関の類型／国際機関における意思決定手続き／国際機関の役
割／国際関係理論と国際機関

第3章　EU ——————————————————————————————— 92

不戦共同体としてのヨーロッパ統合／ヨーロッパ統合の深化と拡大／世界
情勢の変容とヨーロッパ統合の将来

第4章　ASEAN ———————————————————————————— 98

ASEAN 誕生／ASEAN 地域協力の新たな展開／21世紀アジアの統合／世界
の地域主義／ASEAN のこれから

第5章　国際NGO —————————————————————————— 104

NGO とは／量から質の時代へ／NGO の多様性：規模、活動／国際規範形
成と NGO ／ネットワーク化する NGO：オタワからオスロへ／NGO と国際
機関の協働／NGO の今後の課題

第6章　多国籍企業 ————————————————————————— 110

底辺への競争／多国籍企業とグローバル・ガバナンス

目 次　vii

第7章　イスラーム世界 ———————————————— 116

イスラーム世界の広がり／西洋世界とイスラーム世界との間の主権概念の差異／グローバリゼーションに適応するイスラーム／不安定化する中東地域

第8章　エスニック集団 ———————————————— 123

エスニック集団とネイション／エスニック紛争の表出／グローバリゼーション時代のエスニック集団／ユダヤ人ネットワーク／華人・華僑／インド系移民（印僑）

第9章　テロ組織・海賊 ———————————————— 131

「テロ」とは何か／反政府勢力はテロ組織か／テロ組織の目的と形態／吹き荒れるテロの嵐と「イスラーム国」／国際政治と海賊／ソマリア沖海賊と国際社会の取り組み

第Ⅳ部　主権国家と安全保障をめぐるイシュー

第1章　21世紀の地政学

第1節　地政学：系譜と現代国際政治 ———————————————— 139

地政学とは／大陸国家系地政学／海洋国家系地政学／統合理論／現代国際政治と地政学

第2節　国境問題：「領土の罠」からの脱却 ———————————————— 145

国際関係論と地政学における国境／グローバル化と国境／9・11テロ以後の安全保障と国境／「上からの」国境と「下からの」国境：「領土の罠」を脱却する視座／トランプの壁のゆくえ

第3節　海洋秩序 ———————————————— 150

国連海洋法条約と領域的アプローチ／新エネルギー、鉱物資源の開発可能性／シーレーンの確保

第4節　北極問題 ———————————————— 154

地球温暖化と北極圏

第5節　宇宙空間・航空秩序 ———————————————— 157

viii　目　次

第2章　ナショナリズム ———————————————————— 159

様々なナショナリズム／どのようにナショナリズムは高揚するか／グローバリゼーションとナショナリズム／現代世界の統合と分離

第3章　主権国家と伝統的安全保障

第1節　個別的・集団的自衛権と集団安全保障 ——————————— 167

自衛権／個別的自衛権と集団的自衛権／集団的自衛権と日本／集団安全保障

第2節　勢力均衡政策 ————————————————————— 172

勢力均衡の定義・目的・類型／政策としての勢力均衡：バランシング／勢力均衡以外の政策：バンドワゴニング／同盟のディレンマ／勢力均衡の現在地

第3節　大量破壊兵器 ————————————————————— 179

生物・化学兵器の登場と規制／国際政治を変えた核兵器／大量破壊兵器と湾岸・イラク戦争／核軍縮・不拡散と日本／ミサイル軍拡の新時代

第4節　新しい戦争 —————————————————————— 183

「新しい戦争」という新しい言葉／テロの定義と「テロとの戦争」／『超限戦：21世紀の新しい戦争』／メアリー・カルドアの『新戦争論』

第4章　地球社会と人間の安全保障

第1節　人間の安全保障 ———————————————————— 187

第2節　人道的介入論 ————————————————————— 190

第3節　PKO・武装解除・平和構築・復興開発 ———————————— 193

第4節　国際刑事裁判 ————————————————————— 198

第V部　地球社会のアジェンダ

第1章　世界経済 ——————————————————————— 203

経済ナショナリズムと米中摩擦／金融・経済ガバナンスの展開／国際通商制度の動向／地域主義的な通商協定

第2章　IT・デジタル・サイバー空間 ——————— 211

IT・デジタル化の進展／ITと国家／デジタル通貨／ITと国際関係／ITと地球社会

第3章　開発・貧困・ODA ——————— 217

貧困と開発の問題の所在／ODA（政府開発援助）とは／援助への多様なアプローチ／有効な援助から人間開発へ／新型コロナウイルスと南北問題

第4章　自然災害と国際協力 ——————— 224

自然災害と国際関係学／主権国家と自然災害／自然災害への国際協力／自然災害と人災

第5章　資源・エネルギー問題 ——————— 230

国際政治と天然資源／第2次世界大戦後の資源ナショナリズム／冷戦終結後の資源獲得競争／国際政治のカードとしての天然資源／鉱物資源とレアメタル／化石燃料社会から脱炭素社会へ／第2次エネルギー資源としての電気／水資源／生物資源

第6章　地球環境問題 ——————— 237

近代世界システムの発展と地球環境問題／地球環境ガバナンス／地球環境レジーム／環境安全保障／グローバル・グリーン・ニューディール／脱炭素社会への動き：パリ協定

第7章　人口問題 ——————— 245

人口問題への視点／グローバル・イシューとしての人口問題／人口増加のグローバル・イシュー化／都市への人口集中

第8章　人の移動 ——————— 249

人の移動とは：「国際移民の時代」／人の移動の形態：自発的移住と非自発的移住／人の移動の現状と傾向／移民のジェンダー化／難民と国内避難民：「人道危機」としての難民問題／人身売買／人の移動の現代的課題：感染症の拡大と地球社会

第9章　人権問題 ——————— 256

人権保障の国際化／国際人権規約／新しい人権／履行確保の問題／さらに広がる21世紀の人権問題

x　　目　次

第10章　ジェンダー ——————————————————— 261

ジェンダーという概念／ジェンダーの平等とポジティブ・アクション／
ジェンダーと開発・平和

終章　21世紀地球社会の展望と日本 ——————————————— 267

グローバル化がもたらす負の側面／アメリカの驕りと翳り／軽くなる言葉、
政治／3.11は日本にとっての転換点になったのか／危機的な日本の人口・
労働問題／未来に向けて：ポストコロナの日本に求められること

＊本書掲載の QR コードは、刊行時に接続を確認していますが、その後何らかの理
由で接続できなくなる場合もありますので、その旨ご了承ください。

事項・人名索引

ア　行

IMF・GATT体制→ブレトン・ウッズ体制	
愛国主義	161, 166
アイデンティティ	76, 91, 160, 166
悪の帝国	18
アジアインフラ投資銀行（AIIB）	23, 103, 205, 207
アジア欧州会合（ASEM）	99, 100
アジア開発銀行（ADB）	87, 207
アジア太平洋経済協力（APEC）	101
アシュケナジム	125
新しい戦争	138, 183-186
アナーキー	5, 35, 41, 172, 271, 272
アナン、コフィ	114, 189, 191, 195
アパルトヘイト	133
アフガニスタン	18, 22, 106, 193, 195, 252, 268
アフリカ連合（AU）	87, 102, 192, 193
安倍晋三	111, 170
アミン、サミール	62
アムステルダム条約	93
アムネスティ・インターナショナル	106, 108
アメリカ・ファースト	269
アメリカ・メキシコ・カナダ協定（USMCA）	102
アラブの春	116, 120, 121, 212
アリソン、グレアム	67-69
アル・カーイダ	116, 183
アル・ジャジーラ	212
アロン、レイモン	14
安全保障	35, 36, 41, 187, 188, 214
安全保障のディレンマ	170, 177, 184
安全保障理事会→国連安全保障理事会	
アンダーソン、ベネディクト	76, 166
アンデス共同体（CAN）	102
アントロポセン（人新世）	242
EC／EU	43
EU統合→欧州連合	
イシュー・リンケージ	48
イスラーム	166
イスラーム過激派	120, 216
イスラーム国（IS）	75, 116-122, 134, 268
イスラーム諸国会議（OIC）	119
イスラモフォービア	116
一国主義（国家中心主義）	4
一帯一路構想	5, 23, 111, 156, 205
遺伝資源	152, 238
移民	146, 159, 165, 249, 250, 251, 272
移民キャラバン	148
イラク戦争	22, 116, 268
ウィーン体制	173
ウィキリークス	212
ウィルソン、ウッドロウ	11
ヴェーバー、マックス	75
ウェストファリア体制	8, 74, 118, 138, 145, 172, 190
ヴェトナム・シンドローム	22
ウェブスター・フォーミュラ（見解）	167
ヴェルサイユ（・ロカルノ）体制	11
ヴェルサイユ・ワシントン体制	12
ウォーラーステイン、イマニュエル	63
ウォルツ、ケネス	34, 36-40, 175
ウォルト、スティーブン	127, 175, 176
ウクライナ問題	5, 95, 143, 160, 214
宇宙条約	157
宇宙船地球号（Spaceship the Earth）	4
宇宙デブリ	158
『永遠平和のために』	170
英国学派	28
衛星位置情報システム（GPS）	214
エコノミック・ステイトクラフト	203, 205
エスニシティ（民族性）	123, 160
エスニック・クレンジング（民族浄化）	20
エスニック集団	123-131
エスノ・ナショナリズム	159, 160
エボラ出血熱	272
LGBT	260, 262
欧州経済共同体（EEC）	43, 92, 93

xii　事項・人名索引

欧州原子力共同体（EURATOM）　93
欧州自由貿易連合（EFTA）　95
欧州人権条約　258
欧州石炭鉄鋼共同体（ECSC）　43, 92
欧州対外国境管理協力機関（FRONTEX）　146
欧州連合（EU）　44, 53, 78, 87, 92-97, 101-103, 145, 158, 159, 164-166, 192, 205, 208, 252
緒方貞子　189
オクスファム　108
オスロ・プロセス　107
オゾン層保護に関するウィーン条約　239, 241
オタワ・プロセス　107
オバマ、バラク　181, 243, 268, 269
オフショア・バランシング　176, 178
オムニ・バランシング　176, 177

カ　行

GAFA（グーグル、アップル、フェイスブック、アマゾン）　113, 213
海賊　81, 131
海底熱水鉱床　152, 232
開発援助　217-223
　政府——（ODA）　188, 217-223, 243
開発援助委員会（DAC）　218
化学兵器禁止条約　179
核軍縮・不拡散イニシアティブ　181
核なき世界　181, 269
核の傘　182
核兵器禁止条約　107, 180
核兵器廃絶国際キャンペーン（ICAN）　107
核兵器不拡散条約（NPT）　47, 48, 180
核密約問題　181
華人・華僑　127
家族呼び寄せ（family reunion）　251
GAVI アライアンス　223
ガリ、ブトロス　194
カルタヘナ議定書　241
ガルトゥング、ヨハン　65
カルドーゾ、フェルナンド　62
環境権　258
緩衝国家（バッファーステイト）型　173
関税及び貿易に関する一般協定（GATT）　38, 207, 208
環太平洋経済連携協定（TPP）　101, 209, 210, 269
カント、イマニュエル　34, 53, 170, 225

企業の社会的責任（CSR）　52, 108
気候変動枠組条約→パリ協定
疑似国家　79
北アイルランド問題　96, 166
北大西洋条約機構（NATO）　15, 85, 92, 96, 190, 192, 193, 269
北朝鮮問題　79, 100, 180, 182
技能実習制度　254, 272
機能主義　41-44
九段線　23, 153
9・11アメリカ同時多発テロ　22, 35, 116, 131, 145, 183, 267, 268
キューバ・ミサイル危機　17, 67-69
旧ユーゴスラヴィア　87, 160, 162, 165, 195
　——刑事法廷（ICTY）　87, 198
京都議定書　240
ギルピン、ロバート　37, 38
近代世界システム→世界システム
キンドルバーガー、チャールズ　37
金融安定化フォーラム（FSF）　206
グッド・ガバナンス　221, 227
クマラスワミ報告書　265
クラスター爆弾禁止条約　107
グリーン・ニューディール　243
グリーンピース　105
クルド難民危機　187
グローカル　iii, 52
グローバリゼーション　i, 2, 50, 66, 105, 120, 131, 159, 165, 166, 267
グローバル・ガバナンス　50-53, 90, 114, 115, 255
グローバル・コンパクト　52, 114
グローバルホーク　186
グロティウス、フーゴー　79
軍事革命（RMA）　22, 184, 214
『君主論』　29
経済協力開発機構（OECD）　113, 218, 272
経済連携協定（EPA）　209
ケネディ、ジョン・F　67, 69, 70
権威主義体制　80, 121, 212, 267
限定核戦争　18
構造の暴力　65
構造的リアリズム（ネオ・リアリズム）　37-40, 174-176
河野内閣官房長官談話　265
合理的行為者モデル　67, 68, 70

事項・人名索引　xiii

国益　29, 32, 40, 138, 255, 269
国際移住機関（IOM）　253, 254
国際機関　42, 52, 54, 83-90, 105, 193, 196, 218, 228, 255
国際刑事裁判所（ICC）　80, 87, 138, 191, 198
国際決済銀行（BIS）　213
国際原子力機関（IAEA）　48
国際公共財　38, 215
国際システム　34, 38, 39
国際自然保護連合（IUCN）　86
国際司法裁判所（ICJ）　80, 85, 198, 244
国際人道法　87, 198
国際相互依存　44-47, 56
国際通貨基金（IMF）　37, 85, 87, 88, 114, 203, 206, 207, 213
国際通貨体制→ブレトン・ウッズ体制
国際的な子の奪取の民事上の側面に関する
　条約（ハーグ条約）　260
国際電気通信連合（ITU）　211, 215
国際復興開発銀行（IBRD、世界銀行）　37, 60
国際民間航空機関（ICAO）　87
国際レジーム（論）　39, 47, 48, 51, 83, 90
国際連合　52, 85, 87-89, 108, 115, 193-199, 255, 260
　――憲章　84, 104 191, 193
　――憲章第51条　168
　――憲章6章半　85, 194
国際連盟　3, 83, 104, 167, 170, 174
国際労働機関（ILO）　83, 108
国内避難民　194, 249, 250, 252
国民（nation）　74, 76, 77, 82
国民国家（nation-state）　74, 76, 123, 159
国力（パワー）　29-33
国連安全保障理事会　84, 86, 108, 109, 190, 193-199
国連安全保障理事会常任理事国（P5）　88, 169-171
国連宇宙空間平和利用委員会　157, 158
国連開発計画（UNDP）　88, 125, 188, 189, 222
国連海洋法条約　135, 150-152, 154, 155
国連環境計画（UNEP）　88, 238, 239
国連軍　85
国連経済社会理事会　86, 250, 256
国連合同エイズ計画（UNAIDS）　88
国連持続可能な開発目標（SDGs）　189, 196, 222, 242

国連人権理事会　106, 259
国連難民高等弁務官（UNHCR）　108, 252
国連人間環境会議（ストックホルム会議）　105, 238
国連平和維持活動（PKO）　85, 90, 193
　――三原則　193
国連平和構築委員会　194
国連貿易開発会議（UNCTAD）　61, 110
国連ミレニアム開発目標（MDGs）　222, 242
国連ミレニアムサミット　189, 222
ココム（対共産圏輸出統制委員会）　15
コソボ　95, 165, 190, 193
国家安全法　273
国家安全保障局（NSA）　212
国家主権　75-79, 84, 118, 119, 147, 187, 205
　対外主権　8, 76, 80
　対内主権　8, 76, 80
『国家論』　75
国境　78, 138, 145-149, 229, 251-255
国境安全保障　146
国境なき医師団　108
コヘイン、ロバート　44
コメコン（東欧経済相互援助会議）　15
ゴルバチョフ革命　18, 19
コンストラクティビズム　90, 91

サ　行

SARS（重症急性呼吸器症候群）　254, 272
再生可能エネルギー　243, 271
サイバーセキュリティ　120, 184, 185, 187, 211, 214, 215
債務の罠　5
サプライチェーン　211
産業革命　2, 83
30年戦争　74
シーア派　118
CNN効果　215
G7／G8　52, 205, 206
Gゼロ世界　269
G20　113, 115, 206
シーパワー　140, 141
シーレーン　131, 140, 143, 150, 152, 153
シヴィック・ナショナリズム　159, 161
自衛権　138, 167-171
　個別的自衛権　168

xiv 事項・人名索引

集団的自衛権	168-170
シェールガス・オイル	234
ジェノサイド（大量虐殺）	123, 199, 256
ジェノサイド条約	258
シェンゲン協定	95, 146, 253
ジェンダー	197, 251, 261-265
ジェンダーと開発（GAD）イニシアティブ	264
ジオ・エコノミクス（地経学）	203
シオニズム運動	126
死刑制度	105, 257, 259
資源ナショナリズム	150, 231, 236
自国第一主義	ii
自然災害	224-229, 271
失敗国家（failed state）→破綻／崩壊国家	
児童の権利条約	258
『市民政府二論』	75
『社会契約論』	75
社会権規約	257
シャリーア（イスラーム法）	117
上海協力機構（SCO）	23, 215
習近平	212, 273
従軍慰安婦問題	265
自由権規約	257
囚人のディレンマ	41, 42
従属論	57, 59-62, 65, 81
集団安全保障	138, 170, 171, 174, 193
——体制	84, 85, 88
集団殺害犯罪→ジェノサイド	
自由貿易協定（FTA）	115, 209, 210
シューマン、ロベール	92
自由民主主義体制	9, 80, 81
主権国家（体制）	74, 79, 81-83, 138, 160, 217, 218, 225, 226, 229, 272
ジュネーヴ議定書	179
ジュネーヴ軍縮会議	157
少子高齢化	271
情報技術（IT）	112, 144, 211-214, 216, 270
常設仲裁裁判所	5, 153
『職業としての政治』	75
女子差別撤廃条約	258
シリア内戦	5, 95, 96, 121, 134, 165, 192, 252
新華僑	127
新型コロナウイルス感染症（COVID-19）	i, ii, 5, 51, 97, 101, 103, 148, 162, 203, 211, 222, 254, 267, 273
——パンデミック	5, 222, 272
新機能主義	43, 44
新疆ウイグル	166, 212
人権	106, 114, 190, 215, 253
人権外交	18
新興工業経済地域（NIEs）	62, 64
人工知能（AI）	214, 216
新国際経済秩序（NIEO）	62, 231, 257
人種差別撤廃条約	258
人身売買	254, 264
新START	180
新世界秩序	21
信託統治理事会	86
人道の介入	124, 189, 190-192, 215
人道に対する罪	191, 199, 200
森林破壊	237
人類共同財産	151, 152
スーダン	199
スエズ運河	143, 154
スコットランド	96, 161, 165
スターリン批判	17
スティグリッツ、ジョセフ	115
スノーデン事件	212
スパイクマン、ニコラス	139, 142
スピル・オーバー	219
スミス、アダム	215
スンナ派（スンニー派）	118
脆弱国家（fragile state）→破綻／崩壊国家	
脆弱性（vulnerability）	44, 45
生存圏（レーベンスラウム）	140
『成長の限界』	4
政府開発援助（ODA）→開発援助	
生物多様性条約	231, 236, 239, 241
生物兵器禁止条約	179
生命倫理と人権に関する世界宣言	260
勢力均衡（Balance of Power）	32, 33, 36, 91, 172
——政策	138, 171
——論	30, 31
セーブ・ザ・チルドレン	108
世界銀行	52, 88, 206, 207, 218, 220, 221
世界金融危機	114, 203, 206
世界システム	57, 63, 65, 237
世界システム論	57-66, 81
世界自然保護基金（WWF）	105
世界女性会議	263

事項・人名索引　xv

世界人権宣言　256, 260
世界貿易機関（WTO）　47, 87, 114, 115, 207-210, 267
世界保健機関（WHO）　50, 223, 254, 255, 269
赤十字国際委員会　104, 105
石油危機　121, 220
石油輸出機構（OPEC）　231
接近阻止・領域拒否（A2/AD＝Anti-Access/ Area-Denial）　143
絶対的貧困　219
セファルディム　125
セン、アマルティア　189, 221
全欧安保協力会議（CSCE）　18
尖閣諸島　147, 269
『戦史』　29
先制的自衛　168
戦争犯罪　191, 199, 256
全体主義体制　80
総合安全保障　187
相互確証破壊　182
「想像の共同体」　76, 119, 120, 159-166
ソーシャル・ネットワーキング・サービス（SNS）　120, 164, 184-186, 216, 225, 270
組織過程モデル　67, 69, 70
ソフト・バランシング　175
ソフト・パワー　39

タ　行

ダール、ロバート　82
第1列島線　143
第三世界　176
対人地雷禁止条約　80, 107
大西洋憲章　12
対ソ・デタント政策　18
第2列島線　143
大陸棚　78, 152, 155
大量破壊兵器　138, 157, 179
多国間協調主義　138
多国間主義　4, 74, 84, 114, 218
多国籍企業　74, 79, 84, 108, 110-115, 216, 218, 231
竹島　147
タックス・ヘイブン（租税回避地）　112
脱炭素社会　234, 244, 271
タリバーン政権　184
ダンバートン・オークス会議　12

治安部門改革（SSR）　194
地域主義　92, 98, 101, 102, 209, 210
地域統合　92-97, 99, 100, 102
地球温暖化　3, 96, 154, 228, 237-244
地球環境ガバナンス　239
地球環境ファシリティ（GEF）　239, 243
地球環境問題　237
地球社会　i, 26
地経学（geo-economics）　203
地政学（geopolitics）　139-149, 205
知的財産権　115, 209, 214
知的所有権の貿易関連の側面に関する協定（TRIPs協定）　115
中距離核戦力（INF）条約　18, 182
中国製造2025　204
『超限戦』　184
ツーレベル・ゲーム論　71
ディアスポラ　125
帝国主義の時代　11, 140
帝国論　64, 65
底辺への競争（race to the bottom）　112, 113
デジタル通貨　213
デジタル・レーニン主義　212
デタント　17
テポドン1号　182
デモクラティック・ピース論　35, 50, 53-56, 109
テロ　74, 81, 131-134, 146, 166, 187
　同時多発──事件→9・11アメリカ同時多発テロ
　──との戦い　22, 183
　──リズム　65
天安門事件　19
天然資源　78, 230-234
天然資源恒久主権　231, 257
ドイツ統一　19
ドイル、マイケル　53
東京裁判　198, 200
Do No Harm　196
トゥキディデス　29, 172
東南アジア諸国連合（ASEAN）　98-103, 153, 209
　ASEAN憲章　100
　ASEAN＋3　99, 210
同盟　30, 36, 172-178, 269, 273
同盟のディレンマ　177, 178
ドーハ開発アジェンダ　208

都市化　247, 248, 251
都市鉱山　232
トラフィッキング（trafficking）→人身売買
トランプ、ドナルド　111, 148, 165, 204, 208, 216, 244, 268, 269, 273
　　——の壁　148
トリクル・ダウン　219
トルーマン・ドクトリン　15
ドローン→無人航空機

ナ　行

ナイ、ジョセフ　39, 44, 171
内政不干渉　91, 187, 190, 198, 218
名古屋議定書→生物多様性条約
ナショナリズム　i, 76, 123, 124, 147, 159-166, 203, 216, 270
南極条約　154
南南問題　231
南米南部共同市場（MERCOSUL）　102
南北問題　ii, 17, 60, 61, 223, 231
難民　95, 96, 100, 121, 125, 146, 166, 194, 249-253
難民の地位に関する条約　251, 252
日韓基本条約　265
ニュルンベルク裁判　198, 200
西アフリカ諸国経済共同体（ECOWAS）　193
人間開発　188, 221, 222, 242
人間の安全保障　187-200, 221, 227, 242
ネイション・ステート→国民国家
ネオ・リアリズム→構造的リアリズム
ネット右翼　216

ハ　行

バーゼル条約　239
ハード・バランシング　175
ハートランド　140
バイオ・テクノロジー　231, 241
バイオマス　235, 237, 238
排外主義（ショービニズム）　148, 160
排他的経済水域（EEZ）　77, 151, 152
バイデン、ジョー　148, 273
ハイ・ポリティクス（High Politics）　41, 43
ハウスホーファー、カール　139
白人ナショナリズム　148, 161
パクス・アメリカーナ　22, 165, 184, 268
パクス・ブリタニカ　165

覇権安定論　37, 38, 48
覇権国　30, 31, 38, 39, 48, 64, 141, 175, 177, 178, 269
バターフィールド、ハーバート　172
破綻／崩壊国家（collapsed state）　79, 81, 196, 221, 226
発展の権利　62, 257
パットナム、ロバート　71
パトリオティズム（愛国主義）　161
パナマ文書　112
ハマーショルド、ダグ　85
ハマース（ハマス）　119
パラダイムシフト　1
バランサー　30-32, 172, 173
パリ協定　240, 244, 267, 269
バルフォア宣言　126
パレスチナ問題　79, 119, 133
パワー　29, 30, 31, 38, 54, 255
パワー・シフト　203
反核平和運動　17
反グローバリゼーション　21, 112, 203
万国郵便連合　83
バンジュール憲章　258
ハンチントン、サミュエル　116
パンデミック（感染症の世界的大流行）　5, 51, 222, 254, 267
バンドワゴニング　32, 174, 177
バンドン会議　17
PKO 3 原則→国連平和維持活動
非核三原則　181
東アジア首脳会議（EAS）　99
東アジア地域包括的経済連携（RCEP）　101, 209, 210
東日本大震災　187, 225, 226, 270, 271
ヒズブッラー（ヒズボラ）　119
ビスマルク　173
非政府組織（NGO）　41, 42, 46, 52, 74, 76, 81, 84, 86, 104-106, 192, 193, 196, 218, 225, 226, 228, 258
ヒト遺伝子情報に関する国際宣言　260
非同盟運動　17
ヒトゲノムと人権に関する世界宣言　260
ヒューマン・ライツ・ウォッチ　105, 107, 108
敏感性（sensitivity）　44, 45
貧困の女性化（feminization of poverty）　264

ビン・ラーディン、ウサーマ	116, 133, 183	ポスト・ウェストファリア的世界	138
ファーウェイ（華為技術）	204, 214, 269	ボダン、ジャン	75
5Gシステム	204, 205, 214	北極評議会	154
ブーメラン効果	106	ポツダム会談	13
フェイクニュース	272	ホッブズ、トマス	29, 75
武器貿易条約	107	北方領土	147
フクシマ原発事故	224, 228, 271	ポピュリズム（大衆迎合主義）	5, 205, 207
フクヤマ、フランシス	81	ポリアーキー	81, 82
不戦共同体	44, 92	ホルタ報告	196
不戦条約（＝パリ不戦条約）	167	ホロコースト	126
武装解除・動員解除・社会復帰（DDR）	195, 196	香港	205, 273

マ　行

不沈空母論	169	マーシャル・プラン	15
ブラック・ライブズ・マター（Black Lives Matter）	123, 161, 162, 216	MERS（中東呼吸器症候群）	254, 272
『フラット化する世界』	145, 211	マーストリヒト条約	44, 93
ブラヒミ報告	195, 196	マイクロ・エレクトロニクス革命（ME革命）	20
BRICS	23, 206, 207, 235, 238	巻き込まれる恐怖	177
フルシチョフ、ニキタ	69, 70	マキャベリ、ニッコロ	29
BREXIT	5, 53, 95, 96, 205, 213, 268	マッキンダー、ハルフォード	139, 140, 142
ブレトン・ウッズ体制	12, 15, 38, 60, 206, 207	マハン、アルフレッド・T.	139, 141, 142
プレビッシュの理論	61	マルキシズム	35, 57, 58, 59, 66, 81
ブレマー、イアン	204, 274	マルタ島会談	19
『文明の衝突』	116	ミアシャイマー、ジョン	127, 176
米州人権条約	258	見捨てられる恐怖	177
米ソ冷戦	3	南シナ海	100, 101, 143, 153, 269, 273
米中国交樹立	18	民間軍事会社	183, 185, 186
平和安全法制	170	民主主義	50, 53, 56, 81, 82, 205, 221
平和維持活動→国連平和維持活動		――国間の平和→デモクラティック・ピース論	
平和維持のための行動（A4P）	197		
平和強制	195	民主主義の赤字論	53
平和構築	196, 197	民族自決権	11, 257
平和のための結集決議	193	無人航空機（ドローン）	158, 185, 186, 205
『平和への課題』	194, 195	メッテルニヒ、クレメンス	173
ベーシック・ヒューマン・ニーズ（BHN）	219, 220	メディア	74, 105, 164, 212, 225
		モーゲンソー、ハンス	14, 29, 31, 32, 34, 172, 175
北京宣言及び行動綱領	263	モネ、ジャン	92
ペシャワール会	106	モントリオール議定書	239, 241
ヘルシンキ宣言	18		

ヤ　行

ペレストロイカ・グラスノスチ	19	ヤルタ会談	13
ボーダーレス・エコノミー	44	ヤルタ秘密協定	13
ボーダーレス・ワールド	145	ユース・バルジ（若者の膨張）	120
北米自由貿易協定（NAFTA）	102, 165	ユーロ・イスラーム	117, 121
保護する責任（R2P＝Responsibility to Protect）	124, 188, 191, 192, 199		

xviii　事項・人名索引

雪解け	17
ユダヤ人ネットワーク	125
ヨーロッパ・ピクニック計画	19
予防外交	194

ラ　行

ラセット、ブルース	53, 56
ランドパワー理論	140
リアリズム	29, 34, 36, 40, 46, 48, 51, 57, 67, 90, 91, 138, 172, 225
『リヴァイアサン』	29, 75
リオサミット	236, 240, 241
リスボン条約	94
リバランス政策	269
リビア問題	192, 199, 212
リベラリズム	39, 41, 50, 51, 57, 90, 138, 215
リムランド理論	142
領域主権	78, 138
領海	77, 147, 150, 151
領空	77
領土の罠	147, 148
ルーズベルト、フランクリン	104
ルソー、ジャン・J.	75, 163
ルワンダ内戦	124, 191, 195, 198
ルワンダ国際刑事裁判所（ICTR）	198, 200
レアアース（希土類）	233
レアメタル（希少金属）	151, 231-233
冷戦	14-19, 123
レーガン、ロナルド	18, 220
レーニン、ウラジミール	11
『歴史の終焉』	81
連合国共同宣言	12
ロー・ポリティクス（Low Politics）	41, 43
ロック、ジョン	75

ワ　行

ワシントン体制	11
ワルシャワ条約機構（WTO）	15, 92
湾岸協力会議（GCC）	102
湾岸戦争	19, 22, 180, 214
ワン・ヘルス・アプローチ	ii

A〜Z

ADB →アジア開発銀行	
AIIB →アジアインフラ投資銀行	
APEC →アジア太平洋経済協力	
ASEAN →東南アジア諸国連合	
ASEM →アジア欧州会合	
AU →アフリカ連合	
BNH →ベーシック・ヒューマン・ニーズ	
CSCE →全欧安保協力会議	
CRS →企業の社会的責任	
DAC →開発援助委員会	
DDR →武装解除・動員解除・社会復帰	
EC →欧州共同体	
ECOWAS →西アフリカ諸国経済共同体	
ECSC →欧州石炭鉄鋼共同体	
EEC →欧州経済共同体	
EEZ →排他的経済水域	
EFTA →欧州自由貿易連合	
EU →欧州連合	
EURATOM →欧州原子力共同体	
FTA →自由貿易協定	
GATT →関税及び貿易に関する一般協定	
ICAN →核兵器廃絶国際キャンペーン	
ICAO →国際民間航空機関	
ICC →国際刑事裁判所	
ICJ →国際司法裁判所	
ILO →国際労働機関	
IMF →国際通貨基金	
INF →中距離核戦力	
IOM →国際移住機関	
IS →イスラーム国	
IT →情報技術	
ITU →国際電気通信連合	
IUCN →国際自然保護連合	
MDGs →国連ミレニアム開発目標	
MERCOSUL →南米南部共同市場（メルコスール）	
NAFTA →北米自由貿易協定	
NATO →北大西洋条約機構	
NGO →非政府組織	
NIEO →新国際経済秩序	
NIEs →新興工業経済地域	
NPT →核不拡散条約	
ODA →政府開発援助	
OECD →経済協力開発機構	
OPEC →石油輸出国機構	
PKO →国連平和維持活動	
RCEP →東アジア地域包括的経済連携	

RMA →軍事革命
SCO →上海協力機構
SDGs →国連持続可能な開発目標
SNS →ソーシャル・ネットワーキング・
TPP →環太平洋経済連携協定

UNCTAD →国連貿易開発会議
UNHCR →国連難民高等弁務官
WHO →世界保健機関
WTO →世界貿易機関／ワルシャワ条約機構

序章　地球社会の生成と展開

3つのグローバリゼーション

　人類が文字で歴史を記録するようになった歴史時代（有史時代）は、地域によって異なるが今からおよそ3000〜2000年前といわれている。ヨーロッパの国王や大商人、宣教師あるいは冒険家などごく限られた人たちが、地球上の世界全体の姿をおぼろげながらも認識したのは15世紀中葉から17世紀中葉にかけてのいわゆる「大航海時代」——かつては「地理上発見の時代」と呼ばれていた——以降のことである。有史時代から約2000年近くかけて、人類は人類を育んできた地球という惑星の全体像をおぼろげながら理解し始めたのである。それは数学・物理学・天文学の進歩、レンズの研磨技術の発達による望遠鏡の精度の向上などの成果であった。これらを利用してコペルニクスやガリレオたちが従来の天動説を否定したため、地動説が優勢になった。天動説に基づく宇宙観・地球観が地動説に基づくものに大転換（パラダイム・シフト）したのである。メルカトール地図の作成、羅針盤の発明や造船・航海技術の発達に助けられて、コロンブスはアメリカ大陸を「発見」し——ヨーロッパ中心史観であることはいうまでもないが——、マゼランとヴァスコ・ダ・ガマたちは地球が丸いことを証明しながらいくつもの航路を発見したのである。

　もちろん陸上では以前から、ローマ帝国と秦漢帝国・大唐帝国との間のシルクロードを通じた東西貿易が行われ、また13世紀から14世紀にかけてモンゴル族は東ヨーロッパ、トルコ（アナトリア）、アフガニスタンからチベット、中国、朝鮮半島を含むユーラシアの広大な地域に文字通りの大帝国を構築した。同時にユーラシア大陸周縁部に沿った航路、いわゆる「海のシルクロード」に沿った交易も行われていた。

　しかし地球的規模での航路が発見され、限定的であるにせよこれらの航路を通じて人の移動、交易が行われるようになったのは大航海時代以降であった。歴史的に見て地球上の特定の国家が、他の広大な地域に大きな影響力を行使したり支配したりするようになるのもこの時期以降といえるであろう。1500年前後にスペインとポルトガルが地球上に勢力圏を構築したのも、この大航海時代

の結果である。両国の衰退に伴って、まずオランダ、次にフランスとイギリスが地球上に勢力圏を構築しようとして覇権闘争を展開することになる。

　グローバリゼーションの定義にもよるが、大航海時代以降、ヨーロッパを起点としつつ世界各地が緩やかではあるが相互に結びつき始め、ヒト・モノ・カネ・情報が地球規模で移動し合った歴史的事実を重視するならば、この時代以降の現象を地球社会の生成が始まる「初期グローバリゼーション」あるいは「第1期グローバリゼーション」と呼べるかもしれない（もちろんアジア大陸周縁部やインド亜大陸周縁部でも歴史的に交流・交易が行われていたことは歴史的事実であり、それは「初期グローバリゼーション」の一部を構成していたと理解するのが適切であろう）。その結果、技術力・軍事力・経済力に勝るヨーロッパ諸国が、アジア・アフリカ・ラテンアメリカに前近代的な植民地を形成し、強制労働や略奪貿易によりヨーロッパ以外の広大な地域を搾取する構造をつくり出したのである。

　18世紀後半から19世紀初頭にかけてイギリスで蒸気機関を動力源とする第1次産業革命が始まり、地球社会は大きく変貌することになる。産業革命はフランス革命とナポレオン戦争の混乱を挟んで西欧諸国に波及して、これらの地域でも初期産業資本主義が発達し、やがてヨーロッパ外の広大な地域に英仏が中心となって原料獲得・製品販売市場の獲得に乗り出し始めた。19世紀後半には内燃機関と電気を基礎とした第2次産業革命が進展し、19世紀中葉前後に国家統合を果たした日独伊3カ国も産業革命に乗り出した。第1・2次産業革命の成果としての運輸・通信技術の驚異的発達により、多くの航路が開かれ、海底ケーブルによる通信網が拡大し、さらに無線・電話が普及し、イギリスは本国と植民地を垂直的な関係で結合していったが、この過程で世界各地も相互に結合の度合いを深めていった。

　この第1・2次産業革命によりヒト・モノ・カネ・情報さらにはサービスが、以前の時代よりもはるかに短時間で、かつより大量に国境を越えて移動しあう現象が生まれたが、これを「近代グローバリゼーション」または「第2期グローバリゼーション」と呼ぶことができるであろう。

　第1・2次産業革命と、これによって引き起こされた近代グローバリゼーションの結果として英仏などの先進資本主義国と日独伊などの後発資本主義国

との対立が高まり、20世紀前半のわずか30年の間に第1・2次世界大戦という2度にわたる組織的大虐殺が発生したのである。第1次大戦では約1,200万人、第2次大戦では4,300万人とも5,500万人とも推定される犠牲者が生まれたのである。逆に言えば、第1・2次産業革命が起こっていなければ2度の世界大戦は発生しなかったかもしれない。

　有史以来2000〜3000年にわたる人類史上、20世紀前半のわずか30年の間に最大の悲劇を経験した人類は、2度とこの悲劇を繰り返さないと誓い、国際連盟の欠陥を反省しながら平和維持機構としての国際連合を設立したのも束の間、40数年にわたる米ソ冷戦を展開してしまった。冷戦であって熱戦ではなかったといっても、米ソばかりか英仏さらには中国までが核兵器やミサイルを開発し保有している国際状況のなかで、核戦争による人類全滅の危険性をはらみながら展開されたものであった。有史時代から見れば3000〜2000年の人類史であるが、人類とチンパンジーが分岐したのは410万年前（700万年前という説もある）、ネアンデルタール人と現生人類が分岐したのは43〜31万年前、そして現代人の共通の祖先が分岐したのはDNA解析によると約14万年前といわれている。この気の遠くなるほど長大な人類史のなかのほんの最近の200年から100年の間に、人類は自ら生み出した科学技術によって地球社会を激変させ、自らを自滅に追い込みかねない事態を引き起こしたのである。冷戦が終結したことにより、この地球社会崩壊の可能性はゼロになったのであろうか。

　冷戦終結により人類全滅の可能性は大幅に低下したため、人類は核戦争以外の深刻な問題が存在することを認識せざるをえなかった。地球的問題群（グローバル・イシュー）を「発見」せざるをえなかったが、それは冷戦終結を一大契機として発現した現代グローバリゼーション（第3期グローバリゼーション）の「効果」でもある。第1に、冷戦期にはその発現が抑制されがちであった宗教的アイデンティティやナショナリズムを背景にした地域紛争・分離紛争が頻発し、ここに非国家主体としてのテロリスト集団が介入する事例が多くなっている。第2に、一国では対応しきれない越境的な地球環境問題が深刻になってきている。地球温暖化は気候変動により旱魃・冷害・大規模災害・砂漠化などを引き起こしている。都市化と経済成長政策は大規模な大気汚染や河川・海洋汚染を引き起こし、その結果、健康被害を拡大している。第3に、途上国を中

心として人口が急激に増加し、水・食料・資源エネルギーを獲得するための国際競争が激化している。21世紀末には世界人口が90～100億人に達するという予測も出ており、この人口を養うにはもう1つの地球が必要となるという指摘もある。第4に、人の移動が激しくなったために、かつては一地域に限定されていた風土病がグローバルな感染症となる事例が多発している。エイズ、西ナイル熱やエボラ出血熱あるいは鳥インフルエンザなどがその典型である。

現代世界における2つの流れ

　地球的問題群に対しては、まさに地球的規模での問題であるので地球社会が多国間主義に基づき解決していかざるをえないが、一方で100年前の「帝国主義の時代」を髣髴とさせるような単独主義的な一国主義（国家中心主義）も復活してきている。いわば現代は、膨大な時間をかけて形成されてきた地球社会を「運命共同体」と認識して協調・協力して問題解決に当たろうとする国際協調主義の流れと、地球社会よりも自国の存続・繁栄を単独主義的に追求しようという一国主義の流れが混在しているように見える。

　前者の流れは、皮肉なことに米ソ冷戦期に現れていた。1950年代末以降、米ソが人工衛星・ミサイル打ち上げによって開始した宇宙開発競争は、地球社会が運命共同体であるという「宇宙船地球号（Spaceship the Earth）」という観念を広く浸透させる契機となった。1961年4月にソ連の人工衛星ボストーク1号に乗り宇宙空間から初めて地球を観察したガガーリンが、「地球は青かった」と語った感想がこの観念を広める効果を持った。またほぼ同じ頃発生したキューバ・ミサイル危機は、核戦争がこの惑星上の全人類を破滅させるのではないかという恐怖感（人類共滅意識）を全世界に認識させることにもなった。

　1972年に発表されたローマクラブの報告書『成長の限界』が、人類社会が限りある地球上の資源をいかに利用して持続可能な発展を図っていくべきかという深刻な問題提起を行った。このことも地球社会が「Only One World（かけがえのない世界）」であるという観念を改めて認識させる契機となった。1980年代にアフリカで深刻化した飢餓に対して、地球社会全体で手を差し伸べるべきであるというメッセージを込めた「We are the World（われら地球家族）」が世界的支持を受けたのは、共同体意識が広がりを見せたからといえよう。

こうした地球社会共同体意識の拡大に貢献したのが CNN や BBC などの国際放送であったが、これも米ソ間の宇宙開発競争の「成果」として放送衛星・情報衛星技術が飛躍的に発達したためであった。近現代における科学技術の飛躍的発展は、一方で核兵器や原発を生み出し、そのコントロールに失敗した場合には地球社会を全滅させないまでも甚大な被害をもたらす可能性を高め、他方で地球社会が運命共同体であるという観念を広めたのである。

　他方、後者の流れは、国際関係はアナーキーであり自助（セルフ・ヘルプ）により自国の生存を図っていかねばならないという伝統的な観念に基づくものや、自分たちの宗教的教義を具体化するための政治的共同体を軍事力によって実現しようとする熱狂派（ゼロット派）による原理主義的行動である。特に21世紀に入ってから顕著になった中国やロシアばかりかトランプ政権下のアメリカなどの対外政策は、この流れに沿って展開されてきた。2016年6月の国民投票でイギリスが EU から離脱する決定をしたこと（Brexit: ブレグジット）やハンガリー・オーストリアをはじめ EU 諸国で移民排斥を掲げる右派勢力が勢力を増してきたこともポピュリズム（大衆迎合主義）を利用した一国主義の表れである。2013年以降、中国が具体化し始めた「一帯一路」政策は国際協調主義にも見えるが、南シナ海を軍事的に囲い込んだり、シーレーン上の要衝の港湾を租借し軍事拠点化しようとしたり、経済力を利用して途上国を「債務の罠」に陥らせたりする事実を認識すれば、現時点では一国主義の色彩が強いといわざるをえない。

　地球社会が直面している様々な問題に対して相反する2つの潮流が混交していることは、2020年初頭以降、世界的広がりを見せている新型コロナに向き合う各国の対応に如実に表れている。パンデミックという感染症の性格から地球社会が国際協調主義で対応すべきであることは自明であるが、多くの国家はまずは一国主義で対応している上に、国力のある国家はワクチン開発に鎬を削り、ワクチンを自国の外交手段としようとしているのが現状である。地球環境の悪化やパンデミックの増大は、地球社会が国際協調主義で対応せざるをえないことを認識させるはずである。

第Ⅰ部
近現代国際政治史

第1章　ウェストファリア体制の成立・拡大・変容

ウェストファリア体制の成立と現代国際政治

　現代国際政治のプロトタイプ（雛型）と考えられているのは、17世紀中葉ヨーロッパ世界で誕生したウェストファリア体制（西欧主権国家体系）である。この国際政治の枠組みは、30年戦争（1618〜48年）を終結させたウェストファリア会議（ミュンスターとオスナブリュックで開催）で締結された3つの条約からなるウェストファリア条約を基礎としている。この条約により、明確な国境によって区切られた領土を所有し、この領土の上の人・物等すべてを管轄・管理できる唯一の正当な統治権（対内主権）を有する主権国家が国際政治のアクターとして成立した。神の権威によって裏づけされていた皇帝権力による伝統的秩序が解体し、主権国家を唯一のアクターとする国際政治が展開し始めたのである。この主権国家は、互いに国土・国力の大小にかかわらず主権の名のもとに平等であること（主権平等）、内政には干渉しないこと（内政不干渉）という原則を確認し、相互の主権（対外主権）を尊重しながら、生まれつつあった国際法というルールに依拠し外交を展開するようになったのである（図1-1-1）。

図1-1-1　ウェストファリア体制下のヨーロッパ

出所）F.L. シューマン『国際政治　上』東京大学出版会、1997年、78頁。

では17世紀中葉にヨーロッパで誕生したこの国際政治の枠組みが、なぜ世界大に拡大して現代国際政治のプロトタイプといわれるようになったのであろうか。伝統的な政治共同体の間での希少資源の配分をめぐる行為——外交交渉や戦争——はすべて国際政治（現象）といえるが、中国大陸を中心とした東アジア地域あるいはインド亜大陸で展開されたこの広い意味での国際政治のパタン——外交交渉や会議、条約の締結の方式——が世界大に拡大していったことはなかった。一方、ウェストファリア体制はその後350年間かけ——大規模戦争による一時的機能停止を体験しながら——世界大に拡大していき、現代国際政治のプロトタイプとなったと考えられるのである。

ウェストファリア体制の拡大・変容

主権国家を中心的アクターとして誕生したこのウェストファリア体制は、18世紀後半以降イギリスや西欧諸国で展開された産業革命とその結果としての産業資本主義の確立によって、19世紀中葉以降、世界大に拡大していった。その過程で英仏などヨーロッパの多くの主権国家は、自由民主主義と資本主義的生産様式を国家の存在原理とするにいたったのである。ほぼ同じ頃、ドイツ・イタリア・日本地域で国家統合が実現し、これら3カ国は孤立主義を外交原則としていたアメリカとともに西欧国家体系の構成要素となっていった。厳密にいえば、非西欧のアメリカと日本が西欧国家体系の構成要素となった時点で、同体系は拡大していったといえる。

同時に西欧諸国は、オスマントルコ、エチオピア、シャム（タイ）等を除くアジア・アフリカの多くの地域を、卓越した軍事力と経済力によって植民地化していったのである。特にイギリスとフランスは世界の広大な地域に植民地を獲得して帝国化していった。英仏両国が植民帝国化を進めつつあった19世紀後半（図1-1-2・図1-1-3）、ドイツ、イタリア、日本地域では国家統合が実現し、これら諸国も海外に植民地を獲得していった。孤立主義を外交原則としていたアメリカも19世紀末までには北米大陸の広大な地域を購入・併合によって自国領土に組み込み、さらにはカリブ海・中米地域を勢力圏下におき、太平洋にもいくつかの戦略拠点を確保した。こうして英仏米ばかりか日独伊も含む資本主義諸国は、市場——原料獲得・製品販売・資本輸出——を拡大しようと

図1-1-2 19世紀中葉の勢力圏

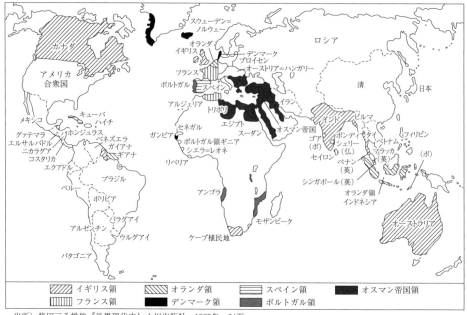

出所）柴田三千雄他『世界現代史』山川出版社、1985年、64頁。

図1-1-3 列強のアフリカ分割（1914年）

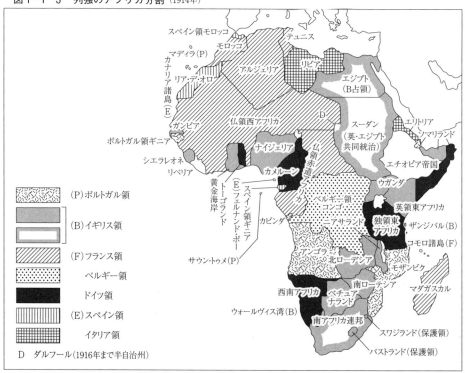

出所）西川正雄他『帝国主義の時代』講談社、1986年、56頁。

して相互に利害対立を深めていく「帝国主義の時代」を迎えたのである。

第1次世界大戦とウェストファリア体制の変容

その結末は、死者約1,200万人という途方もない犠牲を伴う第1次世界大戦であった。この大戦の結果、非西欧国家である日米が国際政治に大きな影響力を行使し始めたばかりか、資本主義的生産様式を否定する社会主義

図1-1-4 第1次世界大戦後のヨーロッパ

出所）柴田他、前掲書、242頁。

国家＝ソ連が誕生したため、自由民主主義という同質性を共有する西欧国家中心のウェストファリア体制は変容を余儀なくされたのである。またロシア革命の指導者レーニンやアメリカ大統領ウィルソンが提唱した民族自決原則が戦後秩序形成過程で具体化していったが（図1-1-4）、この原則はヨーロッパにだけ適用され、アジア・アフリカはその対象にはされなかった。

米英仏が中心となって構築したヴェルサイユ（・ロカルノ）体制と、アメリカが主導して構築した国際連盟やワシントン体制は、第1次世界大戦によって一時的に機能停止ないしは機能不全に陥ったウェストファリア体制も再生するはずであった。しかし国際連盟にアメリカ自身が参加できず、ソ連も加盟を許されず（1934年加盟）、人類社会が初めて実現した国際的な平和維持組織である国際連盟は実効性の乏しいものであった。そのうえ、両体制の中軸を担うはずであったアメリカが「未曾有の繁栄」を謳歌しバブル経済に走っていった結果、

深刻な経済恐慌を引き起こしてしまった。資本主義経済で中心的役割を果たすようになっていたアメリカの経済的崩壊によって1920年代末から30年代初めにかけ引き起こされた世界恐慌を背景に、後発資本主義国である日独伊は、ヴェルサイユ・ワシントン体制を否定して周辺諸国を軍事的に勢力圏に組み込んでいき、米英仏等の諸国との対立・緊張を深めていった。

第2次世界大戦とウェストファリア体制の再生

　日本は1931年9月の柳条湖事件を契機に満州地域（現在の中国東北地方）を勢力圏に組み込み、37年7月には日中戦争を引き起こしてアメリカを中心とした欧米諸国による経済封鎖を受け、石油・天然ゴム等の資源を確保するとの名目のもと、「南進」を強行して無謀な戦線拡大を図っていった。イタリアも36年にエチオピアを、39年にはアルバニアを併合し軍事戦略を拡大していった。ナチスドイツは38年3月にはオーストリア、9月にはチェコスロヴァキアのズデーテンに侵攻し、最終的には同国を解体してしまった。39年9月初旬、ポーランド侵攻したナチスドイツに対し英仏が宣戦して第2次世界大戦が始まったのである。ドイツによる破竹の勢いでの軍事的拡大に鼓舞された日伊は、40年9月、日独伊三国同盟を締結し、英米仏との世界的規模でのブロック対立が明白となった。一般的にはドイツと英仏との戦争をもって第2次大戦の開始とするが、すでに始まっていたアジア大陸での日中戦争や日本による欧米諸国植民地への軍事侵攻と、このヨーロッパでの戦争を結びつけ、文字通り世界的規模での戦争としての構図を生み出すのは41年12月の日米開戦であるので、日米開戦によって真の第2次大戦が開始されたという見方も可能である。日米開戦の翌月、アメリカのワシントンD.C.で26カ国が連合国を結成し（1942.1.1）、大西洋憲章の原則を確認してファシズムを徹底的に壊滅させること、単独で講和を結ばないことを誓約した連合国共同宣言（☞ QR1-1-1）を発表した。連合国が勝利する見通しが強まった44年夏以降、この戦争を主導していたアメリカが中心となり、戦争後の世界秩序を安定化させるための2つのシステムの構築を進めていった。その1つはブレトン・ウッズ会議（1944年7月）で決まった国際通貨体制（ブレトン・ウッズ体制＝IMF体制）であり、もう1つはダンバートン・オークス会議（1944年8～10月）で決まった国際平和維持のための国際連

QR1-1-1

表1-1-1 第2次世界大戦の戦死者数 (単位：100人)

	軍人	民間人	ユダヤ人[a]		軍人	民間人	ユダヤ人[a]
オーストリア	3,800	1,450	(600)	ハンガリー	1,474	2,800	(2,000)
ベルギー	96	750	(250)	イタリア	2,624	930	(80)
イギリス	2,713	600	[b]──	日本	11,404	9,530	──
イギリス連邦	1,330	──	──	ラトヴィア	──	1,200	[d]
ブルガリア	185	不詳	140	リトアニア	──	1,700	[d]
中国	13,245	100,000	[c]──	オランダ	137	2,363	(1,040)
チェコスロヴァキア	67	3,100	(2,500)	ノルウェー	48	54	9
デンマーク	43	不詳	──	ポーランド	3,200	60,280	(32,000)
エストニア	──	1,400	[d]	ルーマニア	5,198	4,650	(4,250)
フィンランド	790	不詳	──	合衆国	2,921	──	──
フランス	2,057	1,733	(650)	ソヴィエト連邦	136,000	77,200	(12,520)
ドイツ[b]	40,000	31,000	1,880	ユーゴスラヴィア	3,050	13,550	(550)
ギリシャ	164	1,553	(600)	総計	230,546	315,843	59,069

注：(a) カッコ内の数値には民間の犠牲者も含まれている。(b) Dahms (1983, p.616) から引用した数値。(c) 推定値。(d) バルト海諸国 (228,000人)。
出所：W. ウッドラフ『概説 現代世界の歴史』ミネルヴァ書房、2002年、213頁。

合であった。

　こうした世界秩序安定化のためのシステム構築を進めつつ、戦争最終段階で米英ソ3カ国は日独伊打倒後のヨーロッパと東アジアの国際的枠組みを形成するための2つの「戦時サミット」を開催した。ヤルタ会談（1945年2月）と、ドイツ降伏後のポツダム会談（1945年7～8月）である。ヤルタではドイツ打倒後のヨーロッパの秩序と国際連合設立に関する「解放ヨーロッパに関する宣言」（☞QR1-1-2）が公表されるとともに、日本打倒後のアジアの秩序に関するいわゆる「ヤルタ秘密協定」が締結された（1946年2月米政府公表）（☞QR1-1-3）。ポツダムではドイツの戦後処理について具体的な規定を行い、対日ポツダム宣言（☞QR1-1-4）を発した。6年近くの歳月、5,500万人もの犠牲者（表1-1-1）、そして原爆という大量破壊兵器の出現を伴った人類史上最大の凄惨な悲劇であった第2次世界大戦は1945年8月終結した。しかしヤルタ・ポツダムでの合意をめぐる解釈の相違は米ソ冷戦の原因の1つとなっていった。

QR1-1-2

QR1-1-3

QR1-1-4

◆参考文献
①石井修『国際政治史としての20世紀』有信堂、2008年。
②有賀貞『現代国際関係史──16世紀から1945年まで』東京大学出版会、2010年。

14　第Ⅰ部　近現代国際政治史

第**2**章　冷戦とウェストファリア体制

冷戦とは

　かつてR・アロンが指摘したように、冷戦とは思想史的に見れば「西欧の正統と異端をめぐる闘争」であり、その意味では冷戦の起源はロシア革命に求めることも可能であろう。しかし世界システムの類型あるいは国際政治構造の視点から見ると、「緩やかな双極体系」（M・カプラン）である冷戦の起源は、第2次世界大戦終結後であることはいうまでもない。なぜなら戦間期、社会主義国＝ソ連と西欧国家体系は基本的に緊張状態にあったが、国際政治構造が双極といいうる状態にはなっておらず、人類社会そのものを破壊させかねないほどのグローバルな対立関係にあったとはいえないからである。

　第2次世界大戦中は抑制されていた米英とソ連との間の相互不信は、戦争終結とともに顕在化し、冷戦状況が発生していった。第2次世界大戦後の国際政治を認識する上で「冷戦」はキーワードであるにもかかわらず、冷戦終結の段階においても冷戦概念をめぐって十分なコンセンサスが成立しているとは言い難い。H・モーゲンソーは冷戦の原因を「第2次世界大戦の余燼が燻っていた時期に、平和の不可能性と戦争勃発の可能性の低さという2つの歴史的要因が同時発生した特異性」に求めているが、この「同時発生の特異性」は冷戦の本質を考える上できわめて重要な指摘であり、「平和は不可能であるのに戦争も起こりえない状況」というアロンの冷戦概念にヒントを与えた。「全面戦争、または熱い戦争と最大限の和解という両極端の中間段階を指すもの」、「少なくとも先行する時期よりも戦争が起こりやすいと見なされる時期（状態）」というF・ハリディの冷戦概念や、「交渉不可能性の相互認識に立った非軍事的単独行動の応酬」という永井陽之助の冷戦概念も基本的にはモーゲンソーやアロンの概念の延長線上にある。

　これらの概念規定を基礎に考察すると、冷戦とは、「イデオロギー対立と核兵器による人類絶滅の脅威・恐怖を背景とした、米ソ間の政治的コミュニケーション機能の低下により発生した、直接軍事衝突に至らない緊張状態」と定義できるであろう。この定義で重要なのは「米ソ間での直接軍事衝突」が回避さ

れていることが不可欠の条件である。この冷戦は、単なる米ソ二国間の対立・緊張状態ではなく、米ソをリーダーとするブロック対立であったため、西欧国家体系内には冷戦の進行とともに米ソ両ブロックが形成されていった。

冷戦の発生・展開：双極体系の形成

　冷戦状況は突然発生したものではなく、第2次世界大戦終結期から戦後期にかけ徐々に発生し展開していったのである。大戦中は抑制されていた米ソ間のイデオロギー対立は、大戦中、大戦終結期そして戦後初期の一連の出来事・事件によって顕在化し、両国間の政治的コミュニケーションを著しく低下させ、最終的にはソ連の核保有（1949年）によりアメリカの核独占が壊れて核戦争の恐怖が生まれたのである。戦後初期の象徴的な出来事は、いうまでもなくアメリカのトルーマン大統領が発表したトルーマン・ドクトリン（1947年3月）（史料Ⅰ-2-1）と、これを背景にマーシャル国務長官が発表したマーシャル・プラン（1947年6月）（史料Ⅰ-2-2）であった。前者は、いまや世界は自由主義か共産主義かの二者択一を迫られているとの二元論的世界観を示し、後者は西ヨーロッパの共産化を阻止することを目的としたものとソ連には受け取られた。ここに米ソ冷戦は明確な姿を現した。

　ソ連核保有の1年前に発生したベルリン危機、核保有後の1950年東アジアで発生した朝鮮戦争と激化しつつあった第1次インドシナ戦争は、「2つのドイツ」「2つの朝鮮」「2つのヴェトナム」を生み出し、冷戦は構造化していった。構造化した冷戦を戦うため、アメリカ・ブロックは、経済的にはIMF（国際通貨基金／世界銀行）・GATT（関税貿易一般協定）体制を構築・強化し、軍事的にはヨーロッパ方面でNATO（北大西洋条約機構）を結成し、アジア・太平洋方面では日米安保条約をはじめとする二国間条約のネットワーク（ハブ・スポーク関係）を形成しつつ、ココム（対共産圏輸出統制委員会）を設置し、ソ連・ブロックへの戦略物資の流出を制限した。これに対しソ連も経済的にはコメコン（東欧経済相互援助会議）を設置し、軍事的にはワルシャワ条約機構（WTO）を結成してソ連・ブロックの強化・統制を図っていった。

16　第Ⅰ部　近現代国際政治史

史料Ⅰ-2-1　トルーマン・ドクトリン
（ギリシャ、トルコに関する大統領の特別教書）

1947年3月12日（抜粋）

　世界史の現時点において、ほとんどすべての国が、二つの生活様式のいずれか一方を選ぶよう迫られている。しかもその選択は自由でないことがあまりにも多い。一方の生活様式は多数者の意志にもとづき、自由な諸制度、代議政体、自由選挙、個人の自由保障、言論、信仰の自由、政治的抑圧からの自由によって特徴づけられる。第二の生活様式は、多数者を力で強制している少数者の意志に基礎を置いている。それは恐怖と圧制、統制された出版と放送、しくまれた選挙、そして個人の自由の圧迫の上に成り立つものである。……もしギリシャが武装した少数派の支配下に陥れば、その隣国トルコに及ぼす影響は直接的であり、深刻であろう。混乱と無秩序とが中東全域にひろがるであろう。さらにまた、独立国としてのギリシャの消滅は、戦争の被害からの回復に努めながら、自国の自由と独立とを維持するために大きな困難と闘いつつあるヨーロッパ諸国民に深刻な影響をもたらすであろう。……それゆえ私は議会に対して、1948年6月30日までの期間内に4億ドルの援助をギリシャとトルコに供与する権限を私に与えるように要請する。……

　出所）アメリカ学会訳編『原典アメリカ史（第6巻）』岩波書店、1981年、229-236頁。大下尚一・有賀貞他編『史料が語るアメリカ』有斐閣、1989年、198-199頁。

史料Ⅰ-2-2　欧州復興計画に関するマーシャル国務長官の演説

1947年6月5日（抜粋）

　問題の本質は次の点にある。つまり今後3、4年の間にヨーロッパが必要とする外国からの──主としてアメリカからの──食糧その他の必需品の額がヨーロッパの現在の支払い能力をはるかに越えるものであるため、ヨーロッパには相当額の追加援助が必要であり、それがなければ、ヨーロッパは大変重大な経済的、社会的、政治的な後退に直面せざるを得ないのである。……ヨーロッパの人々が絶望にとらわれた場合、……合衆国の経済にも影響が及ぶことは誰の目にも明らかであろう。世界が正常で健全な経済状態に復帰するのを援助するために、合衆国がなし得ることは何でもすべきであるというのは当然である。この健全な経済状態がなければ、政治的安定や確実な平和はあり得ないのである。……わが国の政府が将来供給する援助は単なる緩和剤ではなく、根治剤であるべきである。……わが政府がヨーロッパを経済的に自立させるための計画を一方的に立案しようとすることは適切でも有効でもない。これはヨーロッパの人の仕事である。主導性はヨーロッパから発揮されねばならないと考える。……

　出所）前掲『原典アメリカ史（第6巻）』244-247頁。前掲『史料が語るアメリカ』200-201頁。

冷戦の緩和（「雪解け」）からデタントへ

　米ソ冷戦の激化は、逆に緊張緩和への動きを引き起こした。その要因として、急速な核軍拡（年表1-2-1）、反核平和運動の高揚、非同盟運動の活発化、ソ連におけるスターリン批判を挙げることができる。ジュネーヴ会議、バンドン会議、米英ソ首脳会議、ソ連・西独国交樹立、コミンフォルム解散、米ソ文化協定、キャンプ・デーヴィッド会談などは、「雪解け」の具体的表現であった。「雪解け」をさらに促進したのが1962年10月発生したキューバ危機であった。この危機に際して、米ソばかりか全世界が核兵器による全人類滅亡の深淵を覗き込んでしまったことが、米ソに核軍備管理への努力を開始させたのである。「雪解け」は核軍備管理の措置を伴わないムード的な緊張緩和であったが、キューバ危機以降、核軍備管理の措置を伴う実質的緊張緩和としてのデタントが進行していった。

　米ソ対立の緩和、すなわち冷戦の緩和は米ソそれぞれのブロック内部の自立性を引き起こし、自主外交、自主路線追求の動きを顕在化させた。その典型がフランスと中国であった。米ソ対立の緩和は同時に、アメリカを含む「北」の諸国に「南北問題」を「発見」させ、「南」の開発途上国が交易条件の改善をはじめ、強力に自己主張を始めた。これらの傾向は国際政治構造を多極化させていったが、この多極化は政治的、経済的レベルでのものであり、軍事的レベルでは依然米ソ二極体系であった。1969年成立したアメリカのニクソン政権は、

年表1-2-1　**核軍拡と核軍備管理の歴史**（1945〜1971年）

45. 7.16	アメリカ、原爆実験	58. 1.31	アメリカ、人工衛星、エクスプローラ打上げ
49. 9.23	トルーマン大統領、ソ連の原爆実験を発表	60. 2.13	フランス、原爆実験（サハラ）
52.10. 3	イギリス、原爆実験（モンテ・ベロ）	62.10.22	キューバ、ミサイル危機
11. 1	アメリカ、水爆実験（エニウェトク）	〜28	
53. 8. 8	ソ連、水爆保有を発表	63. 8. 5	米ソ英など部分的核実験停止条約
54. 3. 1	アメリカ、水爆実験（ビキニ）	64.10.16	中国、原爆実験
57. 5.15	イギリス、水爆実験（クリスマス島）	67. 6.17	中国、水爆実験
8.26	ソ連、ICBM実験を発表	8.24	フランス、水爆実験
9.19	アメリカ、初の地下核実験	70. 4. 2	中国、人工衛星打上げ
10. 4	ソ連、史上初の人工衛星、スプートニク1号打上げ		

　出所）細谷千博監修、滝田賢治・大芝亮編『国際政治経済資料集（第2版）』有信堂、2003年、30頁。

対ソ・デタント政策によって核兵器の軍備管理体制を精緻化し、さらに朝鮮戦争以来敵対していた中国との接近政策を推進したため、世界的に緊張緩和が進み、すでに顕在化していた多極化傾向に弾みがついた。

新冷戦と冷戦終結

　緊張緩和と多極化が進んだが、1977年に成立したアメリカのカーター政権が積極的に追求した人権外交や米中国交樹立は、ソ連の激しい反発を招き、逆にソ連のエチオピア・ソマリア戦争への介入、アフガニスタン侵攻、ソ連海軍のヴェトナム・カムラン湾へのプレゼンスを引き起こし、これがアメリカの対ソ不信感を蘇らせ、米ソ関係は再び緊張したのである（新冷戦）。こうした状況のなかで、ソ連を「悪の帝国」と呼んだR・レーガンがアメリカ大統領に就任し、SDI構想を発表するとともにソ連のSS20配備に対抗してINF（中距離核戦力：パーシングⅡや巡航ミサイル＝トマホーク）を配備し始め、限定核戦争の危険性が高まった。ヨーロッパを中心に大規模な反核運動が起こったことも新冷戦状況を緩和させた要因であったが、同時に、かつての冷戦緩和のときと同様、極度の緊張激化が逆に緊張を緩和させていったのである。

　1985年以降、新冷戦状況が緩和していった理由にはいくつかあるが、主に次の4点を挙げることができるであろう。第1に、ソ連では「ゴルバチョフ革命」が展開され、アメリカではレーガンが「歴史に名を残す大統領」への意欲を強烈に有していたこと、第2に、冷戦遂行コストが米ソ両国の総体的国力を消耗させていたが、特にソ連では70年間にわたるスターリン型の閉鎖的・抑圧的統治体制がその消耗をいっそう促進したこと、第3に、レーガン政権が打ち出したSDI構想にソ連が対抗しうるシステムを開発する展望をもちえなかったこと、第4に、1975年にソ連を含むヨーロッパの33カ国が参加した全欧安保協力会議（CSCE）が設置され、発表されたヘルシンキ宣言（☞ QR1-2-1）の精神に基づき米欧諸国とソ連ブロック諸国との間で人的・文化的交流が活発になるとともに、東欧諸国における民主化運動が活発化したこと。このヘルシンキ宣言は国家主権の尊重、武力不行使、国境の不可侵、領土保全、紛争の平和的解決、内政不干渉、人権と自由の尊重という原則や相互信頼醸成措置の促進などの安全保障や技術協力などの推進を図っていくことを謳ったものであり、

QR1-2-1

欧米諸国とソ連との緊張緩和に大いに貢献する要因となった。

こうした状況を背景として推進されたソ連における「ゴルバチョフ革命」
（ペレストロイカ・グラスノスチ）と「電波革命」が誘発した東欧諸国の自立化は、
ついにベルリンの壁の崩壊（1989年11月9日）を引き起こした。これはカトリッ
ク教会やハプスブルク家末裔の協力によって立案された「ヨーロッパ・ピク
ニック計画」で、東独からハンガリーに来ていた1,000人に上る旅行者の一団
が、オーストリア国境を越えて西独に亡命したことを契機として起こった。翌
月12月3日にアメリカのG・H・W・ブッシュ大統領とソ連のミハイル・ゴル
バチョフ書記長は地中海のマルタ島で会談して、ゴルバチョフは「冷戦の終結
を一方的に宣言した」。ブッシュはこれに加わらなかったが反対もしなかった
ため、マルタ島会談は「ヤルタからマルタへ」という標語を生むことになった。
ブッシュにこの会談に参加するよう説得したイギリスのサッチャー首相やフラ
ンスのミッテラン大統領は20〜30年後には東西ドイツは再び併合するだろうと
予測していたが、壁の崩壊から1年もしない1990年10月3日西独が東独を編入
する形でドイツ統一を達成した。これに先立つ1990年2月7日ソ連共産党は一
党独裁を放棄し、6月28日コメコン（東欧経済相互援助会議：1949年1月25日成立）
を解体し、さらに7月1日には軍事同盟機構であるWTO（ワルシャワ条約機構：
1955年5月14日結成）まで解体した。こうした動きに刺激されて東欧諸国で次々
と改革・革命が起こり、ついに1991年12月25日ソ連そのものが消滅したのであ
る。ソ連・東欧の動きに刺激されて中国・北京では1989年6月4日民主化運動
が起こったが武力鎮圧され（第2次天安門事件）、中東では8月2日イラクのフ
セイン政権軍が隣国クウェートの侵入したため、翌年はじめ湾岸戦争が勃発し
た。

◆参考文献

①ヴィクター・セベスチェン（三浦元博・山崎博康訳）『東欧革命1989——ソ連帝国
　の崩壊』白水社，2009年.
②松岡完・広瀬佳一・竹中佳彦編著『冷戦史——その起源・展開・終焉と日本』同文
　館出版，2003年.
③高橋進『歴史としてのドイツ統一——指導者たちはどう動いたか』岩波書店，1999
　年.

第3章　冷戦終結後の国際政治史

冷戦終結の「効果」

　国家存立の基本的イデオロギーを異にする米ソがリーダーとなったブロック対立としての冷戦が終結したことにより、世界はより平和になるのではないかという期待が高まったが、冷戦後の世界は「パンドラの箱」を開けたような混沌とした国際政治状況を生み出すとともに、世界の人々に「地球的問題群」の存在を改めて「発見」させたのである。

　第1に、確かに米ソ間で核戦争が発生する危険性はほぼ消滅したが、核拡散が進み世界各地域での戦術核の使用の危険性が高まったばかりでなく、テロリスト集団による核兵器をはじめとする大量破壊兵器の使用の可能性が高まった。

　第2に、冷戦中は相対的に抑制されていた地域紛争がエスニック・クレンジング（民族浄化）を伴いながら頻発し始め、ここにテロリスト集団が介入する事例も増えてきた。

　第3に、イデオロギー対立に代わって経済成長のための市場獲得競争が激化してきた。かつての社会主義国の多くは市場経済システムを導入して経済成長を追求するようになったため、資源獲得市場と製品販売市場を拡大しようと必死になり始めた。名目的に社会主義国と自称している中国やヴェトナムも実際には国家が市場管理や産業政策に介入する国家資本主義的政策を採用し、先進資本主義諸国との経済的摩擦を引き起こす事例が頻発した。

　第4に、冷戦終結が現代グローバリゼーションを加速し始めた。ヒト・モノ・カネ・情報・サービスが以前の時代よりもより短時間で——場合によってはリアルタイムで——、より大量に国境を越えて移動しあう現象としての現代グローバリゼーションは、通信手段と情報手段の飛躍的発展によって可能となった。冷戦終結に先立つ1970年代以降、インテル社がマイクロ・プロセッサーを開発したことによりマイクロ・エレクトロニクス革命（ME革命）という情報技術革命が始まっており、冷戦期にアメリカが軍事用に独占していたインターネット、暗号技術、通信衛星、GPSが冷戦終結とともに商業用に開放され、コンピューターの小型化・高性能化・低廉化により先端産業ばかりでな

く広く社会に浸透したのである。その結果、政治（主権のあり方を含む）、経済（生産・流通・金融）、安全保障、文化・教育など多方面に影響を与えたため、国民経済や民族的・宗教的アイデンティティあるいは伝統文化を破壊するものと批判する反グローバリゼーションの動きも引き起こしている。2001年9月に発生した9・11同時多発テロも、現代グローバリゼーションの急展開と無関係ではないという指摘もある。またこのIT技術はスーパーコンピューターや3次元プリンターの飛躍的発展をもたらし、前者はDNA解析による医療技術の進歩、後者は本格的な第3次産業革命の到来の予兆となっている。

　第5に、冷戦終結は地球環境問題の存在を改めて人々に認識させることになった。温暖化とそれによる海水面の上昇や気候変動に伴う巨大災害の頻発、河川・海洋汚染による健康被害、酸性雨や熱帯雨林の減少さらには砂漠化の進行などである。この問題は越境的であることが特徴であるので、一国では解決できず地球社会としての取り組みが不可欠である。

冷戦終結が引き起こした国際政治の現実

　冷戦が終結過程にあった1990年8月、サダム・フセインが独裁支配するイラクが隣国クウェートを侵略した。両国にまたがるルメイラ油田でクウェートがイラクの中止要請を無視して一方的に採掘していることに対する懲罰的措置として行われた侵略であったが、それは同時に冷戦が終結しつつある国際情勢を反映していた。米ソ冷戦は「重石」として複雑な中東国際関係を一定程度固定化する効果をもっていたが、冷戦終結への動きはこの地域の国際関係を流動化・不安定化させたのである。ブッシュSr.アメリカ大統領は力による現状変更の動きを懸念し、冷戦終結後には国際法が遵守され国連が重視される「新世界秩序」が樹立されるべきであると世界にアピールした。中国は1989年6月に発生した天安門事件での弾圧・虐殺を理由にアメリカを含む多くの国連加盟国から経済制裁を受けて孤立していたが、ブッシュ政権は対中制裁緩和を取引材料に中国に国連安保理の議決では棄権するよう働きかけ、安保理はイラクが無条件撤退を無視した場合の武力行使を認める決議（安保理決議678号）を可決した。いわば冷戦終結期に国際社会が一致して力による現状変更を非難することになったのである。

この国際社会の動きを背景に、翌1991年1月17日英米が中心となり多国籍軍がイラク攻撃を開始し（第1次湾岸戦争）、2月末にイラク軍を敗北させた。この戦争を主導したアメリカ軍はME革命を基礎に実現した軍事革命（RMA = Revolution in Military Affairs）により軍備の貧弱なイラク軍に短期間で圧勝した。同年末のソ連解体によって冷戦が最終的に終結したため、湾岸戦争での圧勝により「ヴェトナム・シンドローム」を払拭するとともに冷戦に勝利したという二重の愉悦感が、一時的にではあったが広くアメリカ社会を覆ったのである。その結果、冷戦後の国際政治構造は「アメリカ一極体制」であるとか「パクス・アメリカーナⅡ」「アメリカ帝国」という表現も一部では流布した。この政治的優位性を背景にアメリカは冷戦後の国際情勢に対応すべく、1990年代に日米安保の再定義を強行し、NATOの新戦略を打ち出すことができた。

　一方、ソ連の後継国家としてのロシアは政治的、経済的に混乱を極め、国際政治における影響力を低下させたためロシア民族の復興を求めるロシア・ナショナリズムの動きが強まっていった。ソ連の崩壊過程を注視していた中国の指導者たちは、改革開放の旗は掲げながら湾岸戦争で見せつけられた圧倒的な軍事力を有するアメリカとの協調路線を採用しながらも、アメリカ主導の国際政治状況を「一超多（数）強」構造と認識して、これを「多極構造」に転換させるべきであるとの認識を示すようになった。

　冷戦後の国際政治状況を一変させたのは、2001年の9・11同時多発テロであった。ブッシュJr.政権は、「テロとの戦い」という新しい概念を創出して、国内にイスラム系の少数民族による分離独立運動を抱えていた中露の了解のもと、多国籍軍を結成してアフガン戦争に突入していった。さらにイラクのサダム・フセイン政権が大量破壊兵器を開発しているという理由でイギリスなどと「有志連合（Coalition of the Willing）」を組み独仏など多くの国の反対を無視して2003年3月イラク攻撃を開始した。アメリカにとって「史上最長の戦争」であったヴェトナム戦争よりも長い10年近く続いたイラク戦争でアメリカは人的にも財政的にも深刻な打撃を受け、国民世論の厭戦気分が広まりオバマ政権は2010年末までに戦闘部隊を撤退させざるをえなかった。

　中国は対米協調政策の成果として2001年12月、アメリカが強い影響力をもつ世界貿易機関（WTO）への加盟を認められ世界経済システムとのより密接な関

係を構築できたこともあり、アメリカが長引くイラク戦争に苦しんでいる間に高度経済成長を達成し、2010年には日本を抜いてGDPで世界第2位に踊り出た。この経済力を背景に、一方では上海協力機構（SCO）の結成やアジア相互信頼醸成措置会議（CICA）の主催により大陸内周辺諸国との安全保障関係を強化し、BRICS銀行（☞QR1-3-1）やアジアインフラ投資銀行（AIIB）（☞QR1-3-2）の設立を主導して国際的影響力の強化を目指し、他方、ナショナリズムの高揚と軍事的挑発により南・東シナ海をめぐり周辺諸国との緊張も高め、2016年7月に常設仲裁裁判所が出した裁定も無視して、「九段線」内の小島や岩礁に滑走路やレーダー施設を含む軍に施設を建設し続けている。こうした行動は2014年習近平政権が打ち出した「一帯一路」政策と符合する遠大な構想であることが明らかとなってきた（図1-3-1および図1-3-2）。さらに中国は2014年にクリミアを軍事併合したため欧米諸国から厳しい経済制裁を受けているロシアと準同盟関係を強化しアメリカに対抗する姿勢を強めてきている。

QR1-3-1

QR1-3-2

　確かにアメリカは相対的に国際政治的影響力を低下させてきているが、世界人口73億人のうちわずか4％の3億人の人口で世界GDPの22％を産出し、世界の全軍事費の35.6％（2015年度）を占めている。技術的にも無人攻撃機や精密誘導兵器など最先端兵器を生産・保有し、軍事力の遠方投射能力でも優位を維持している。一方、中国は、2011年のシティ・グループの発表によると2030年にはアメリカを追い越しGDP世界第1位に躍り出ると予想していた。しかし2020年12月、日本経済研究センターは、新型コロナウイルスの収束に4〜5年かかる場合には、その拡大阻止に成功

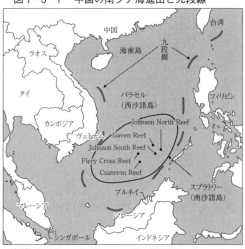

図1-3-1　中国の南シナ海進出と九段線

出所）2014 Report to Congress of the U.S.-China Economic and Security Review Commission, November 2014, p.248をベースに筆者作成。

図1-3-2　中国の「一帯一路」

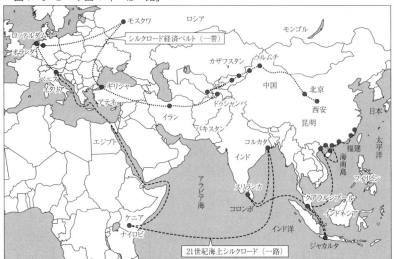

出所）2014 Report to Congress of the U.S.-China Economic and Security Review Commission, November 2014, p.236をベースに、The Wall Street Journal 他を参照して筆者作成。

した中国が2028年には、名目GDPで阻止に失敗しているアメリカを超え世界第1位になるとの予測を発表した。しかし問題は中国の国家としてのGDPと国民1人当たりのGDPのギャップである。同センターの予測でも、2035年段階の1人当たり名目GDPはアメリカが約9万4,000ドル、日本が約7万ドルに対して中国は約2万8,000ドルと、アメリカの30％、日本の40％と依然大きな差があることを指摘している。中国一国のGDPと1人当たりのGDPの大きなギャップが象徴している巨大な国内経済格差も考慮しつつ21世紀の国際政治を展望することが不可欠である。

◆参考文献
①ピーター・ゼイハン（木村高子訳）『地政学で読む世界覇権2030』東洋経済新報社，2016年．
②田所昌幸編著『台頭するインド・中国——相互作用と戦略的意義』千倉書房，2015年．
③ロバート・カプラン（櫻井祐子訳）『地政学の逆襲——「影のCIA」が予測する覇権の世界地図』朝日新聞出版，2014年．
④イアン・ブレマー（北沢格訳）『「Gゼロ」後の世界——主導国なき時代の勝者はだれか』日本経済新聞出版，2012年．

第Ⅱ部
国際関係理論：国際政治史と現代地球社会を見るレンズ

国際関係の理論とは何か？ それは、国際政治史と現代地球社会を見るレンズと答えることができる。

国際関係とひとくちにいっても、その範囲は広い。領土問題や民族紛争、テロの問題から貿易・投資、そして地球環境保護の問題など、様々な領域での問題があり、また、かかわるアクターについても、国家だけでも、2020年現在の国連加盟国に限定しても193カ国あり、このほか、国際組織や世界企業、そしてNGOなどが、グローバル社会の諸問題にかかわっている。

このような国際関係について、1つのカメラのレンズで把握できるわけではなく、むしろ、問題領域ごとに、あるいは目的別に、それぞれに適したカメラのレンズのようなものを用いて、観察していくことが必要となってくる。

どのような特徴のあるカメラのレンズを用いて見ていくか。このカメラのレンズに相当するのが、国際関係の理論である。

国際関係の理論は、リアリズム、リベラリズム、マルキシズムの3つに大別できる（図2-0-1）。リアリズムとは、国家に焦点を当て、領土問題や軍事的安全保障問題を中心に世界を見ていこうとする考え方である。これに対して、リベラリズムと呼ばれる理論は、国家を中核としながらも、同時に国際組織や世界企業、そしてNGOなどの非国家的アクターもまた、国際関係に重要なイ

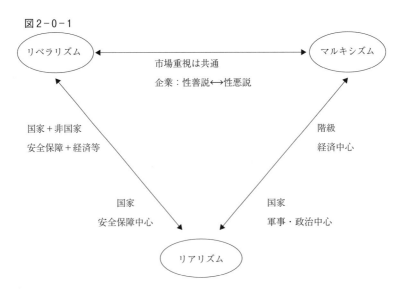

図2-0-1

ンパクトを与えているとする（☛コラム　国内政治におけるリベラリズム参照）。イシューについても、領土や軍事安全保障問題が最重要だとは必ずしも見ない。むしろ、貿易や投資などの経済問題も重視し、さらに、人権や環境保護なども国際関係で重要な問題になっているとする。最後に、マルキシズム（ここではマルクス主義的国際関係論を指す）もまた、リアリズムやリベラリズムとは異なる視点から国際関係を見てきた。マルクス主義的国際関係論は、伝統的なマルキシズムと同様に、資本家階級や労働者階級といった、階級に焦点をおき、また、経済（下部構造と呼ぶ）が政治（上部構造）を規定すると見る。こうした見方に基づき、国際関係について、リアリズムのように国家中心に国際関係を見るのではなく、資本主義システムに焦点を当て、世界資本主義システムが拡大・収縮することに伴い、国家間で戦争が起こり、あるいは平和が維持されるという世界システム論などの見方を提示する。リベラリズムとマルクス主義的国際関係論は、市場を重視する点で共通点が見られるが、しかし、企業、特に多国籍企業が開発途上国の経済発展にいかなる影響を及ぼすかについて、性善説と性悪説にそれぞれが立つ、という相違点がある。

国内政治におけるリベラリズム

リベラリズムということばは多義的で、歴史的に、また分野において、様々に用いられてきた。

国内政治や政策形成の現場では、リベラリズムは、国際関係理論におけるそれとは異なる意味で使われる。国内政治におけるリベラリズムは、政治におけるリベラリズムと経済におけるリベラリズムに区分できる。いずれも、国家権力からの自由（リバティ）を求める考えである点は共通している。しかし、政治において、リベラリズムは、市民の基本的人権や諸団体の言論の自由などを確保すること（自由権）や、市民間の公平・平等を確保すること（社会権）が必要であると主張する。このような考え方は古典的リベラリズムとも呼ばれる。

他方、経済の領域では、リベラリズムという考え方は、国家による市場への介入や経済活動への干渉を防ぐことを重視する。

アメリカでは、伝統的に、共和党は、経済におけるリベラリズムを主張し、自由貿易政策を掲げるのに対して、民主党は、政治におけるリベラリズムを重視して、黒人などの社会的弱者の権利擁護や国内労働者の保護などに敏感である。そして、共和党と比べると、保護貿易主義をより強く主張するといわれてきた。アメリカでは一般にリベラルとは、政治におけるリベラリズムを主張する人々のことを指す。

グローバル化の時代において、経済におけるリベラリズムは、自由貿易や自由な投資活動をよりいっそう推進する政策を主張する。しかし、こうした政策は、国内市場の開放をも進め、先進国内では労働者の失業問題が深刻化する。雇用を失った人々は、経済的リベラリズムに反対するだけでなく、国内の少数派や外国人労働者に対する差別的行動を取ることもある。これは、政治におけるリベラリズムの後退にもつながっていく。

　以下、リアリズム、リベラリズム、マルクス主義的国際関係理論（特に従属論、世界システム論）について説明していきたい（☛コラム　英国学派参照）。

28　第Ⅱ部　国際関係理論：国際政治史と現代地球社会を見るレンズ

以上のような国際関係をマクロ的に見る理論とは別に、一国の外交政策がいかにして決定されるかについてのミクロ的な理論として政策決定論がある。これについても、第Ⅱ部の最後に紹介しておく。

最後に、国際政治の世界は演劇に見立てることができることを述べておきたい（細谷千博・臼井久和編『国際政治の世界——第二次大戦後の国際システム変容と将来の展望』有信堂、1981年、iii–iv 頁）。国際政治には舞台があり、役者が登場する。主役もあれば、脇役・端役もいる。こうした役者は、国際政治の舞台で、演技を披露する。そして、筋書きのないドラマが展開する。

英国学派

英国の国際政治学者である H・ブルは、国際政治の見方として、アメリカの国際政治学で多いリアリズムおよびリベラリズムの2分類ではなく、グロチウス的伝統、ホッブズ的伝統、カント的伝統の3つに分類する。

ブルは、国際関係においては、世界政府のような存在はなく、主権国家がそれぞれに独立しており、それゆえに、アナーキーという。しかし、主権国家からなる国際システムを維持すること、国家の独立・主権を尊重すること、戦争を回避すること、一般的な社会秩序を維持すること（例をあげると、暴力の制限、約束の遵守、所有の安定化など）の4つの目標を達成するために、国際的な活動様式が存在していると述べる。国際関係において、国際社会が成立していると見る見方（グロチウス的伝統）である。ブルは、この見方を、国際関係を万人の万人に対する闘争としてとらえる見方（ホッブズ的伝統）や市民のコスモポリタン的な連帯が広がる世界として見るカント的伝統と区別して提示する。

国際政治を演劇にたとえると、国際政治の理論は、さしずめ観客・批評家による演劇の見方といえる。ドラマのストーリー性に注目する観客もいれば、役者の演技力を注視する批評家もいる。主役よりも脇役の演技が目立ち、注目されることもある。いかなる演劇の見方があるのだろうか。第Ⅱ部では、この点を学んでいきたい。

◆参考文献

①今井宏平『国際政治理論の射程と限界』中央大学出版部，2017年．

②大芝亮『国際政治理論』ミネルヴァ書房，2016年．

③佐藤誠・大中真・池田丈佑編『英国学派の国際関係論』日本経済評論社，2013年．

④細谷千博監修，滝田賢治・大芝亮編『国際政治経済——「グローバル・イシュー」の解説と資料』有信堂，2008年．特に第Ⅳ部「ドラマの見方」．

⑤ヘドリー・ブル（臼杵英一訳）『国際社会論——アナーキカル・ソサイエティ』岩波書店，2000年．

⑥スーザン・ストレンジ（西川潤・佐藤元彦訳）『国際政治経済学入門——国家と市場』東洋経済新報社，1994年．特に序章．

第1章　リアリズム（1）

　リアリズム（現実主義）といっても、その内容は、論者により相違があり、多様である。ギリシャのアテネとスパルタの戦争の歴史『戦史』を記したトゥキディデス、イタリア・ルネッサンス期に『君主論』を記したフィレンツェのマキャベリ、1651年に『リヴァイアサン』を執筆した英国のホッブズなどの考え方が歴史的に代表的なものとしていわれ、現代では、H・モーゲンソーやG・F・ケナンの考え方が伝統的リアリストとして挙げられる。

　本章では、伝統的リアリズムについて、まず一般的な内容を整理した上で、H・モーゲンソーの考え方を紹介し、その上で、古典的リアリズムの抱える問題点について述べる。

古典的リアリズムと勢力均衡論

　各国の外交政策はいかにしてつくられているか。古典的現実主義者は、国家には、国益があり、これを極大化することを目標とするという。

　それでは国益とは何か。英語ではNational Interestであり、国家利益と訳すか、国民の利益と訳すか、いずれも可能である。国益には、国家の独立を守ることや領土を守ること、自国の経済力の向上、さらには国民の人権を保障することや、自国の自然環境を保護することなど、様々なものがある。しかし、こうした国益のなかで最も重要なのは、国家の領土を守り、独立を維持すること、すなわち安全保障を確保することである。これを、他の様々な国益と区別して、中核的国益（コア・インタレスト）という。

　国益を確保するために、パワーあるいは国力（ナショナル・パワー）を用いる。安全保障を確保するために、最も直接的なパワーは軍事力である（☞ QR2-1-1）。それゆえに、各国は、軍事力の拡大に励む。軍事力を行使して、隣国との戦争に備える。そして、この軍事力を拡大するために必要なのは、国の財政力であり、これを増やすには、自国の産業を発展させ、そこから税金をとることである。

QR2-1-1

　さて、各国が現実主義の考え方に従って外交政策をとると、どのような国際

政治が展開するのだろうか。

　対立する2カ国として、A国とB国を想定しよう。A国は、軍拡策をとり、B国は何もしなかったとしよう。すると、AとBの軍事力には差がついてしまう。Aは、差のついたいまならば、戦争をしかけても勝てる、ということで、Bに攻めていく。

　これでは敗北するということで、Bも軍拡策をとる。こうして、AとBの間では、いわゆる軍備拡大競争＝軍拡が起きる。AとBの軍事力に差がつけば、そのとき、戦争が起き、差がないとき、戦争をしても、互角のため、勝敗はつかないために、結局、戦争はいずれからもしかけられることはない。戦争が仕掛けられない＝戦争がないということで、消極的な意味での平和が起きる。AとBの勢力が均衡したとき、平和が維持される。これが勢力均衡論である。

　さて、Aは、軍事力強化のための手っ取り早い方法として、Cを同盟に入れ、BもDと同盟をつくると、AとBという2国間の対立は、Aの同盟とBの同盟との対立となる。2つの同盟の間で差があれば、戦争が起こり、差がなければ戦争は起こらない。

　同盟間に差がつくと戦争が起きてしまう。そこで登場するのがバランサーである。バランサーが、弱いほうの同盟に加わることにより、同盟間のパワーのバランスがとられ、かくして戦争の勃発が避けられる。

QR2-1-2

　しかし、計算違いなり、あるいは偶発的な衝突から両者の間で戦争が起きることはある。むしろ、歴史的には、戦争は頻繁に繰り返された（☛QR2-1-2 SIPRI Yearbook）。Aの同盟が勝ち、Bの同盟が負けたとしよう。Bの領土の一部はAが奪う。Aの同盟国も勝利にあやかるが、何といっても同盟の主であるAの得るところが最大となりがちである。強大なAの誕生である。実はこれはAの同盟国にとっては危険な状況が生まれることを意味する。Aは、こんどは、Cに対して、領土の一部を割譲せよと、圧力をかけてくる可能性があるからである。かつてであれば、そのような圧力がかけられると、Aのライバルである B に接近するぞ、と脅せば足りたが、その B はもはや A のライバルとしての力はない。これでは、A は圧力を思う存分にかけられる。

　このように、超大国あるいは覇権を確立する国の出現を阻止しておくことが勢力均衡政策においては肝要である。そのためには、敗者復活も図られる。戦

争に敗北したとはいえ、Bの徹底した解体は避けよう、将来、Bが再び、Aの
ライバルとなれるようにしておくというものである。

　勢力均衡論をまとめると以下のようになる。まず、対抗する国もしくは同盟
間の勢力がいわば50対50というように均衡しているとき、戦争は起きない。均
衡が崩れそうなときは、バランサーが登場して、均衡を図る。次に、戦争を仕
掛けるのは、強いほうである。さらに、超大国あるいは覇権国の登場を阻止す
ることが肝要であり、そのためには、敗者復活のルールが存在する（☛第Ⅳ部
第3章第2節）。

H・モーゲンソーのリアリズム

　モーゲンソーは、1904年にドイツに生まれた。ドイツの大学で法律学を学び、
ドイツの大学で教育に従事したのち、1936年、ナチズムから逃れて、渡米する。
1943年にアメリカ国籍を取得し、シカゴ大学ほかで政治学の教授となり、第2
次世界大戦後は、国務省の顧問として政府への助言を行う立場にあった。

　モーゲンソーの考え方を、『国際政治』（1948年初版、その後、生存中には1978年
の第5版まで出版される）を参考に整理すると、まず、モーゲンソーは政治権力
を求めることは人間の本質であると述べる。ここで、政治権力とは、「特定の
個人・集団を支配する」ことであり、国際政治における国家もまた、本質的に
権力（パワー）を追求するという。

　こうした権力を維持し、増大させ、そして誇示しようとする。これが国際政
治においては、それぞれ、現状維持政策、帝国主義政策、そして威信誇示の政
策となって現れる。勢力均衡は、個々の国家が、パワーを無限に拡大していこ
うとする欲求を抑止してきた。

　モーゲンソーが、国際政治を国家間の権力をめぐる闘争と定義することで、
いかにも、国際政治では、むきだしの暴力がはびこっているのが常態であると
モーゲンソーが主張しているかのように受け取られがちである。しかし、モー
ゲンソーが主張したいことは、国際政治は「善・悪の倫理的世界」ではないと
いう点であり、特定国や集団の道義や倫理を普遍化しようとすると、それは全
面戦争につながっていくという。

　むしろ国際政治を国家間の政治権力をめぐる闘争と定義することで、そもそ

も国家は相互に対立するものだということを受け入れる。そして、対立するものだということを前提にしてこそ、「説得や妥協を通じた平和的変更」が可能になると述べる。そして、外交の必要性を強調する。

モーゲンソーのこのような国際政治に対する見方は、アメリカの外交政策が伝統的に使命を果たそうとする宣教師型で、道徳主義的特徴が強いことを懸念するものである。モーゲンソーは、第2次世界大戦後において、アメリカ外交は、イデオロギー色の強い冷戦外交ではなく、国力（パワー）と国益という視点から外交政策を立案・実施していくべきであると主張した。

古典的リアリズムの問題点

さて、古典的リアリズムを、国際関係の理論として見た場合、その問題点はどこにあるのだろうか。

第1に、国力の測定が実際には困難なことも多いことである。国力とは何か。単純に軍事力に置き換えてしまってよいのだろうか。次に、軍事力とは何か。これをどのように測定するのか。指標は、軍人の数か、軍事予算か、それとも核兵器の保有個数だろうか。

第2の問題点は、なぜバランサーが存在するのだろうか。国益の極大化を目指すのであれば、なぜ、バンドワゴン（勝ち馬に乗る）しないのか、という疑問である。

歴史的に、バランサーとして行動した英国については、英国は2つのレベルで外交政策を展開していたからだという回答がある。英国は、世界レベルでは大英帝国としてインドの植民地を安定して経営することが中核的な国益であった。そのためには、英国のおひざ元であるヨーロッパの国際政治では、勢力均衡策により、戦争を回避しようとしたという説明である。ヨーロッパでの戦争に英国が巻き込まれるならば、英国の軍事力、海軍力をそれに投入することになり、その結果、植民地のインドでの軍事支配力が低下する。これは、インドにおける反英運動を高めることになりかねない。それゆえに、英国は、ヨーロッパでは戦争の起こらないことを望み、それゆえに、バンドワゴンではなく、バランサーとしての役割を引き受けたという解釈である。

第3の問題点は、勢力が均衡したときに戦争は起こらないとしているが、近

代ヨーロッパの歴史を見ると、戦争が繰り返されているという事実である。敵国の勢力と均衡させるとして軍事力の拡大に励むのであれば、これは単なる軍拡であり、勢力均衡は、軍拡を推進するための正当化の単なる口実にすぎないといわれる。

◆参考文献
①モーゲンソー（原彬久他監訳）『国際政治——権力と平和　上・中・下』岩波文庫，2013年.
②高坂正堯『古典外交の成熟と崩壊Ⅰ・Ⅱ』中公クラシックス，2012年.
③E.H.カー（原彬久他監訳）『危機の20年——理想と現実』岩波文庫，2011年.
④土山實男『安全保障の国際政治学』有斐閣，2004年.
⑤ジョージ・F・ケナン（近藤晋一・飯田藤次・有賀貞訳）『アメリカ外交50年』岩波現代文庫，2000年.
⑥トゥーキュディデース（久保正彰訳）『戦史　上・中・下』岩波文庫，1966年.

第2章 リアリズム（2）

ハンス・モーゲンソーが代表する古典的リアリズムは国際政治学の学問的地位を確立させた貢献にもかかわらず、国際政治の本質を測定不可能な「人間の本性」（human nature）から求めたことから理論的曖昧さを残していた。それに対して、ケネス・ウォルツが代表するネオ・リアリズムは古典的リアリズムの重要な仮定を前提としながらも「人間の本性」ではなく「国際システム」を用いて国家の行動を説明・予測できる厳密な理論を構築しようとした。

ウォルツの3つのイメージと構造的リアリズム

ウォルツは『人間・国家・戦争』（原著初版1959年）において、これまでの戦争原因に関する研究を3つの分析レベル（level of analysis）、すなわち、第一イメージ（個人）、第二イメージ（国家）、そして第三イメージ（国際システム）に分類し、その理論的説明能力を検証した。ウォルツは、人間の本性（第一イメージ）と国家体制（第二イメージ）ではなく、国際システム（第三イメージ）こそが国際紛争の根本的な原因に対する最も有用な理論的説明を提供すると主張した。

ウォルツの第一イメージとは、戦争の原因を人間の本性（human nature）から求めるアプローチである。第一イメージによると、人間の利己心が戦争を引き起こす。したがって、人間の本性は善であるという立場では、人間の啓蒙によって戦争を防止して平和を構築することができると主張する。反面、人間の本性は悪であるという立場では、人間の本性を制度的に抑圧することによって戦争を防ぎ平和を維持することができると主張する。しかし、人間の本性は、善であるか悪であるか、その測定が不可能である。したがって、第一イメージ、すなわち、人間の本性による戦争原因の分析はすべてを説明できると同時に何も説明できない。

第二イメージとは、戦争の原因を国家の内部構造（the internal structure of state）から求めるアプローチである。このアプローチによると、国家の内部構造の性格が戦争を引き起こす。したがって、国家の内部構造を変えることによって戦争を防ぎ、平和を構築することができる。例えば、カントは、君主制

と比べ、共和制の場合は、民衆が君主間の敵愾心を抑えることが期待できると述べ、この考え方に共鳴する人々（カント主義者と呼ばれる）は、政府が自由な国民の平等な選挙によって構成される共和制国家は平和愛好であると主張する。したがって、彼らは共和制を世界中に普及することによって世界的な平和を構築することができると主張する。

　一方、マルクス主義者は、資本主義の発展は植民地をめぐる資本主義国家間の戦争を引き起こすと主張する。なぜなら資本主義国家が成長を続けるためには新しい市場（植民地）を常に開拓しなくてはならないからである。したがって、彼らは、資本主義国家を転覆して全世界の労働者の連帯を目指す共産主義の普及が戦争防止と平和につながると主張する。

　しかし、カント主義者とマルクス主義者の戦争原因の説明は歴史的事実に合わない。カント主義者は、共和制国家は平和愛好的であると主張するが、実際に民主主義国家は頻繁に戦争を起こす。冷戦時代のベトナム、2001年の9・11テロ事件後のアフガニスタンとイラクでの、民主主義国家であるアメリカの戦争がその代表的な例である。特に、カント主義者の希望に反して、9・11後、アフガニスタンとイラクに対するアメリカの開戦にはアメリカ国民の支持が高かった。また、実際、第1次世界大戦という形で資本主義国家間に戦争が起こったが、その原因は、マルクス主義者が主張した資本主義の発展による資本主義国家間の植民地をめぐる対立ではなく、複合的ではあるが、当時ヨーロッパで影響力を拡大させていたドイツとそれを恐れたイギリス間の安全保障上の対立であったとされる。さらに、マルクス主義者の主張に反して、1969年のソ連と中国の武力紛争、1975年から始まったベトナムとカンボジアの武力紛争からわかるように、実際、共産主義国家間の武力紛争が起きていた。

　第三イメージとは、戦争の原因を国際システムの構造的な特性から求めるアプローチである。国際システムは、政府のような権威が存在する国内システムとは異なって、国家の行動を統制できる権威が存在しない「アナーキー」（無政府状態）である。したがって、国家は生存または安保のために自助に頼り、国力の増強に走る。したがって、ある国家の生存のための国力の増加は、他の国家の生存の脅威を引き起こし、軍備競争を引き起こす。すなわち、1つの国家の安全保障のための行動がシステム全体の安全保障を不安定にする安全保障

のディレンマに陥る。例えば、アナーキー下でA国とB国が存在して、A国とB国間にコミュニケーションがない場合を想定してみよう。安全保障の観点から、A国に最も有利な場合は、A国は軍備拡大をするが、B国は現状維持する場合である。一方、A国に最も不利な場合は、A国は現状維持するが、B国は軍備拡大をする場合である。B国の立場も同じである。安全保障の観点から、B国に最も有利な場合は、B国だけ軍備拡大を図る場合である。一方、最も不利な場合は、A国だけ軍備拡大する場合である。したがって、両国間にコミュニケーションがない場合、両国とも、最も不利な場合、すなわち、一方の国だけ軍備拡大を図る場合を避けるため、軍備拡大をしなくてはならないディレンマに陥る。このようなA国とB国間の限りのない軍備競争は戦争の可能性を高める。ウォルツは、国際システムの構造的な特徴、すなわちアナーキーこそが戦争の根本的な原因であると主張している。

ウォルツは『国際政治の理論』（原著初版1979年）において自身の理論を発展させた。ウォルツによると、アナーキーが戦争の根本的な原因であるが、アナーキーが必ず戦争を引き起こすのではない。なぜなら、アナーキー下で国家は安全保障のため他の国家と同盟を組み勢力均衡（balance of power）を図り国際システムを安定化させようとするからである。しかし、ウォルツは、国際システムの安全性または戦争が起こる可能性は国際システム内の国家間の力の配分状態（distribution of power）によって異なると主張した。ウォルツによると、国際システムは、3つ以上の大国で構成される多極体制より2つの超大国で構成される二極体制が安定的である。

古典的リアリズムは、国家間に柔軟な勢力均衡が可能である多極体制が最も安定的であると主張する。ナポレオン戦争後、第1次世界大戦までの長い平和を維持したウィーン体制が安定的な多極体制の代表的な例である。しかし、ウォルツによると、多極体制で国家は同盟を締結・維持するためには同盟国と戦略に関して妥協しなくてはならない。したがって、同盟戦略は同盟国間のコンセンサスの範囲でしか決定されない。さらに、ウォルツは、多極体制が2つの同盟にブロック化された場合、頻繁な同盟の寝返りと同盟からの離脱は、むしろブロック間の関係を硬直化させて、不安定化させると主張した。

ウォルツは、2つの超大国からなる二極体制が最も安定的であると主張した。

第2章　リアリズム（2）　37

二極体制下で、圧倒的な力の差から超大国は同盟国を配慮せず柔軟に政策を決定することができるからである。さらに、二極体制では、同盟の寝返りと離脱が起こりにくいことから、むしろ、超大国間に柔軟な戦略を採用することができて両ブロック間の関係が安定化すると主張した。すなわち、ウォルツは、柔軟な二極体制が硬直な多極体制より安定であると主張した。したがって、ウォルツは、第2次世界大戦以降成立したアメリカとソビエト連邦間の二極体制を最も平和的であって安定的な体制であると評価した。

　以上のようなウォルツの分析は、古典的現実主義の重要な仮定を前提しながらも国際システムの構造的な特徴を用いて国家の行動を分析・予測していることから「構造的現実主義」と呼ばれている。ウォルツの「構造的現実主義」はそれ以降の国際関係研究に莫大な影響を及ぼした。ウォルツの国際政治経済学への影響の1つが、次に紹介するロバート・ギルピンの「覇権安定論」である。

覇権安定論

　覇権安定論の先覚者は経済学者であるチャールズ・キンドルバーガーである。彼は『大不況下の世界1929-1939』（原著初版1973年）において第1次世界大戦後、1929年の世界大恐慌を引き起こすまで至った国際経済体制の不安定の原因を、当時のイギリスの経済力の衰退と、圧倒的な経済力をもちながらも、世界リーダーとしての役割に消極的であったアメリカの孤立主義政策にあると主張した。キンドルバーガーの研究は、1970年代以降の国際経済体制の不安定要因を分析した国際政治経済学者の研究に大きい影響を及ぼした。その代表的な研究がロバート・ギルピンの「覇権安定論」である。

　他方、ギルピンはウォルツの議論も踏まえる。ウォルツの研究によると1970年代は、アメリカとソ連間の二極体制による安定的で平和な時期である。実際、米ソ間に冷戦は続いたが直接的な武力紛争が起こらなかった点で「安定的」であった。しかし、国際経済の観点から見ると、1970年代は、金とドルの交換停止（1971年）、固定相場制から変動相場制の移行（1973年）そして、アメリカの保護主義貿易政策への復帰（1971年）によって第2次世界大戦後、国際金融の安定と世界的な自由貿易を支えてきた IMF（International Monetary Fund：国際通貨基金）・IBRD（International Bank for Reconstruction and Development：国際復興開発

銀行）・GATT（General Agreement on Tariffs and Trade：関税及び貿易に関する一般協定）体制が崩壊し、国際金融と貿易が混乱に陥るなど「不安定的」であった。

しかし、ギルピンは、ウォルツの「二極体制」ではなく、「一極体制である覇権体制」がより安定的であると主張した。すなわち、国際システムは、他の国家を圧倒する軍事力と経済力をもつ「覇権国」が構築し、維持することによって安定する。したがって、ギルピンは1970年代の国際経済体制の不安定要因を「覇権国」であるアメリカのパワーの衰退から求めた。

〈ギルピンの覇権安定論〉

1981年に発表された *War & Change in World Politics* で、ギルピンは覇権安定論を提示した。ギルピンによる「覇権国」とは他の国家に比べて圧倒的な軍事力と経済力をもち、自国の利益に沿って国際システムを構築して維持することができる国家である。第1次世界大戦前の金・ポンド本位制下の自由貿易体制を構築したイギリスと、第2次世界大戦後、金・ドル本位制下の自由貿易体制、すなわち、IMF・IBRD・GATT を中心とするブレトン・ウッズ体制を構築したアメリカがその代表的な例である。

覇権国は自国の利益を反映するため国際システムを構築する。しかし、その国際システムは非覇権国も排除されず利用できる国際公共財としての性格ももつ。したがって、覇権国は国際システムを構築・維持するための莫大なコストを払うが、国際システムからの利益は覇権国だけではなく非覇権国にも配分される。例えば、第2次世界大戦後、アメリカは国際金融を安定させて自由貿易を促進させるために、自国を中心とした国際金融体制、すなわち、ブレトン・ウッズ体制を構築した。ブレトン・ウッズ体制下で非覇権国は低コストで国際金融の安定だけではなく具体的な短期・長期資金の融資などの利益を得ることができた。さらに、非覇権国は、莫大なアメリカ市場に接近することを許された。しかし、アメリカはブレトン・ウッズ体制を維持するための莫大な財政・貿易赤字のコストを払った。

非覇権国は自国の利益のために覇権国が構築する国際システムに参加する。非覇権国は国際システムの構築と維持に低いコストを払う一方、国際システムから利益を得ることができるため国力を増大させることができる。例えば、第2次世界大戦後、ソ連を中心とする東ヨーロッパの共産主義国家ブロックの拡

大に対応するため、アメリカは、西ヨーロッパの資本主義国家陣営の経済再建のために財政支援と国内市場開放を実施した。このようなアメリカの莫大な財政・貿易赤字を背景に、西ヨーロッパの資本主義陣営の国家は、経済を再建して成長することができた。非覇権国のなかで、現国際システムから得られる利益よりシステムの変化から得られる利益が高い場合、覇権国が構築した国際システムの変化に挑む「挑戦国」が現れる。第1次世界大戦前の覇権国であるイギリスに対してドイツ、第2次世界大戦後、覇権国アメリカが構築した国際システムに挑戦するソ連がその代表的な例である。

　覇権国が自国の利益に沿った国際システムを構築したとしても、国際システムを維持するためのコストがそのシステムから得られる利益より高くなると、覇権国は衰退する。反面、国際システムの維持にコストを払わずただ乗りする非覇権国は国力を増大させることができる。すなわち、国際システム内で力の配分の変化が行われる。衰退する覇権国と国際システムに自国の利益を反映させようとする挑戦国との間で国際システムの変化をめぐって対立が起こる。その対立は「覇権戦争」の形で現れる場合がある。結局、覇権戦争で勝利した国家が新しい覇権国として自国の利益を反映させた新しい国際秩序を構築する。

　ウォルツの理論は国際システム、すなわち、二極体制と多極体制下での国家の行動の分析に焦点を当てた静的理論である一方、ギルピンの覇権安定論は、国家間の力の再配分により国際システムが変化するメカニズムまで説明できる動的理論である。さらに、ギルピンの覇権安定論は、アメリカの国力衰退自体の論争を引き起こした。経済力を中心としてアメリカの国力は衰退したという見解と、経済力は衰退したが圧倒的な軍事力を保持していて依然として覇権国であるという見解が激しく対立した。さらにリベラリストであるジョセフ・ナイ・ジュニアを中心に、軍事力または経済力などのハード・パワーに対応する国家の魅力を通じて相手国を取り込む力、すなわち、ソフト・パワーが提案された。彼らによると、アメリカのハード・パワーは、以前に比べて衰退したが、ソフト・パワーは依然として強力である。覇権のテーマは、現実主義だけではなく、リベラリズムでも活発に議論され、ロバート・コヘインによるネオリベラル制度論、国際レジーム論などに発展した。

ネオ・リアリズムの問題点

ウォルツの理論は、冷戦時代に、アメリカにおける国際関係理論において強い影響力を有したが、冷戦の終焉を説明することができなかった。というのは、ウォルツは、国際構造が個々のアクターの行動を規定すると見ていたために、冷戦の終焉という国際構造そのものの変化については、説明できなかったのである。

そこで、国際関係の構造は、そもそも客観的に存在しているものというよりは、むしろ、各国の政策決定者が、どのような国際構造が存在していると認識しているかにたぶんに影響されているのではないかという疑問が提起された。言い換えれば、各国の政治指導者の世界認識が変化することにより、国際構造は変化しうるのではないかというのである。

次に、古典的リアリズムとネオ・リアリズムの双方とも、国益を国家の対外政策の重要要因として見るものの、何が国益かは自明ではないとの批判もなされた。そして、何が国益かについては、政策決定者や国民の価値観などの影響を受けるものであり、国益の内容は変化しうるのではないかという見方も提示されるようになった。

◆参考文献

① K.N. ウォルツ（渡邉昭夫・岡垣知子訳）『人間・国家・戦争——国際政治の3つのイメージ』勁草書房，2013年.

② K.N. ウォルツ（河野勝・岡垣知子訳）『国際政治の理論』勁草書房，2010年.

③ C.P. キンドルバーガー（石崎昭彦・木村一朗訳）『大不況下の世界1929–1939』岩波書店，2009年.

④ J.S. ナイ・ジュニア，D.A. ウェルチ（田中明彦・村田晃司訳）『国際紛争——理論と歴史』有斐閣，2017年.

⑤ R. Gilpin, *War & Change in World Politics*, Cambridge University Press, 1981.

第**3**章　リベラリズム（1）

出発点としての機能主義

　近代において、欧州では戦争が繰り返され、戦争技術の拡大に伴い、惨禍もまた規模を拡大させていった。戦争の勃発をいかにして防ぐかが、欧州のすべての国にとり死活問題となり、国際法が発展していった。また、19世紀から20世紀初頭にかけて、国際主義者と呼ばれる人々は、国際組織やNGOを設立して、これらの強化により、戦争の勃発を防ごうと考えた。

　1950年代以降、国際政治学者は、このような国際主義者の考え方を、まず、機能主義として、理論的に整理していった。

　機能主義の理論では、安全保障問題が政治的にきわめて重要であり（High Politics）、国家間の協力は容易ではないが、経済や技術、文化などの問題は、政治的度合いが低く（Low Politics）、国家は相互に協力しやすいと考える。それゆえ、こうした経済・技術・文化などでの国家間協力を進めていくことができると主張した。

　文化・技術・経済などでの国家協力というのは、国際政治という視点から見て、どのような意味をもつのだろうか。この点を、1950年代以降の国際政治学者は、ゲーム理論における囚人のディレンマを用いて説明する。

　国際関係では、世界中央政府は不在であり、その意味でアナーキーだといわれる。アナーキーだからといって、無秩序であるとは限らない。意味するところは世界中央政府が不在というだけであり、それ以上でもなければ、それ以下でもない。このような世界の状況は、囚人のディレンマの状況にあるという。

　囚人のディレンマとは以下のとおりである（表2-3-1）。

　AとBの2人がある事件の容疑者として監獄に収容されたとしよう。取り調べにおいて、A、B双方ともに相手を信頼して黙秘を通せば、容疑は固まら

表2-3-1　囚人のディレンマ

		囚人B	
		協力（黙秘）	裏切（自白）
囚人A	協力（黙秘）	A（2年）、B（2年）	A（10年）、B（1年）
	裏切（自白）	A（1年）、B（10年）	A（8年）、B（8年）

ず、2年で釈放されるとする。反対に、取り調べにおいて、双方ともに、すぐに自白してしまうと、犯罪が明るみに出て、犯罪者として禁固8年となる。取り調べ官は、何とか自白を引き出そうとして、先に自白すれば、刑を軽くしてやると誘いかける。これに応じて、AはBを信頼して黙秘を通したものの、BはAを裏切り、早々に自白してしまったとしよう。早々に自白をしたBは、刑を軽くしてもらい、1年間の拘留で済むのに対して、最後まで黙秘を通したAは、禁固10年となってしまう。逆も同じである。これが囚人のディレンマとして想定される状況である。

　このような囚人のディレンマ的状況において、国家は、最悪事態を避けようとする選択肢をとるというのが、現実主義者の回答である。上記の図でいえば、最悪は、自分が黙秘を通し、相手が自白する場合であり、これを避けるためには、自分は相手を裏切ることで、最悪事態は回避できる。

　黙秘を通して協力することを「軍縮」政策、自白して相手を裏切ることを「軍拡」政策と言い換えると、リアリストは、軍拡を選択する。

　これに対して、リベラリストは、この状況からいかにすれば抜け出すことができるかについて考える。その方法は、2人の囚人が、取り調べのときに廊下ででもすれ違うときがあれば、そこで、本日の取り調べはこうであったが、おれは口を割っていない、というような会話を交わすことである。それにより、2人の囚人の間で、まだまだ黙秘で通そうという意志が強固になっていく。この会話に相当するのが、文化・技術外交であり、スポーツ交流であり、経済交流である。このような機能主義者のアプローチは、迂回戦略といえる。

　軍縮、軍拡に置き換えると、リベラリストだから軍縮をとるのではなく、リベラリストは、A、B双方とも軍縮政策をとるようにするために、会話＝外交交渉のチャネルを太くするのである。

　このような考え方から、19世紀から20世紀初頭にかけて、UPUやITUなどの国際機関（今日でいう国連専門機関）やユネスコの前身となる国際機関、その他の国際的な民間団体（今日でいう国際NGO）が設立されていった。しかし、これらの国際機関が設立され、活動を展開しても、二度にわたり世界大戦が勃発し、人類に未曾有の惨禍をもたらした。

新機能主義と欧州統合

　いかにすれば、Low Politics での協力を High Politics での協力へと発展させることができるのだろうか。新機能主義者の回答は、1つの領域での機能的協力・統合は他の領域での協力・統合に波及していく（スピル・オーバー）というものであった。

　石炭・鉄鋼を例に説明しよう。石炭も鉄鋼も、共同管理といっても、取り扱いは、商業的に行うことができる。しかし、その効果は政治的なものである。仮に、共同管理の参加国が、軍拡を始めていれば、それは、軍需物資の素材である鉄鋼の生産量に現れてくるからである。これを最初のステップとして、石炭や鉄鋼に関連する他の産業でも国家間協力が必要とされ、経済協力は他の産業にも波及していく。また、経済協力は政治的信頼を高める。こうして、経済協力から経済統合へ、そして政治統合へと進むことが期待された。最終目標とする政治統合とは何を意味するのだろうか。一般的にいえば、政治統合とは、主権を国家から超国家機構へ移譲することをいう。そして、政治統合が進展しているかどうかについて、新機能主義者は、共通政策の推進と政策決定における多数決制導入をその判断基準として挙げる。

　このような新機能主義の理論は、現実の EC ／ EU の動きをにらみながら発展してきた（☛第Ⅲ部第3章）。

　1951年、欧州石炭鉄鋼共同体（ECSC）が設立された。1957年には欧州経済共同体が設立され、同共同体は1958年に関税同盟を設立することを目的として掲げ、1962年には農産品の共通価格水準が設定され、共通農業政策は進展し始めた。そこで欧州経済共同体は、政策決定における全会一致制から一歩進め、多数決制の導入を図ろうとした。多数決制度が採択されると、加盟国政府は、自国が反対しても、欧州経済共同体の決定に拘束される。

　これに対して、フランスのド・ゴール大統領は強く反対し、欧州経済共同体におけるフランス代表団を、本部のあるブリュッセルから引き揚げてしまった。フランスの圧力の前に、欧州経済共同体での多数決制の導入は見送られることになった。

　このように、新機能主義の理論と、欧州統合の現実との乖離は大きく、新機能主義の理論は、行き詰まったとの見方が広まった。

その後、1985年の単一欧州議定書の合
意成立をきっかけに、欧州統合の動きが
活発化し、1992年のマーストリヒト条約
で、EC から EU へと発展していった。
このような欧州統合の進展を見て、新機
能主義の理論を見直してもよいのではな

カール・ドイチュの多元的安全保障共同体
　欧州統合については、新機能主義のアプ
ローチのほか、カール・ドイチュを中心とす
る多元的安全保障共同体を目指すというアプ
ローチもあった。これは、国家主権を維持し
たまま、しかし、それぞれの国の人々の間の
価値の共有を進めて、共同体を形成していこ
うとするものであった。

いかとの主張もなされた。しかし、国際関係理論での関心は、もはや欧州統合
についての新機能主義にはなく、必ずしも、この理論を再評価することにはつ
ながらなかった（☞コラム）。
　新機能主義では、独仏の不戦共同体の創設を目標として、そのために国家統
合をいかに進めるかという問いがなされた。そこでは、欧州統合を進めること
はよいこととの前提があった。しかし、現在ではこのような問いを立てること
への疑問も提示されている。むしろ、経済ブロックにもつながりかねない欧州
統合においては、いかにして開放的な地域統合を進めることができるのか、と
いう問いを設定すべきとの見方が出されている（☞第Ⅲ部第3章）。

国際的相互依存論

　国家主権の移譲という問題は、新機能主義者のいうようには容易ではなく、
その点では、リアリストの見方が的を射ているのではないかと思える状況で
あった。しかし、1970年代以降、国家間の貿易は飛躍的に増大し、さらに海外
直接投資も拡大していった。ひと、もの、かね、情報の国境を越えた移動が活
発になり、それは、ボーダーレス・エコノミーと呼ばれた。世界経済の領域で
は、リアリストの見方とは異なり、国家の主権は後退しているのだろうか。
　ボーダーレス・エコノミーの国際関係を分析する概念として、注目されたの
が国際的相互依存である。J・ナイと R・コヘインは『パワーと相互依存』に
おいて、まず、相互依存には、敏感性（sensitivity）と脆弱性（vulnerability）の
2つの概念があるとする。前者は、いわば量的な相互依存であるのに対して、
後者は、質的な相互依存であり、より正確にいえば、代替財の有無が重要な要
素となる。
　国際的相互依存における敏感性とは、政策の変化がない場合の国際的相互依

存の度合いの強さをいう。例えば、原油価格が上昇した場合、原油の輸入国である A、B ともに輸入量は変わらないとすると、原油価格上昇に伴うコストは、時間がたっても変わらない。他方、原油価格の上昇に伴い、国内で、企業や消費者の石油の消費が減っていく国もあろう。これが C の場合であり、その結果、コストは下がる。

　国際相互依存における脆弱性とは、政策変更により、どれだけコストを下げることができるかどうかの度合いのことをいう。A、B ともに原油の輸入に頼っている点は同じだが、A はソーラーシステムの技術をもっており、B にはそれがないとしよう。すると、A は原油価格の上昇に伴い、ソーラーシステムの実用化を進め、時間がたち、これに成功すると、原油価格の上昇に伴うコストは急激に縮小させることができる。このようなソーラーシステムへの比重のシフトという政策をとれない B では、原油価格上昇のコストは、時間がたっても変わらない。

　敏感性と脆弱性を区別することの意義について、コメの輸入問題を例に考えてみよう。外国からコメを大量に輸入するようになり、国内での消費量における国産のコメの割合が低下すると、日本はいざというときに、米の輸出をストップされ、手も足も出なくなるという議論がある。これは、敏感性に関する議論である。

　これに対して、脆弱性に注目すると、上記のような議論は単純であるとなる。外国から大量に米を輸入するとしても、まず輸入先を分散しておくと、仮にそのうちの一国から輸出停止という脅しをかけられても、他の国からの輸入を増大させればよいとなる。また、そもそも穀物としてコメだけを注目するのは時代の変化を見ていないのであり、日本人の食生活においてパン食やとうもろこしなどは格段に浸透しており、日本人が消費する穀物におけるコメの比重は低下している。かくして、コメの輸入拡大にも賛成となる。

　さて、国家間の相互依存関係が深まった場合に、いかなる国際関係が展開するのだろうか。ナイとコヘインは、相互依存関係が深化した窮極の状況を「複合的相互依存」と呼び、そのような状態の国際関係の状況を以下のような表で示す（表2-3-2）。

　このなかで、最も注目すべきは、「国家の政策を実現する手段」について、

46　第Ⅱ部　国際関係理論：国際政治史と現代地球社会を見るレンズ

リアリズムは、「軍事力が最も効果的である」というのに対して、「複合的相互依存関係」の世界では、「問題領域に特徴的なパワーの源泉が最も適切」と述べ、要するに、軍事以外のイシューでは、軍事力は万能ではなく、また、どのイシューが最も重要かについても、必ず、安全保障が第1優先事項だとは限らないという。問題領域の優先順位（issue-hierarchy）の不明瞭化である。経済では企業の果たす役割が重要となり、また、人権や環境ではNGOなども大きな役割を果たす。非国家的アクターの重要性が増大するのである。

　他方、安全保障問題だけが最優先事項ではないことから、軍事力の果たす役割が低下するという。国際的相互依存を深めることは、たとえ国家間の対立があっても、対立を軍事力で解決しようとはしない世界をつくり出す。その意味

表2-3-2　リアリズムの世界と複合的相互依存が深まった世界

	リアリズムの世界	複合的相互依存の世界
主要アクターとその目標	主権国家が主要アクターであり、国家にとっては軍事安全保障の確保が最重要な目標。	国家だけでなく、国際組織や世界企業、国際NGOなどの非国家的アクターも重要。国家の目標として、軍事安全保障の確保だけでなく、国民の経済的繁栄や人権保障も重要である。非国家的アクターの目標は、国際公共財の確保から私的利益の拡大に至るまで多種多様。
目標達成のための手段	軍事力に加え、経済力などのパワー。	個々のイシューによりなにが有効なパワーの源泉かが変わる。また、軍事力や経済力などの物理的なパワーに加え、問題発見能力や規範形成能力も重要。
アジェンダ設定（何が重要な問題かを決定すること）	安全保障上の脅威および大国間のパワー関係の変化に関連することが、もっとも重要な問題	それぞれのイシューで影響力を発揮する国や、NGOなどの非国家アクターなどが、アジェンダを形成する。
各イシューの重要度と軍事大国の影響力	安全保障に関して影響力の強い軍事大国が、他のイシューでも強い影響力を発揮する。軍事大国がすべての問題でリーダシップを握る。	軍事大国は、安全保障イシューにおいては影響力が強いとしても、他のイシュー（たとえば環境問題）でも強い影響力を行使できるわけではない。軍事大国必ずしも環境大国、人権大国ではない。
国際組織の役割	国際組織の役割は小さい。	国際組織は国際社会のアジェンダを設定するうえで重要な役割を演じる。弱小国も国際組織を通じて国際関係で強い影響を及ぼすことができる。

出所）ロバート・O・コヘイン、ジョセフ・S・ナイ（滝田賢治監訳）『パワーと相互依存』ミネルヴァ書房、2012年、48頁を基に、執筆者が要約・作成。

で、経済的相互依存関係を深めることは平和戦略であるという主張になる。

　さて、現実世界で、国際的相互依存が深まっていった時代は、同時に、経済摩擦が進展していった時代でもあった。例えば、1970年代初頭の日米繊維摩擦を皮切りとして、1980年代には大量のカラーテレビや自動車の輸出が問題となり、また同時に牛肉やオレンジに関する日本の市場開放が要請された。さらに、1989年から90年にかけて日米構造協議が行われ、日本の商慣習などまでが議論の対象となった。

　そしてこうした経済摩擦は、日米間に限らず、日欧間でも、また米欧間でも進展していった。経済摩擦は、いわば、相互依存の深化に伴う、コインの裏ともいえる現象でもあった。

国際レジーム論

　国家間の相互依存関係の発展に伴い、国家の行動には一定のパターンが存在するのではないか、そこにはある種のルールがあるのではないか、このような問いが抱かれるようになり、国際レジーム（体制）論が登場してきた。

　国際レジームとは、イシュー・エリアで成立する明示的・黙示的ルールのセットであり、それを中心にアクターの期待が収斂していくもの（S. クラズナー）と定義することができる。すなわち、国際貿易については、WTOのもとで各種のルールが成立しており、こうしたルールのもとで、国際貿易体制（しばしばWTO体制と呼ばれる）が形成されるというものである。ほかに、核拡散防止条約を中核とするNPT体制などを例として挙げることができる。

　国際レジームは、原則、規範、ルール、手続きの4つのレベルから構成される。原則とは最も抽象的な理念であり、規範はこれをいくらか現実的なものに直したものである。規範をさらに明確にしたものがルールであり、手続きはこうしたルールを実践していく上での実務的取り決めである。

　国際レジームの原則や規範が変化した場合には、国際レジーム自体が変化したと見なすが、変化がルールや手続きのレベルであれば、それは国際レジーム内部の変化であり、国際レジーム自体は継続しているという。

　それでは国際レジームと類似の言葉とを区別しておこう。まず、国際レジームと国際機関はどう違うのだろうか。イシュー別に、一定のルールについての

合意が成立している場合、国際レジームが存在しうるのであり、単に国際機関が成立しているだけでは国際レジームが成立しているとはいえない。

次に、国際レジームと国際法とはいかなる関係にあるのだろうか。いうまでもなく、国際法が成立しているイシューでは、ルールが存在する。しかし、このルールを遵守していくためには、監視し、実施する機関・仕組みが必要である。国際レジームとは、ルール（国際法等）と実施機関・仕組みの双方を含むものである。例えば NPT レジームは核不拡散条約（NPT）と IAEA の査察活動により構成される。

さて、誰がレジームをつくるのか。これは大きな論争点になってきた。まず、古典的リアリストは、そもそもレジームは不在であるとするゆえ、この問いは成り立たない。覇権安定論者は、覇権国が覇権体制を形成するのであり、国際レジームはいわばその覇権体制のサブシステムであり、その限りで、覇権国が形成するといえるとする。

これに対して、リベラリストは、基本的には、国家間の協議に基づき、国際レジームが形成されるとし、さらに、国家間が行動を繰り返すなかで、パターン化し、これが国際レジームへ発展していくと主張するものもいる。

国際レジーム論に対する批判の急先鋒は、古典的リアリストである。スーザン・ストレンジは、リアリズムの考え方に基づき、そもそもレジームは自立性をもたないという。すなわち、国家は、都合のよいときは国際レジームを利用し、国際レジームを維持するためにこのような行動をとるというが、国益に合致しないときは、躊躇なく、国際レジームの定めるルールを無視するという。このような点を配慮すると、レジームという言葉により、現実（国益に基づいていること）を隠蔽してしまうことになり、国際レジームという概念は分析概念として有害ですらあるとなる。

現実の国際関係では、イシュー・リンケージが進み、単独のイシューごとのルールを対象とする国際レジーム論では、分析できないことが多くなった。例えば、2 つの国際レジームが衝突する場合が出現してきている。HIV・AIDS の問題をめぐり、製薬会社の開発を進めるためには確かに知的所有権の保護が不可欠であるが、他方、高価な薬のジェネリック剤を普及させ、廉価な薬を必要とする途上国市民のニーズに対応することも重要である。このようなディレン

マの問題について、単一の問題領域ごとを対象とする国際レジーム論では、十分には分析できないという批判がなされている。実際に、現実世界では、人権と開発や、環境と開発など、複合的問題が登場している。

◆参考文献

①ロバート・O・コヘイン，ジョセフ・S・ナイ（滝田賢治監訳・訳）『パワーと相互依存』ミネルヴァ書房，2012年，18頁.

②山本吉宣『国際レジームとガバナンス』有斐閣，2008年.

③細谷千博・長尾悟編『テキストブック　ヨーロッパ統合』有信堂，2000年.

④S. D. Krasner, "Structural Causes and Regime Consequences: Regimes as intervening variables", *International Organization*, 36-2, 1982, pp.185-206.

⑤S. Strange, "Cave! Hic Dragons: A Critique of Regime Analysis", *International Organization*, 36-2, 1982, pp.479-496.

第4章　リベラリズム（2）

　1990年代以降のグローバル化の進展と冷戦の終結は、リベラリズムの国際関係理論にも大きな影響を及ぼした。本章では、グローバル化について、グローバル・ガバナンス論を、また、冷戦の終結により民主主義への関心が高まったことを背景に注目されたデモクラティック・ピース論を取り上げる。

グローバル化とグローバル・ガバナンス

　グローバル・ガバナンス論の登場には、現実世界との関係と理論的流れの2つの背景があった。

　現実世界からは、グローバリゼーションの進展に伴い、いかなる国際秩序を形成して、グローバル化に対応するかという問いが提起された。かつて、国内社会では、一方において資本主義の発展に伴い、国内での経済格差が拡大していったが、民主主義に基づく政治により、富の再分配が行われてきた。資本主義は、国家を越え、世界に拡大しており、このグローバル化に対応する国際秩序、これがグローバル・ガバナンスという言葉で表現されるものであった。

　いかなるグローバル・ガバナンス・システムが望ましいのか、また可能なのか。この問題について、現実世界での規範論として提示したのが、グローバル・ガバナンス委員会であった。同委員会は、ガバナンスを「個人と機関、私と公とが、公共の問題に取り組む多くの方法の集まりである。相反する、あるいは多様な利害関係の調整をしたり、協力的な行動をとる継続的プロセス」と定義する［グローバル・ガバナンス委員会、1995、28頁］。

　2020年に世界的に蔓延するようになったコロナ問題は、世界全体が安全にならない限り、個人の安全も確保できない問題である。世界保健機関（WHO）、各国政府、地方自治体、医療機関、企業、商店や個人を含む社会の構成員全員がステークホルダーとして、抑制のために取り組んでいる。感染症に関するグローバル・ガバナンスの必要性を痛感させる。

　しかし、そのためには課題も多い。第1に、実際の感染症対策では、各国は自国第一主義的である。国境封鎖・国境管理を厳格化し、マスクの輸出制限や

第4章　リベラリズム（2）　51

一部医療品の輸出制限など、限られた資源を自国に優先的に配分しようとした。第2に、コロナ対策は保健衛生の問題であるだけでなく、各国および世界の経済・社会に対して大きな負担となっており、優れて複合的な問題である。第3に、公と私の関係についても新たな問題を提起している。各国政府は、検疫のための隔離措置や移動制限、ロックダウン（都市封鎖）などを公益のための私権制限として実施した。しかし、こうした措置のなかで行われる情報収集が、権威主義体制国では市民の行動監視強化につながるとの懸念もある。

　グローバル化は現実世界においてグローバル・ガバナンス・システムの構築を要請する。しかし、グローバル化の時代においても、国家を中心とする伝統的な国際政治の理論は根強く残っている。リベラリズムの視点とともにリアリズムの視点もあわせて世界を冷徹に分析し、コロナのパンデミック（世界的大流行）収束後の「ニューノーマル（新しい常態）」をいかなるものとして形成するか、考察することが必要だろう。

　さて、グローバル・ガバナンス論が登場する理論的背景は、イシューごとに成立する国際レジームに焦点を当てていては、イシューが相互にリンクする複合的問題を分析することはできないからであった。

　グローバル・ガバナンス論のなかで、理論的に注目されるのは、J・ローズノーの Governance without Government での議論である。ローズノーの議論を参考にグローバル・ガバナンス論を整理すると以下のように図示できる（☛図2-4-1）。

　図2-4-1においては、4つの空間が存在する。このうち、第1象限と第3象限は、有形の政府が存在して良好な秩序が初めて維持され、このような政府が存在しないとき、秩序は乱れるという、政府の役割についての伝統的な考え方である。

　第2象限は、まさに、政府は存在しないが、秩序は良好に保たれるというもので、このような秩序維持の仕組みをグローバル・ガバナンスと呼ぶ。これを「無形の政府」と表現する。

　はたして、現実世界で、グローバル・ガバナンスと呼べる事例は存在するのだろうか。1つの例は、G7／G8サミットである。いうまでもなく、主要先進国首脳会議（サミット）は、1975年、フランスのジスカールデスタン大統領

図 2-4-1　World Governance without World Government
世界のガバナンス（秩序）

	世界政府：無	世界政府：有
良好	II　世界政府はないが、世界秩序は良好（サミット体制など）	I　世界政府があり、世界秩序は良好（世界政府論）
不良	III　世界政府はなく、世界秩序は不良（世界政府論と同じ発想）	IV　世界政府はあるが、世界秩序は不良（EUにおける民主主義の赤字論）

出所）筆者作成

の提唱により第 1 回サミットがフランス・ランブイエで開催され、始まった。当時の参加国は、仏、米、西独、英、伊、日本であり、のちに、カナダ、ロシアが加わった。

　サミットの特徴は、他の国際組織とは異なり、常設的な事務局をもたないことである。そのつど、シェルパと呼ばれる、各国の官僚が準備を行い、首脳同士の直接の議論で、主に世界経済を運営していこうという体制である。

　このほか、国連が企業の社会的責任（CSR）に関する10原則を提示し、これに賛同する企業が、国連とのネットワークに参加するという、グローバル・コンパクトもグローバル・ガバナンスの 1 つの仕組みと見なすことができる（☞第Ⅲ部第 6 章）。日本では、国連グローバル・コンパクトに賛同する企業がグローバル・コンパクト・ネットワーク・ジャパンを形成し（☞ QR 2-4-1）、参加している。さらに、世界銀行が設置したインスペクション・パネルでは、世界銀行が融資しているプロジェクトに対する異議申し立てを、現地住民もしくはそれを代表する NGO から世界銀行のインスペクション・パネルに訴えることができる。このような仕組みは、グローバルな国際組織と、プロジェクトの現地（ローカル）とを結びつける、グローカルなネットワークであり、これ

QR 2-4-1

もグローバル・ガバナンスを構成する1つの仕組みといえる。

さて、第4象限に該当する事例は存在するのだろうか。世界政府があるために、かえって秩序は良好ではないというケースである。これに該当するものは、EUにおける「民主主義の赤字論」に見られる。EUにおける地域統合が進展するのに伴い、欧州委員会への権限は強化されていく。しかし、市民から見ると、国内で大統領や首相は選挙を通じて、いわば直接的に交代させることが可能であるのに対して、欧州委員会に対しては直接的にコントロールすることはかなわない。欧州委員会が、EUの執行機関としてますます巨大な権限をもつようになることは、民主主義の確保という視点から見た場合、はたして適切なのか、という疑問が提示されてきた。そして、この点での英国民の不満が、国民投票（2016年6月）でのEU離脱決定の一因にもなったといわれる。

グローバル・ガバナンスという言葉は多くの場で用いられるようになり、「世界秩序」というようなものを意味するものとして定着した。しかしながら、言葉のあいまいさは残り、理論的にも、必ずしも発展はしていない。

デモクラティック・ピース論

かつてカントは、永久的な平和は共和国同士の連合によって可能であると述べた。なぜならば、共和国体制で戦争を行うためには共和国人民の協力（参加）が必要であり、この場合戦争がもたらすすべての被害を人民が覚悟しなければならないし、それに賛成する人民は多くないのである。カントは支配者よりは人民がより道徳的で平和的な傾向を有していると信じ、支配者の好戦的な攻撃性を阻止できるような市民の権利が確保できる共和国が、平和的であると主張した。そして、そういう共和国連合により社会へ平和をもたらすことができると主張した。

国際関係理論では、共和国や民主主義といった政治体制と戦争志向性の間には関係があるのかどうかについて、長く研究がなされてきた。しかし、両者の間に、明瞭な関係があるとは言い切れなかった。

1980年代半ば以降、マイケル・ドイルやブルース・ラセットらは、この問題について、戦争を行う国の組み合わせ（対：dyad）に注目し、「民主主義国は他の民主主義国と戦争をしない」ということを統計的に検証した。すなわち、ラ

セットらは分析対象とする「戦争」として、2つ以上の国家の間で生じた武力衝突のうち、1,000人以上の戦死者が発生したケースを取り上げ、19世紀以降の国家間戦争を統計的に分析し、「民主主義国の間では戦争の確率は低い」という事実関係を見出したのである。

ラセットらによるとデモクラティック・ピース論が成立する理由について、2つの解釈がある。「文化的・規範的（cultural/normative）」解釈と「構造的・制度的（structural/institutional）」解釈である。

まず、デモクラティック・ピース論の文化的・規範的解釈では、民主主義国の間で共有されている平和的・民主的規範が国際平和をもたらすと主張する。民主主義国は国内政治での対立を平和的な方法により解決するが、その文化が国際社会にまで拡大し、民主主義国同士での対立の際にも民主主義の規範に基づき、平和的に解決されるという。

民主主義体制では、社会・政治的対立や紛争が発生しても、本来的に戦争（暴力）を反対する文化をもっており、仮に国家間の対立が激しくなっても、戦争に訴えて解決しようとする政治指導者らには、国民は投票しないというのである。言い換えると、そもそも、民主主義国では暴力による解決よりは法律による平和的な解決を選好し、他国との対立があった場合にも民主主義国家の政策決定者らは戦争より外交的な手段、国際法、国際機構を通じた非暴力的な紛争解決を選好すると解釈する。このような平和的な解決方法を選ぶことができるのは、民主主義国同士ならば同じ文化と規範を共有しているから、対立が高まっても、互いに平和的解決方法をとると予測・期待できるからである。

次に構造的・制度的解釈によると、民主主義の国内制度の特徴の1つとして、「権力分立」の原則があり、また自由な発言ができるメディアが存在し、さらに公共政策に市民が参加し、世論が選挙などにも影響を与えるというような、民主主義の制度により、民主主義国家同士の戦争は起こりにくいと説明する。例えば、民主主義社会の国民は戦争から発生する様々な被害を恐れ選挙の結果で政策決定者へ影響を与えようとする。それで政策決定者らは他国との戦争に突入する決定を行う前に選挙の結果や国民の意見を念頭におかざるをえない。これによって国際紛争への平和的解決を試みる時間の確保ができて戦争へいく可能性が低くなるのである。この解釈はすべての民主主義国が合理的な意思決

定を行うという前提の上で立てられた説明である。

　なぜ民主主義国同士の戦争をしない確率が高いのか、その理由について、ラセットらは、統計的検証の結果、'文化的・規範的'解釈のほうが的を射ているのではないかと主張した。

　他方、デモクラティック・ピース論は、民主主義国は、非民主主義国との対立においては、暴力を行使しその解決を試みた事例が多くあることをいう。その理由として、民主主義国の平和的文化や民主的規範が、非民主主義国の指導者らに'悪利用（exploit）'される可能性があるからと説明されることもある。民主主義国家間の外交と民主主義国と非民主主義国との外交とでは、根本的に異なるのである。

誤解と批判

　デモクラティック・ピース論を参考にして、国際社会において民主主義国が増加すればするほど、その分戦争が起こる確率が低くなるのであれば、転換期の民主化過程にある国への支援や民主化を助けることは、世界平和のための1つの戦略となるとの政策を主張するものも登場した。先進国による中東・旧東ヨーロッパ、アフリカといった非民主主義の国々への民主化支援のための介入政策を正当化するための、格好の理論として用いられることがあった。

　しかし、これはデモクラティック・ピース論の誤解である。確かに安定的な民主主義体制の国家間では戦争が起こる可能性が低いとデモクラティック・ピース論は述べる。しかし、むしろ民主化過程にある国家は好戦的なことも多く、かえって戦争に参加する可能性が高いとすらいえる。その理由として、既存の政治権力が分散されているなかで、少数の独裁者による寡頭政治が現れる可能性があったり、旧体制の政治エリートらや新しく登場する政治エリートたちが、国内の新たな民主的政治過程において、支持勢力拡大を目指し、排外的な民族主義に訴えることも多く、民族間の対立が助長されることがあるからである。いうまでもなく、すでに民主主義国として確立していることと、いまなお民主化の過程にあるということは、それぞれ異なることであり、デモクラティック・ピース論は、民主化を進めることが自動的に平和につながるとは一言もいっていないのである。

56 第Ⅱ部 国際関係理論：国際政治史と現代地球社会を見るレンズ

　他方、実際にはデモクラティック・ピース論がいう平和ではなく、民主主義国の間では経済相互依存が深化しており、双方の間で戦争が生じると、互いに莫大な経済的被害を受けるために、戦争はしないという指摘もある。言い換えればデモクラティック・ピース論は実は見せかけの相関であり、実際には経済的相互依存関係と平和の間に相関関係があるのではないかということである。経済的相互依存関係が深いために、戦争は起こらないという見解である。

　実際に、安定した民主主義体制である国々のほとんどは経済的先進国である。そこで、こうした点も取り入れ、ラセットらは、民主主義体制、経済的相互依存、国際社会・国際組織への参加の3次元により、国家の戦争へのかかわりが低下するとのリベラル・ピース論を提示した。

　このほか、ラセットらによる19世紀以降の民主主義国同士の戦争勃発頻度に関する分析については、そもそも1945年以前には民主主義国といえる国家の数も少なかったことが理由ではないのか、との議論もなされている。

　さらに、戦争の事実についても、民主的な手続きで成立された外国政府に対して、アメリカが秘密戦争を行ってきたことは少なくないとの指摘もある。というのは、第2次世界大戦以降においても、アメリカは第三世界の国に対し秘密に武力介入を行ってきたからである。その例として、イラン（1953）、グアテマラ（1954）、インドネシア（1957）、ブラジル（1961）、チリ（1973）、ニカラグア（1981）などを挙げることができる。これらの国の政府は、民主的な手続きを通じ成立したにもかかわらず、冷戦期であったため、アメリカはこれらの国がソ連との関連が深くなるのを恐れ、秘密の介入を行い、政府の転覆を図った。

　こうした事実をどのように扱うべきかについても疑問も提起されている。

◆参考文献
①大芝亮・古城佳子・石田淳編『日本の国際政治学②──国境なき国際政治』有斐閣，2009年．
②渡辺昭夫・土山實男編『グローバル・ガヴァナンス──政府なき秩序の模索』東京大学出版会，2001年．
③B.ラセット（鴨武彦監訳）『パクス・デモクラティア』東京大学出版会，1996年．
④グローバル・ガバナンス委員会（京都フォーラム監訳）『地球リーダーシップ──新しい世界秩序をめざして』NHK出版，1995年．

第5章 従属論と世界システム論

　従属論と世界システム論は、リアリズム、リベラリズムといった主流派理論とは異なるマルキシズムの代表的理論として、国際関係を見る独自の視点を提供してきた。マルキシズムとは、19世紀のドイツの経済学者であるカール・マルクスと彼に続く思想を国際関係学の領域に取り入れ、独自の発展を遂げた理論である。マルクス主義という用語自体は、マルクス以後に発展した政治・経済思想を指すことが多い。そのため、本章では便宜的にマルクス主義国際関係論＝マルキシズムとし、政治・経済思想におけるマルクス主義と区別した上で、その成り立ちと発展、特徴を紹介する。

　マルキシズムの代表的理論とされる従属論、世界システム論は、どのように成立し、発展を遂げてきたのか。また、マルクス主義の特徴をどのように引き継ぎ、国際関係をとらえ、分析してきたのだろうか。

国際関係を資本主義システムから見る視点

　マルキシズムの特徴は、戦争、貧困や飢餓といった国際社会における様々な出来事を、グローバルな資本主義システムとの関係から総体的に理解しようとする点にある。そもそも、マルクスは、経済、特に生産様式を中心とした経済のあり方に着目し、そこから社会の変化を説明しようと試みた。その特徴は、政治や法律、文化を社会の「上部構造」とし、これらが経済基盤という「下部構造」によって影響を受けると考える点にある。つまり、社会における政治や文化のあり方は、独立して生じたり変化したりするわけではなく、その時々の経済のあり方に規定されるものといえる。例えば、男女平等という思想は、ある社会において自然発生的に生じるわけではなく、女性の社会進出や経済的自立といった「下部構造」の変化によって生じる、というわけだ。この立場に立つと、社会の様々な現象を理解するためには、まず「下部構造」となる経済のメカニズムやその変化を理解することが必要不可欠となる。

　マルクス主義が分析の対象としてきたのは、経済のメカニズム、とりわけ資本主義という近代以降の経済システムである。マルクス主義は、近代以前の社

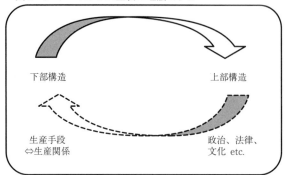

図2-5-1　マルクス主義の理論モデル

出所）Johen Baylis, Steve Smith, Patricia Owens, *The Globalization of World Politics 4th edition*, New York: Oxford University Press, 2008, p.148.

会における経済システムと大きく区別される資本主義というシステムが、今日の政治や文化、さらには人々の間の関係性にまで影響を及ぼしていると考えた。

今日、資本主義社会に住む私たちにとっては、それがあまりに当然であるがゆえに、その仕組みについて考える機会はほとんどないだろう。資本主義とは、労働によって生み出された富や生産物を、市場を通じ広範に「商品」として売買する――「商品化」する――システムを指す。資本主義以前の社会においても市場経済は存在していたが、そこで売買されるのは基本的にモノであった。これに対し、資本主義社会においては、モノだけでなく労働力を含むあらゆる過程が「商品化」され、多くの人々が市場に全面的に依存して生活を営むこととなる。例えば封建社会において、農民が農作物を生産したとき、農民自身の取り分を上回る分（剰余生産物）は、領主によって強制的に取り立てられてきた。年貢をイメージしてみよう。領主の取り分が6割、農民の取り分が4割とされた江戸時代の「六公四民」という年貢率で考えると、領主の取り分となる6割分が、農民の生産したコメの「剰余生産物」となる。これに対し、工業化や都市化が進み、農民の大半が農業という生産手段を失って賃金労働者として働くようになる資本主義社会では、封建社会のような強制的な取り立てはなされなくなり、代わりに労働への対価として賃金が支払われるようになる。労働に対する、こうしたカネの支払いは、労働力が「商品」として売買されることを意味することから、「労働力の『商品化』」と呼ばれる。

ここで重要なのは、労働者の生産物がすべて賃金として支払われるわけではないこと、その剰余生産物は――封建社会による強制的な取り立てとは異なる形で――経営者（資本家）が手に入れるという点である。例えば、時給1,000円

でアルバイトをする労働者は、実際には労働を通じて1時間あたり1,000円以上の利益を生み出している。彼らの雇い主である資本家は、労働力に時給1,000円の賃金を支払うと同時に、残った利益（剰余価値）を手に入れ、それを設備投資などに振り向けることで、さらなる経営拡大を目指す。マルクス主義によれば、資本主義は、このような資本家と労働者との関係を基盤にした生産システムのもとで、剰余価値を蓄積することで発展する。この過程では、資本家がますます富む一方、労働者は経済的に貧しい状況にとどめおかれることになる。マルクス主義は、これを「労働が搾り取られている状態」＝「搾取」と呼び、そこから生じる経済的な階級対立から、社会における様々な事象を説明しようとした。

　こうしたマルクス主義の視点のもとでは、それまで怠惰のために生じるとされてきた貧困は、資本主義社会における搾取のために生じるものとなる。つまり、貧困という社会的現象は、個人の資質や人間性によってではなく、経済システムによって生み出されるものであり、それゆえに、援助や寄付、教育によっては解決されず、経済システムの変革が必要となる。

　では、国際社会において戦争や紛争、飢餓はなぜ生じるのか、そしてそれはいかに解決できるのかといった問いに対し、国際関係におけるマルクス主義＝マルキシズムはいかに答えてきたのだろうか。マルキシズムの代表的理論である従属論と世界システム論は、マルクス主義における資本家と労働者間の「搾取―被搾取関係」という考え方を、先進国と途上国との関係、あるいは国境を越えた世界レベルの関係にまで拡大してとらえ、そこから国際社会で生じる出来事を説明しようとした。

従属論

　世界の多くの地域で貧困や飢餓に苦しむ人々がいる一方、ごく一部の地域や国に限られた富が集中している。世界の不平等構造を示す著名な「シャンペングラス」によれば、世界の総人口のうち最も豊かな20％の層が世界の82.7％の富を独占し、最も貧しい20％の層が世界の1.4％の富を分け合っている。

　このように富が偏重し、恵まれた地域とそうでない地域とが存在しているのはなぜだろうか。1950年代までの国際政治経済学は、その答えを、先進国の近

図 2-5-2　シャンペングラス

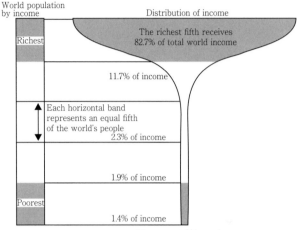

出所）UNDP, *Human Development Report* 1992, New York: Oxford University Press.

代性と貧しい国々の前近代性（後進性）に求めてきた。これは、第 1 次産業から第 2 次産業へ、農業から工業への転換を通じた経済の近代化によって「後進国」も「先進国」のような経済発展を遂げるという近代化論に代表される。だが、戦後の自由貿易体制のもとでは、先進国が経済成長を遂げる一方で、途上国の貿易赤字はさらに増大し、世界の経済的格差は拡大の一途をたどってきた。このなかで、先進国と途上国間の関係に注目し、近代化論の考えを問い直すことで国際関係の現状を解明しようと試みたのがラテンアメリカを中心に発展した従属論である。従属論の主張の基軸は、途上国の貧困が一国の経済政策や近代化に起因するものではなく、先進国と途上国間の経済的な「支配―従属関係」という構造的な問題に由来することを指摘した点にある。今日では誰もが耳にしたことがある「南北問題」という言葉は、単に、貧しい途上国＝「南」と富める先進国＝「北」とのアンバランスな関係を指すものではなく、「南」の貧しさと「北」の豊かさとが結びついた問題である、ということを指摘するものであった。

IMF＝GATT 体制
　近代化論の考え方に基づいた国際的な取り決めとして、戦後の自由貿易を推進した IMF＝GATT 体制が挙げられる。IMF＝GATT 体制とは、自由貿易を円滑にするための通貨価値の安定を図る IMF（国際通貨基金）と、各国間の貿易障害を除去する GATT（関税及び貿易に関する一般協定）との 2 つの柱によってなる国際的な自由貿易体制である。IMF の設立は、1944 年のブレトン・ウッズ協定において、途上国の経済開発を促進する「国際復興開発銀行（世界銀行）」の設立とともに取り決められ、これによって戦後の国際的な通貨体制（ブレトン・ウッズ体制）が成立した。

　従属論誕生の基盤となったのは、アルゼンチンの経済学者であり、国連ラテ

ンアメリカ経済委員会（ECLA：Economic Council for Latin America）に所属していたラウル・プレビッシュの理論である。プレビッシュは、工業化された先進国を「中心（core）」、工業化されていない途上国を「周辺（periphery）」と位置づけ、「中心—周辺」地域間の貿易（交易）関係が不平等（不均等）であると指摘した。その不均等性は、工業製品の製造・輸出を行う先進国と、農産物や天然資源など一次産品の生産・輸出に依存するモノカルチャー型経済構造を有する途上国との間で生じる。プレビッシュによれば、需要が伸び続ける工業製品に比べて、需要が変化せず、供給が不安定な一次産品の輸出価格は相対的に安価になりやすい。その結果、先進国が工業製品やその技術の輸出によってますます富む一方、天然資源など一次産品に依存する途上国は貿易赤字が拡大し、低開発状態に押しとどめられてしまう。プレビッシュは、このような不均等な交易関係の連鎖が南北間の格差を拡大させ、悪循環に陥らせていると指摘した。

　このようなプレビッシュの主張は、先進国中心の近代化論に対し、初めて途上国の視点に立って展開された理論であったと同時に、国際関係の現状を打開しようとする政策提言としての役割も有していた。1964年には、途上国の経済開発促進と南北問題の経済格差是正を目指す国連総会直属の機関として国連貿易開発会議（UNCTAD：United Nations Conference on Trade and Development）が設立された。UNCTADは、プレビッシュの考えに基づき、途上国の輸出品に対し先進国が一般の関税より低い税率を適用する特恵制度など、途上国を優遇する取り決めを行うこととなる。

　一方で、プレビッシュの理論は、先進国—途上国間の不均等な交易関係の問題点を国家と国家との関係に求めており、南北間の格差に関する構造的な視点は有していなかった。プレビッシュによって提唱された途上国の経済成長のための輸入代替工業化は、工業化のための先進国から途上国への機械・設備の輸出を増加させ、それ以後、経済格差はさらに拡大することとなる（☛図QR2-5-1）。

QR2-5-1

　プレビッシュの「中心—周辺」概念を援用しつつ、国際構造という観点から南北の不平等な関係が生まれる理由を説明したのが従属論である。従属論は、先進国と途上国との生産形態の違いに着目することで、これまで水平（＝ヨコ）的な国家間関係を想定してきた国際関係論に対し、先進国・途上国間の「支配

62　第Ⅱ部　国際関係理論：国際政治史と現代地球社会を見るレンズ

─従属」関係という垂直（＝タテ）的な視点を導入した。その第1の特徴は、垂直的な関係が構造的であることを指摘した点、すなわち「支配─従属」関係を単なる国家間関係としてではなく、国際的な二極構造としてとらえた点にある。従属論によれば、周辺地域における低開発状態は中心地域の開発状態と密接に結びついている。つまり、周辺地域が経済成長を遂げられないのは「中心」地域と「周辺」地域間の「搾取─被搾取」という不平等な構造のためといえる。従属論者の1人であるサミール・アミンは、さらに、この不平等な構造が重層的なものであること、「周辺」地域内にさらなる「中心─周辺」関係があることも指摘した。

　従属論の第2の特徴は、この「支配─従属」関係という構造を不変的なものとして、また国家を独立した1つの主体としてとらえていた点にある。従属論において途上国が採りうる選択肢は、構造的に変化しない資本主義システムからの「離脱」しかない。低開発状態におかれた途上国が構造的な「支配─従属」関係から抜け出すためには、国家の経済的自立、もしくはブラジルの社会学者であるフェルナンド・カルドーゾが主張したような社会主義革命が目指すべき目標とされた。

　以上のように、従属論は、先進国と途上国との「搾取─被搾取」という不平等な関係を、単なる国家間関係としてではなく、経済的な「支配─従属」構造として描き出してきた。それによって、国際関係の理論だけでなく、国家と国際市場との関係を分析する国際政治経済学の一流派を形成するとともに、現実の政策にも影響を与えてきた。1961年の「国連開発の10年」における「低開発国」から「（発展）途上国」への名称変更、1973年の国連資源特別総会での途上国の自立的な経済建設を目指す「新国際経済秩序（NIEO：New International Economic Order）」の採択、そして1976年の国連総会において新たな人権概念として「発展の権利」が認められたことにその影響を窺い知ることができる。

　ところが、1980年代以降になると、韓国や香港といった新興工業経済地域（NIEs：Newly Industrializing Economies）をはじめとして、これまで「南」に位置してきた国々における飛躍的な経済成長が見られるようになった。資本主義システムから離脱せずに「周辺」地域が実現した経済発展は、1970年代までの従属論の予測に反するものであり、この変化を説明できなかった従属論は、以後、

図2-5-3 従属論、世界システム論の比較モデル

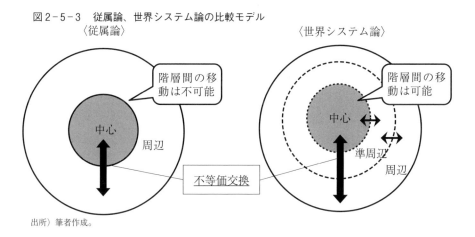

出所）筆者作成。

急速に影響力を失うこととなる。

世界システム論

　イマニュエル・ウォーラーステインによって提唱された世界システム論は、従属論の理論的限界を乗り越え、現実の国際関係の変化を説明したものとして知られている。ウォーラーステインは、世界システムを、政治的に統合された「世界帝国」と、政治的には統合されていないが国際的な分業体制のもとに経済的に統合された「世界経済」の2つに分類した。ここで「世界経済」とは、国境を越えて諸々の生産活動を統合する場であり、近代以降初めて成立した資本主義的な世界システム（近代世界システム）とされる。

　世界システム論の第1の特徴は、従属論の「中心―周辺」という二極構造の間に「準（半）周辺（semi-periphery）」という概念を導入し、近代世界システムを

資本主義の制度としての性・人種差別

　世界システム論は、社会主義運動やナショナリズムを反システム運動として位置づけ、対象を経済問題に限定してきた従属論を超えて、性差別や人種差別といった政治的な事象をも説明可能としてきた。

　この視点に立つと、資本主義下で起こる性差別や人種差別は、それ以前の社会に存在した性別役割分業や排外主義とは大きく異なっている。生産的労働（賃金労働）と非生産的労働（非賃金労働）とが明確に区別される近代の資本主義システムのもとでは、「稼ぎ手」となって生産的労働に従事する成人男性と、「主婦」となって非生産的労働に従事する女性との間の労働の評価に差が生じ、それが「性差別」として制度化される。同様に、「肌の色」といった単なる人種間の違いも、資本主義下においては「民族集団」別に編成され、民族集団別に分業が進められることによって、労働者の階層化と不公平な分配とが正当化され、制度化される。

64　第Ⅱ部　国際関係理論：国際政治史と現代地球社会を見るレンズ

「中心―準周辺―周辺」という垂直的な分業関係を有する三極構造として位置づけた点にある。この三極構造においては、外交上の慣行や国際法など、世界経済の上部構造を形成する「インターステイト・システム（国家間システム）」や主権国家さえもその一部にすぎず、つねにその制約を受けるものとなる。

　世界システム論の特徴の第2は、資本主義を歴史的に変化する「社会システム」と考えた点にある。そのため、世界システム論におい

グローバリゼーションと〈帝国〉論

　20世紀末以降のグローバリゼーションのもと、「政治と経済との分離」という従来のマルキシズムの前提がもはや崩れていると考え、国家に代わる新たな主権の登場を論じたのが、アントニオ・ネグリとマイケル・ハートの〈帝国〉論である。

　〈帝国〉は、領土や境界を持たず、グローバルに網の目状に展開する「ネットワーク権力」であるという点で、従来の国民国家システムや、その主権拡大としての帝国主義と区別される。それは国境を越え、あらゆる階級や人種、文化や性別の違いを呑み込んだネットワークを形成するとともにそれを階層秩序化し、管理する。このなかで、国家はもはや世界の主要なアクターではなく、〈帝国〉のネットワークの一部をなすにすぎない。

　〈帝国〉論において、「支配―従属」の基本的図式は、〈帝国〉とそれに生を管理されるすべての人々との間に現れる。従属論や世界システム論が想定してきた、国際的な「中心―周辺」という不均等構造は消滅すると考える点に、従来のマルキシズムと大きな違いがある。

て「中心―準周辺―周辺」で構成される三極構造は、従属論における固定的な二極構造とは異なり、資本主義の景気循環の波に従って歴史的に変動するものとして位置づけられる。15世紀末のヨーロッパで誕生した近代世界システムは、世界的な景気循環の波に従い一定の周期で拡大と停滞を繰り返しつつ発展し、19世紀末までには地球全体を覆うに至った。この過程では、中核的な役割を果たす「準周辺」地域の「中心」地域への、あるいは「周辺」地域への移動が見られた。世界システム論は、このような観点に立つことで、「中心」地域の生成と確立、安定と衰退はもとより、「中心」地域のなかでも圧倒的な経済力をもつ覇権国の移り変わり――スペインからオランダ、イギリスからアメリカへ――も説明可能とした。

　世界システム論の理論的貢献は、資本主義を歴史的に分析することによって国際システムと国家との関係に対する見方を刷新してきた点にある。従属論がこれまで説明できてこなかった現実の国際関係やその変化として、NIEsの誕生を説明可能としたことも特筆に値するといえよう。世界システム論の枠組みに則れば、1980年代以降のNIEsの経済成長は、単なる一国の経済成長ではなく、「周辺」地域の「準周辺」地域への移動として、三極構造の変動の結果と

第5章 従属論と世界システム論　65

して理解することができる。また、国家を独立した主体ではなく、システムから制約を受ける主体としてとらえることにより、従属論が問題解決策とした一国家による「資本主義体制からの離脱」の限界を明らかにもした。つまり、社会主義革命をなしえた国家さえも、国際的な分業体制という世界システム（＝資本主義）のなかで機能せざるをえない、という現実を鋭く指摘するものとなったといえる。

　このように、従属論と世界システム論は、政治や法律、文化といった「上部構造」に対して、経済という「下部構造」が影響を与えている、というマルクス主義の基本的な視点を共有し、国際的な貧困や紛争、覇権の移り変わりといった「上部構造」の動きを説明してきた。途上国の貧困といった具体的な問題に対しては、先進国からの援助や救援、あるいは途上国内部における教育システムの普及では問題解決に至らず、途上国を貧困に押しとどめている原因として、先進国をも含む構造的な問題を解き明かすことが目指されることとなる。

まとめ

　本章では、20世紀半ばから後半にかけ、国際関係にマルクス主義の視点を導入した理論として、従属論、世界システム論を取り上げ、その基本的な視点を紹介してきた。マルキシズムは、総じて、これまでの水平的・国家中心的な主流派理論に対し、資本主義の歴史的な分析を通じた垂直的・構造的な視点を導入することで、国際関係に新たな地平を拓いてきたといえよう。

　このような視角は、国際政治における貧困や飢餓、抑圧や差別を「構造的暴力」として概念化したヨハン・ガルトゥングの研究にも影響を与えるものであった。戦争やテロリズムといった直接的な暴力に対し、「構造的暴力」は、暴力を行使する主体が特定できないという点で間接的な暴力である。この意味で、南北問題などの国際的な貧困は、世界大の「『支配―従属』構造」を介して人々の命や可能性を奪う「構造的」な暴力とされる。例えば、先進国の人々が着る衣服は、途上国の人々の安価な労働力によって支えられている。あるいは、途上国から先進国への輸出用農産物の生産は、途上国の人々が自ら消費するための農地を減少させ、ときには飢餓をもたらすものとなる。このような観点に立つと、先進国に住む私たちの豊かな生活は、その国やそこに住む人々の

努力によるものだけではなく、途上国の人々の貧困によって「構造的」に支えられたものといえる。

　歴史的に変化する資本主義やそれが生み出す不平等は、国際社会にどのような帰結をもたらすのか。先進国、途上国やそこに住む人々の暮らしを相互に結びついた事象としてとらえたマルキシズムは、一見別個に生じている世界の様々な事象を、総体的に把握することを試みてきた。そこでは、19世紀の市民革命と同様に、今日の世界大の金融危機や国境を越えるテロリズムは、資本主義の歴史的な変化やそれが生み出す不平等性から説明可能なものとされる。グローバリゼーションが進む今日、マルキシズムのアプローチは、リアリズム、リベラリズムとは異なった角度から、国際関係を分析する1つのレンズを提示するものといえよう。

◆参考文献

①アンドレ・グンデル・フランク（大崎正治他訳）『世界資本主義と低開発──収奪の《中枢─衛星》構造』柘植書房，1976年.

②イマニュエル・ウォーラーステイン（川北稔訳）『新版　史的システムとしての資本主義』岩波書店，1997年.

③サミール・アミン（野口祐・原田金一郎訳）『周辺資本主義構成論』柘植書房，1979年.

④アントニオ・ネグリ＝マイケル・ハート（水島一憲ほか訳）『〈帝国〉──グローバル化の世界秩序とマルチチュードの可能性』以文社，2003年.

⑤遠藤誠治「国際政治における規範の機能と構造変動──自由主義の隘路」藤原帰一・李鍾元・古城佳子・石田淳編『国際政治講座（4）国際秩序の変動』東京大学出版会，2004年.

第6章　政策決定理論

　どのように政策決定過程を分析するかは国際関係論の重要なテーマの1つである。リアリズムは、国家を単一の合理的なアクターと前提して、その行動の結果を分析してきた。しかし、グレアム・アリソンは、『決定の本質』（原著初版1971年）で、リアリズムの分析方法を「合理的行為者モデル」と分類し、国家は必ずしも合理的に行動するのではないと批判した。さらにアリソンは、対外政策決定を国内アクターの相互作用から分析する方法として「組織過程モデル」と「政府内政治モデル」を提案した。

アリソンの政策決定モデル

　アリソンは、1962年10月14日から28日まで続いたキューバ・ミサイル危機をめぐるアメリカとソ連の政策決定を分析するため、3つのモデル、すなわち、「合理的行為者モデル」、「組織過程モデル」、「政府内政治モデル」を提示した。まず、具体的なアリソンの政策決定モデルを説明する前に、キューバ・ミサイル危機を簡略に紹介しよう。

〈キューバ・ミサイル危機〉

　第2次世界大戦争後、アメリカを中心とする民主主義同盟国とソ連を中心とする社会主義同盟国の間に「冷戦」が続いていた。アメリカ本土と至近距離にあるカリブ海のキューバで、1953年に社会主義革命が起こり、1959年には親米政権が倒れ反米政権が成立した。安全保障上の危機を感じたアメリカはキューバの反米政権を崩壊させようと試みたが失敗し（1961年4月のピッグズ湾事件）、アメリカとキューバの関係は極端に悪化した。

　当時、ソ連は、アメリカの本土を直接打撃できる長距離核ミサイルの開発に遅れてアメリカとの核競争において劣勢にあった。1962年、ソ連はキューバの要請に応じてキューバ領土にソ連の中距離核ミサイル基地を建設することを決め、その建設を推進した。しかし、10月14日、アメリカ空軍のロッキードU-2偵察機により、ソ連のキューバ・ミサイル基地建設現場が発見された。ここにキューバ危機が始まり、アメリカのケネディ大統領とその側近は、16日か

ら28日までの「13日間」、様々な選択肢を検討した。この問題をめぐり、世界は核戦争の寸前にまで至ったといわれる。最終的には、アメリカ海軍が、キューバを海上封鎖し、ソ連はミサイル基地建設物資の運搬船を撤退させた。

〈アリソンの研究課題〉

アリソンは、キューバ・ミサイル危機をめぐるアメリカとソ連の政策決定に関して以下のような研究課題を設定し、合理的行為者モデル、組織過程モデル、そして政府内政治モデルによってどのように答えられるかを説明した。

①なぜソ連はキューバにミサイル基地を建設しようとしたのか。

②なぜアメリカはソ連のキューバ・ミサイル基地建設を阻止する方法として海軍によるキューバの海上封鎖を選択したのか。

③なぜソ連はキューバ・ミサイル基地建設を撤回したのか。

〈第一モデル（合理的行為者モデル）〉

第一モデルは、「国家」の行為を「合理的な人間」の行為と見なして分析する方法である。すなわち、国家は、状況に関する完璧な情報に基づいて政策目標を設定して、目標を実現するための政策を検討する。そして、複数の政策選択肢のなかから最小の費用・最大の効用で目標を実現できる政策を決定する。

アリソンの第一モデルによると、①ソ連はアメリカの本土を打撃できる長距離核ミサイル開発に遅れていた。ソ連はアメリカとの核競争のギャップを補うためにすべての政策選択肢を選定・検討した。その結果、最も効果的な方法が、ひそかにキューバにミサイル基地を建設する計画であった。なぜなら、キューバはアメリカ本土から至近距離に位置していて、キューバにミサイル基地を建設すると、中距離核ミサイルでもアメリカ本土全体を直接攻撃できるからである。

②アメリカは、ソ連のキューバ核ミサイル基地建設の阻止を目標にすべての政策選択肢を選定・検討した。その政策選択肢のなかから最も効用が高いと評価された政策が海軍によるキューバの海上封鎖であった。なぜなら、海上封鎖であればソ連の次の手を見ることができるからである。

③ソ連は、アメリカの海上封鎖を突破してキューバ・ミサイル基地建設を強行すると、核戦争が起きて米ソ相互が破壊されると判断した。したがって、アメリカの要求を飲み、キューバ・ミサイル基地建設から撤退した。

第6章　政策決定理論　69

〈第二モデル（組織過程モデル）〉

　第二モデルは、政府を各官僚組織の集合体として分析する。各官僚組織は各自の標準作業手続きに従って組織の利益（予算、組織規模の拡大など）を反映した政策を提案する。時間や情報が制約されているために政策決定者は、各官僚組織が提案した政策のなかから、最適な政策を選択するというよりも、最小限の目標を達成できてリスクを最小限にできる政策を選択する。

　アリソンの第二モデルによると、①アメリカとの核競争においての技術的な劣勢を補う方法として、ミサイル基地建設を担当していたソ連の官僚が、ひそかにキューバに中距離核ミサイル基地を建設することを提案し、その計画が最もリスクが少ない政策として採択された。しかし、その官僚組織は、国外でミサイル基地を建設した経験がなかったため、アメリカにキューバ・ミサイル基地建設を簡単に発覚されるような失敗を起こした。

　②ソ連のキューバ・ミサイル基地建設に対抗する方法として、空軍は、空爆を提案した。一方、海軍は海上封鎖を提案した。はじめは、ケネディとアドバイザーの多くは空爆の案を支持するほうに傾いていた。しかし、空軍は空爆ですべてのミサイルを破壊することを保障できなかった。他方、海軍は海上封鎖に自信をもっていた。結局、ケネディ大統領は最も安全な選択肢として海上封鎖を決定した。

　③ソ連は、もしアメリカがキューバ・ミサイル基地建設に対して厳しい態度をとった場合、これに対する策をもっていなかったため、撤退するしかなかった。

〈第三モデル（政府内政治モデル）〉

　第三モデルでは、政府内の政策決定過程に参加するプレイヤー間の政治ゲームに焦点を当てて政策決定を分析する。政策決定過程に参加するプレイヤーは自分の組織の利益を政策に反映するために、他のプレイヤーと競争、支配、妥協、連合の形成などを行う。すなわち、第三モデルでの政策決定は各官僚間の政治ゲームの産物である。

　第三モデルによると、①当時、ソ連のフルシチョフ書記長は国内で政治的に追い込まれていた。まず、ケネディ大統領が、ソ連は長距離ミサイルを保有していないことを暴露したため、フルシチョフ書記長は国内でライバルから強い

批判を受けていた。さらに、フルシチョフ書記長は、経済の低迷から軍の予算を削減したため、軍からの厳しい批判も受けていた。したがって、フルシチョフ書記長は、国内の批判を払拭して政治的地位を固めるため、キューバに中距離核ミサイル基地建設を決定した。

②野党である共和党はケネディ政府のキューバ反米政権転覆計画失敗を議会選挙の争点としてもち上げようとしていた。したがって、ケネディ大統領は、ソ連のキューバ・中距離核ミサイル基地建設に対して強い姿勢を国内に見せる必要があった。その方法として、多数のアドバイザーは空爆に賛成していたが、ケネディ大統領の弟であるロバート・ケネディ司法長官とセオドア・ソレンセン特別補佐官は海上封鎖に賛成していた。ケネディ大統領は、空爆賛成者に対する不信が強かったために、最終的に、海上封鎖の政策を採用した。

③ソ連のキューバ・中距離核ミサイル基地建設計画はアメリカの海上封鎖により頓挫した。フルシチョフ書記長はメンツを立てるためにトルコのアメリカミサイル基地に対して問題提起した。表面上、ケネディ大統領はトルコからのミサイルの撤去を拒否したが、水面下では、ロバート・ケネディ司法長官に在米ソ連大使アナトリー・ドブルイニンと交渉するように指示した。結局、ソ連のキューバ・ミサイル基地撤収の見返りに、トルコからのミサイル撤去とキューバに対する不可侵に合意した。

以上で、アリソンが提示した３つのモデル、「合理的行為者モデル」、「組織過程モデル」、そして「政府内政治モデル」を紹介した。アリソンは一般的な国際関係理論は「合理的行為者モデル」を前提して、国家行動の結果を説明していることを指摘した。すなわち、一般的には、国家の政策決定は合理的な判断による最適な選択であると理解されることが多い。しかし、キューバ・ミサイル危機でのアメリカとソ連の政策決定を見てもわかるように、必ず国家の政策決定は合理的であるとはいえない。そこで、アリソンは、政府内の官僚組織の自動的な政策決定に注目した「組織過程モデル」と政府内の政策決定過程に参加するプレイヤー間の駆け引きに焦点を当てた「政府内政治モデル」を提示して、対外政策決定論に新しい観点を付与した。

心理モデル

アリソンの3つのモデルは、いずれも、合理性を前提としていた。国家は国益を、組織は組織としての利益を、そして、個人は個人としての利益を得る上で、最善の選択を行うことを想定していた。

しかし、政策決定者が、合理的とは思えない決定を行うこともありうるのではないか。政策決定者個人のイデオロギーや価値観、あるいは思考様式などにより、バイアスのある決定を行うことがあるのではないか。これが、政策決定論における心理モデル（第4モデルとも呼ばれる）の出発点である。

具体的には、政策決定者の思考様式を分析したり、閉ざされた集団のなかで政策決定者はどのようなバイアスに陥るかを考察したりしている。

その他、政策決定論には、国際的な交渉と国内での批准をめぐる交渉の2つのレベルがあることに注目したツーレベル・ゲーム論と呼ばれるものがある。仮に外交交渉で合意に達することができても、国内の議会などで反対され、合意が批准されなければ、結局、合意は流れてしまう。どのような合意内容であれば、国内でも支持を受けて、批准されるのか。国内でも批准されうるような合意の範囲のことを、パットナムはウィンセットとよび、外交交渉と国内政治とがいかに結びついていることかを説明した（☞ QR 2-6-1）。

QR 2-6-1

◆参考文献

① G. アリソン，P. ゼリコウ（漆嶋稔訳）『決定の本質——キューバ・ミサイル危機の分析（第2版）』日本経済新聞社，2016年．
② R. Putnam, "Diplomacy and Domestic Politics: The Logic of Two-Level Games", *International Organization*, vol.42, 1988, pp.427–60.

第Ⅲ部
アクター：地球社会という舞台の役者たち

第1章　主権国家

　30年戦争の帰結として、いわゆるウェストファリア体制が樹立され、欧州においてわれわれが今日知る主権国家を構成員とする国際社会の原型が生まれたとされる。国際関係論は、こうした主権を有する国家間関係（interstate relations）の分析を出発点としてきたので、主権国家の存在はなかば所与のものとして扱われ、その意義や根源について特段の分析が行われることは少なかったといえる。

　しかし、①国際組織や多国籍企業、NGO、テロ集団、メディアなど主権国家以外の主体の役割の増大、②既存の国家像とは異なる形態の国家が登場する機会の増加に伴い、主権国家は議論の俎上に載せられるようになってきた。

　いうまでもなく、主権国家は国際関係の最も基本的な行為主体である。しかしながら、留意しなければならないのは、主権・国家ともに所与のものではなく、歴史的・社会的に構築されてきた観念であるという事実である。例えば、絶対王政時代の欧州における主権のとらえ方は、現在のそれとは、かなり異なる。また一般用語として国家（state）は、国民（nation）、政府（government）などと混同して使用されることもある。別の視点からいうならば、われわれが日常において使用する「日本」とは、人々を指すのか？　われわれが住む諸島を指すのか？　それとも日本国政府を指すのか？　どのような条件がそろった場合に人間集団は「国家」と呼ばれ、主権を有するのか？　簡単なように見えて実は答えるのは非常に困難である。こうした疑問に答えるためにも、まず基本的な用語の整理から作業を始める。

主権、国家、国民

　まず考えなければならないのは、国家、主権、国民、政府などの諸概念は社会的構築物であることから、それぞれ別個の過程を経て成立した概念であり、それが結び合わされて主権国家、国民国家として国際関係論のなかで使われていることである。

　国家は、決して当たりまえのものではない。国家という政体は、変動し続け

る国際関係のなかで誕生することもあれば、消滅することもある。例えば、国連に加盟した最も新しい国家である南スーダンは、2011年にスーダンから分離独立するという形で誕生した。もっと複雑な形の成立を見るならば、1993年にはチェコスロヴァキアが分裂という形で消滅し、チェコとスロヴァキアという２つの国家が誕生した。さらに、一見、国家の体をなしていても現実には「国家」として扱われないものもある。過激テロ集団であるIS（いわゆるイスラーム国）は、一時期イラク・シリア国内に支配地域を有し、2014年に独立を宣言、ラッカを首都とした上で、政府機構を整え、独自通貨を発行、「徴税」を含む行政行為など国家であるかのようにふるまっていたともいえる。しかし、国際社会でISを国家として認めた国はない。こうした事例は、当たりまえとされてきた国家の内容や成立に関心を抱かせる。

　ところで国家の語源は16世紀にラテン語のstatus、すなわち（君主）の地位・付随物を表す用語に由来する。この頃より君主（絶対君主）は、王権神授説もしくは家産説に則り、国家の意思そのものを神の地上の代理として代表すると主張した。ブルボン朝フランスの絶対君主ルイ14世の「朕は国家なり」は、こうしたなかで発言されたものである。ウェストファリア体制以降、カトリック教会の影響から逃れた各国の君主はこの考えをさらに進めた。理論としては、ジャン・ボダンの『国家論』が、こうした国家のみがもちうる絶対的な権力の源泉を「主権」として初めて提示した。主権概念は、さらにホッブズ『リヴァイアサン』、ヘーゲル『法の哲学』などを経て、ロック『市民政府二論』、ルソー『社会契約論』などに至る。このような主権という語が示すものの変容を簡単にまとめるならば、主権の所在が個人（君主）から集団（国民、人民）へと移り、その根拠が市民と国家の間の社会契約という擬制（フィクション）に求められたことであろう。社会契約の観念は、現在では民主主義論と結びつき、主権と国家を正統化している。

　では、主権とは具体的に何をいうのか？　国家や国家機関のみが行える事柄とは何か？　国民に税金を課すこと、領域内において法律を制定・執行すること、通貨を発行すること、外国において外交官がいくつかの特権や免除を享有すること、そして警察や軍隊などを通じて暴力を合法的に行使することが挙げられる。例えば、マックス・ヴェーバーは、『職業としての政治』のなかで国

家を「ある一定の領域の内部で正当な物理的暴力行使の独占を（実効的に）要求する人間集団」と定義している［ヴェーバー、9頁］。暴力という観点に着目するならば、かつては、外国との紛争を解決するために戦争を行う自由も、このリストに含まれていた。

　以上の諸行為は、個人やNGO、企業には正当に行えない事項であり、抽象的概念である主権が具現化したものである。

　もう少しまとめるならば、主権は、一般的に、①対外的側面と、②対内的側面（対内主権・領域主権）とに分かれる。対内的側面とは、国内において住まう人民、活動、そして領域それ自体に対して支配を行使することを意味する。対外的側面とは、外国との関係において独立かつ対等であることを意味する。国際関係論においては後者が重視されることはいうまでもない。

　いま1つ重要な用語となるのが、国民（nation）の概念である。国民は、ラテン語「生まれる」（nasci）に由来する。中世欧州において natio は、「故郷をともにする者」くらいの意味で使われた。例えば、中世の大学では、同じ出身地をもつ者同士が集まり、natio を構成し、互いの生活を助けあった。現在の大学における県人会のような感覚であろうかと考える。こうした地縁や言語、文化、宗教をともにしている集団は、政治的単位である国家と結びつきやすく、国家における主権の担い手として機能している。多くの概説書では、単に国家ではなく、国民国家（nation-state）が国際関係の基本単位であるとするのは、このためである。

　国家、主権と同様に、国民も社会的構築物であり、必然的に存在する実体ではない。ベネディクト・アンダーソンは、心理的要素が強く反映される「国民」を「想像の共同体」と呼んだ。こうした国民（nation）をつくり上げる思想や運動をナショナリズムと呼ぶ。ナショナリズム運動のなかには、グリム兄弟がドイツ人のアイデンティティを構築することを半ば目的として共通の文化として各地の童話を収集したことや日本でも近代化の過程で「国語」、「国歌」、「国花」、「和食」、「大和心」などが模索されたことも含まれる。これらには、「ドイツ人」、「日本人」をつくり上げる目的が背景にあったと考えられるのである。しかし、こうした「われわれ（we-ness）」をつくり上げることは、同時に「他者（others）」をつくり上げることでもある。こうした外国人もしくは

「他者」の創出は、政治的な意図や差別と結びつきやすく、場合によっては紛争の遠因ともなる（☞第Ⅳ部第2章「ナショナリズム」参照）。

国家の成立条件

国家成立の条件について、ドイツの国法学の影響をうけた憲法学や政治学は、伝統的に、1.主権、2.領土、3.国民の存在を挙げてきた。主権についてはすでに触れたので、ここでは現代的な基準（モンテビデオ条約）において論じられている要素を見ていくことにする。

① 永続的人民（国民）

まず国家が成立するためには、実体としての人間集団が必要である。しかも、それは旅行者や外国人などの一時的な滞在を想定するものではなく、これら人間が国家領域において日常生活を営み、子孫を育み、永続的に定住することを意味する。例えば、「日本」とは、日本人と呼ばれる「人々」を指す場面を思い起こしてもらいたい。これら住民は、特定の国家と「国籍」という法的な紐帯を含む、様々な要素をもって結びつくことによって「国民（nation）」と呼ばれる。ただし、これら国家との様々な結びつきのなかで法的な国籍を付与するか否かは国家の裁量に委ねられており、その基準は国家によって異なる。このことから、元々は外国人でありながら、日本国籍を後天的に取得すること（○○系日本人）も可能であるし、逆に両親が日本人でありながら日本以外の国籍を有することも可能である（日系○○人）。こうしたことを考えるならば、法的・行政的な意味での日本人と他の心理・社会・文化的要素によって構成される日本人には若干のズレが生じることになる。

② 確定した領域

次に、国家が成立するためには住民が活動をする物理的空間が必要となる。こうした活動範囲（国家領域）は、技術進歩に伴い広がっていき、かつては領土を中心的に指していたのに対し、現在では、領土から12海里までの海域（領海）および、領土・領海の上空を含むようになった（領空）。例えば、「日本」とは、日本人が居住する「空間（本州、北海道、四国、九州の4島など）」を指す（QR☞3-1-1　海上保安庁領域図）。国家は、その領域において排他的かつ包括的な主権の行使が認められている。また、海洋に関しては、排他的経済水域、

QR3-1-1

大陸棚など、厳密には国家領域ではないものの沿岸国が漁業、天然資源、科学的調査などに関して主権的権利が行使できる新たな区域が設定されている。以上から考えると国家や主権が何よりも領域を基盤とした主体であることがわかる（領域主権）。領域もしくは国境（ならびにこれに付随する天然資源などに対する権利）をめぐる争いが現在も国際紛争解決の大きな主題であることは、不思議なことではない（☞第Ⅳ部第1章「21世紀の地政学」参照）。

③ 政府（統治機関）

「日本」が人民および領域を実効的に統治する機関である「政府」を意味する場合を取り上げる。こうした統治機関の形態、選出方法などは各国内の管轄事項とされ、多様な政体がありえる。ただし、人民の意思が反映されていないと考えられる従属国や傀儡国、さらに一部地域の支配のみをもって正当な国家の樹立を主張することは認められにくい。戦前の満州国や1976年南アフリカによって樹立されたトランスカイ共和国が多くの国家によって承認されなかった事例は、この条件（民族自決）を満たしていなかったと理解される。

以上の3要素に加えて、国際法では外交能力が追加的に条件として加えられている。外交能力という基準に照らすならば、アメリカ合衆国の州（states）は、外交を連邦政府に委任しているから国家ではない。また、EU諸国は、EU大統領や議会があっても自らの主権の一部である外交能力を維持しているので依然として国家である。

国家承認

先に見た客観的な要件の充足に加えて従来は承認という他国の行為があって初めて国家は国際社会において成立するとされた（創設的効果説）。こうした行為は、欧州に始まった国際社会が拡大し、非西洋・非キリスト教諸国を取り込んでいくなかで文明国・未開国・野蛮国という国家の3類型を設け、文明国のみを一人前の国家として扱う慣行からきている。第2次世界大戦後の脱植民地化の波のなかで現在では、外国による承認行為は、学説上、必ずしも必要であるとはいわれなくなった。もし、すべての国家の承認を必要とするならば、独立される側である宗主国の承認をも必要とすることとなり、現実的であるとはいえないからである。

しかし、現在でも、表面上は、国家の形式を整えても他国より国家として認められていないものもある。例えば、日本は北朝鮮（朝鮮民主主義人民共和国）を国家として承認していない。外務省の渡航情報のホームページには、記載がなく、「国家（state）」ではなく「地域（region）」として扱われている。パレスチナも2011年にユネスコに加盟し、2012年に国連総会で「オブザーバー組織（PLOとして）」から「オブザーバー国家」へと格上げされた（決議67/19）が、依然として国家として認められる傾向は弱い。同様に、国家（政府）承認が問題となる事例として台湾やコソボ、ソマリランドなどがある。国連において未承認国は、「地域」として表現される。

国家の多様性

ここまで、定義や成立要件に着目して、国家、主権、国民の相互の関係を検討してきた。最後に、主権国家の多様性と変動について考えてみよう。

先に国家および主権の根拠を何におくかという問題（主権論争）について言及したが、「国際法の父」と呼ばれるグロティウスも、このような主権論争に参加し、後の論者にとっても重要な貢献をなしている。

グロティウスは、主権の主体を2つ（「共通的主体（*subjectum commune*）」と「固有的主体（*subjectum proprium*）」）に分け、前者については国家（*civitas*）が、後者に関しては、「各民族の法律慣習に従って」委ねられた集団が主権を有するべきであるとした。このような考え方は、国内政治と国際政治を分離し、国際政治においては一律に国家が主権者であるが、国内政治における政治体制や主権の所在は各国に委ねられるという見解を導き出した。その意味で、国際社会の構成員は皆、主権国家であるが、その国家の内実は一様ではなく、民主・共和制国家のほかに、主権を依然として君主が有する君主国家や首長国などが存在する余地もある。また、国家の統治能力などに着目し、疑似国家、破綻国家、失敗国家などという表現も近年では見受けられる。こうした主権という視点だけではとらえきれない国家の多様性をどのように考えたらよいのだろうか？

冒頭に述べたように、主権国家の存在は、国際関係論（とりわけリアリズム）のなかではなかば所与のものとして扱われてきた（☛第Ⅱ部第1章リアリズム（1）参照）。しかし、折に触れて、この概念も問い直されてきたといえる。そ

のきっかけは、次の2つである。1つは、冷戦以降の国際関係において最も大きな変化の1つである多国籍企業やシンクタンク、NGOなど非国家主体の影響力の増大である。これら非国家主体の活動は特に開発、貿易、環境、人権などの分野において顕著であり、とりわけNGOは近年では国際司法裁判所における「核兵器使用の合法性事件」や国際刑事裁判所の設立、対人地雷の禁止など安全保障の分野においても影響力を発揮し、従来の国家中心の分析枠組みの限界を明らかにした。また、これらを説明するべく1990年代より「連帯の革命」、「パワーシフト」、「新しい中世」、「国家の退場」が主張され、非国家主体の活動を分析の射程に含める理論枠組みも構築されてきた。いま1つは、欧州に端を発する主権国家のモデルと適合しない国家の登場をきっかけとするものである。ここでは、後者を中心として、主権国家の類型をいくつか紹介する。

　第2次大戦中、最も世界を驚かせ、動揺させたのは、ドイツやソ連において登場した全体主義と呼ばれる政治体制であった。全体主義体制は、自由民主主義体制と比較し、個人と全体の利益が対立するなかで全体を優先することを基調とする。この体制を可能にしたのは、カリスマ（個人的魅力）を有する政治指導者のみならず、単一のイデオロギーを基調とする独裁政権が大衆に幅広く働きかけることであった。また、自由民主主義体制と全体主義体制の中間に位置する権威主義体制の存在を論じられる。権威主義体制は、国民による政治活動に関して限定された多元主義を採用し、全体主義ほど規制は厳しくない。また、全体主義ほど大衆による動員はなく、むしろ国民による消極的な支持を求める。自由主義体制、権威主義体制、全体主義体制という基本的な枠組みは、1930年代後半のスペイン内戦におけるフランコ政権を念頭においているが、現代でもアジア、アフリカの開発途上国の分析において活用されることがある。

　ほかに1960年代に旧植民地諸国が次々と独立するなかで、ロバート・ジャクソンは新たな主権国家の形として疑似国家（quasi state）議論を展開した。ジャクソンは、主権を消極的主権（negative sovereignty）と積極的主権（positive sovereignty）に分け、前者は外部干渉から独立（主権の対外的側面）を意味し、後者は、消極的主権を実現するための統治能力や手段を意味する。第三世界の国家の多くは、消極的主権は与えられた一方、積極的主権をもっておらず自治能力を欠いている。こうした国家は伝統的な見地からは、真っ当な国家という

よりは国家のようなもの（疑似国家）であるとしている。同様に、世界システム論、従属論などマルキシズムの立場からは、国家関係の経済的な側面に着目し、国家を「南北」、「旧宗主国」と「旧植民地」あるいは「中央（首都）」と「周辺（衛星）」というように分類した。

またフランシス・フクヤマは、冷戦終焉に際して、対抗しうる体制がないことからの自由民主主義体制の勝利を『歴史の終焉』で宣言し、最終的にすべての国家が民主化へと向かうことを示唆した。しかし、イデオロギーは別にして、現実には自由民主主義体制でない主権国家はいくつもある。

また冷戦以降は、国家の統治能力の非対称性に着目した上で、国際社会が介入の必要性を示唆するような破綻（崩壊）国家（collapsed states）や失敗国家（failed states）という枠組みも提示されている。ハーバード大学の「失敗国家プロジェクト」においては、「弱い国家」「失敗しつつある国家」「失敗国家」とし、破綻国家を失敗国家の極端な一形態としている。「脆弱な国家 Fragile State（破綻国家、失敗国家の別名）」の定義については、米国のシンクタンクである平和基金（Funds for Peace）は、以下の要件を挙げ、ウェブページ上に脆弱国家のランキング（Fragile State Index）を毎年公表している（☞ QR3-1-2　平和基金）。こうした民間機関による主権国家のランキングづけは、近年では珍しいものではない。

QR3-1-2

・自国領域内における実効支配または正当な武力の独占状態の喪失
・集団的意思決定を行う上での正当な権威の崩壊
・適切な公的サービスを提供する能力の欠如
・国際共同体の正式な一員として他の国と外交活動を行うことができないこと

他に有名なものとしては、NGO フリーダムハウスによる自由に関する国家ランキング（Map of Freedom）や英エコノミスト誌が提供している民主主義に関する国家ランキング（The Economist Intelligence Unit's Index of Democracy）などがある。

対外的には主権をもちつつも、統治能力において著しく欠如が見られる国家は、過激派やテロ組織、海賊にとっての安全地帯（safe haven）ともなりうるので国際支援や介入の対象としても注目されている。

最後の分類として民主主義諸国間の比較分析ないし変動を理解するために、

ロバート・ダールが提示したポリアーキー論を紹介する。ダールは、民主主義という理念的な概念枠組みをあえて避け、公的異議の申し立て可能性（公的な場で自由に政府批判をできるか）と包括性（政治への参加の度合い）を軸として、国家を4つに類型化した（☞ QR3-1-3）。

この図式を通じて見出せることは、同じ民主主義体制が終着点であったとしてもたどり着く経路が複数かつ異なる可能性があるということであろう。逆に、破綻国家のようにポリアーキーを維持する能力を失い、異なる方向へと向かうことも理論的には可能であるかもしれない。例えば、民主的に選出されたハンガリーのオルバン首相は、2014年の演説で自由民主主義からの離脱を宣言している。ハンガリーのように民主化しているものの、法の支配や個人の自由を軽視する傾向はロシアやポーランド、フィリピン、トルコなどにも見出せる。こうした政治体制をジャーナリストのファリード・ザカリアは非自由主義的民主主義（illiberal democracy）と称している。こうしたことは、自由民主主義体制を最善とするこれまでの構図に疑問を投げかける。

ここまで論じてきたように、国際関係において主権国家が重要な行為主体であることについて異論を挟むものはいない。ただし、主権国家が「どの程度」までに重要であるかについては、いまだ議論の余地がある。また同じ主権国家としては、つねに一定であっても、その中身である「国民」や政治体制が一定であるとは限らない。

◆**参考文献**（追加参考文献☞ QR3-1-4）
① M. ヴェーバー（脇圭平訳）『職業としての政治』岩波書店，2013年．
② 篠田英朗『「国家主権」という思想──国際立憲主義への軌跡』勁草書房，2012年．
③ ベネディクト・アンダーソン（白石隆・白石さやか訳）『想像の共同体──ナショナリズムの起源と流行』書籍工房早山，2007年．
④ J. リンス（睦月他訳）『全体主義体制と権威主義体制』法律文化社，1995年．
⑤ ロバート・ダール（高畠通敏・前田脩訳）『ポリアーキー』三一書房，1981年．

第2章　国際機関

　国連に代表される国際機関は、主権国家に次いで国際関係に大きな影響を与えている行為主体であるといえるかもしれない。例えば、国連は安全保障、経済・社会、人権、開発など分野において欠くことのできない存在となった。また、国際機関は、行為主体としてばかりでなく、国際制度や国際レジームなどの一部として注目されてきた。グローバル化が進展する世界のなかでは、この傾向はますます進むと考えられる。本章では、まず国際機関の定義、構成、類型、意思決定方式など形式的な分析から始め、次いで国際関係理論における国際機関のとらえ方や国際社会における役割を検討する。

　国際機関の起源をたどるならば、1815年のライン川航行中央委員会などの国際河川委員会や19世紀の国際行政連合と呼ばれた国際電信連合、万国郵便連合、国際無線通信連合などに行きつく。これらの機関は、当時の産業革命に端を発する経済活動の拡大と欧州諸国間の調整を進めていくなかでの必要性から生まれたといえる。しかし、国際機関が現在の形態として登場してくるのは第1次世界大戦後の国際連盟と国際労働機関（ILO）、そして第2次世界大戦後の国際連合およびその専門機関の設立である。

　国際機関の原語は、International Organizations である。これを直訳するならば「国際的な団体」であるが、実務において International Organizations の一般的な訳語としては、国際組織、国際機関、国際機構、国際団体などがあり、公定訳（政府が公式な文書などで使う訳語）のなかでも専門機関、国際組織などの用語が見出され、一様ではない。さらに条約などを検討するならば、英語のみを見渡しても international institution、international body、specialized agencies、inter-governmental organization などが使われている。これらの用語は、皆同じものを表す用語である。ここでは、国際機関と用語を統一することにする。

　まず国際機関を厳密に定義するならば、「複数の国家によって、共通の目的達成のために、国家間の条約に基づいて直接設立された、独自の主体性を有する、常設的な団体を指す。国際組織、国際機関、国際団体、政府間機構などともいわれる」［国際法学会編『国際関係法辞典（2版）』2005年「国際機構」259頁］。

84　第Ⅲ部　アクター：地球社会という舞台の役者たち

この定義の重要な要素は、やはり、①「複数の国家によって（国家間の）」と、②「常設的な団体」であるという部分であろう。こうした要素を考えるならば、まず国家がかかわっていなければならないという点で多国籍企業やNGOの世界的ネットワークなどは除かれる。また常設的な団体でなければならないという点で様々な国際会議やシンポジウム、外交交渉は除かれる。

国際機関の「青写真」としての設立文書と黙示の権限論

　国際機関の定義には「国家」という要素が深くかかわっている。このことが端的に見出せるのが、国際機関の正当性、権限、権力の根拠に関する問いである。国連をはじめとする国際機関に関する研究の多くは、その関心の出発点を「国家主権と国際機関の対立」すなわち、国際機関が国家主権もしくは国家のパワーを制限するのかという点に求めてきた。現代の国際機関は、国家のように、条約の締結権や国家責任の請求資格などを認められている。また、その職員は、個人やNGOなどとは異なり、国家機関である外交使節のように一定の特権免除が与えられている。第Ⅲ部第1章において見たように、現代民主国家は主権性もしくはその根拠を国民や国民との社会契約などにおくが、国際機構の根拠は何に求められるのだろうか？

　国家に憲法があり、会社に基本定款があるように、国際機関にもその趣旨や目的、基本的なルールや権限を示した文書（設立文書）がある。設立文書は条約の形をとる。つまり、その本質は、国際機関に参加する国家の明示的な合意である。加盟国は、自らが合意した内容に対し、誠実に履行する義務を負う。例えば、国連憲章（国連を設立する文書）第4条1項では、加盟の条件として「この憲章の掲げる義務を受諾し、且つ、この機構によってこの義務を履行する能力及び意思があると認められる」ことを挙げている。こうした義務のなかには、例えば財務負担（第17条2項）、安全保障理事会決議の履行（第25条）、（実現したことはないものの）集団安全保障体制における国連軍への部隊の供与（第43条）などが挙げられる。その意味で、国連が自らの任務を遂行するにあたって、安定した財政基盤を有し、有能な事務局を擁し、紛争にあたっては調査団などの人員を派遣することを可能とするためには国家の存在が大きい。その意味で、国家と国際機関を対置する構図は必ずしも正しくない。

また、国際機関の根拠が国家の合意にあるということは、その「青写真」である設立文書を分析することで、国際機関の目的、機能、権限などが理解できることを意味する。例えば、国連ならば国連憲章第１条、北大西洋条約機構（NATO）ならば北大西洋条約の前文というように、設立文書のなかに当該国際機関の目的が見出せる。

　しかし、設立文書が起草された時代と状況がかけ離れてしまった場合は、どう考えるか？　例えば、国連憲章は、1945年に採択・発効したが、第２次大戦後に当初想定されていた「国連軍」を主体とする集団安全保障体制は、朝鮮国連軍という変則的な形で実施されたほかは、実現しなかった。このことからダグ・ハマーショルド事務総長（当時）は、国連平和維持活動（PKO）制度を創設したが、PKOは国連憲章上規定がなく、紛争の平和的解決（第６章）と強制行動（第７章）の間、俗に「６章半」と呼ばれていた（☛ QR3-2-1　国連憲章）。こうした規定に基づかない活動であったことは、フランスやソ連など一部の国にPKO費用の負担金の支払いを拒否させることとなり、財政難に陥った国連は、1962年に国際司法裁判所（ICJ）にPKO任務の根拠について勧告的意見を諮問した（「ある種の経費事件」）。ICJはPKOの経費が第17条２項（加盟国に国連の経費を負担する旨の規定）のいうところの国連の経費にあたるか否かを判断するにあたって、国連の目的とPKO活動が合致しているか否かという基準を採用し、いわゆる黙示的権限論を展開した。こうした理論は、もともと国連が法人格を有するかという問いに応えたものであるが、PKOなど他の制度にも採用され、国連レジームに一定の柔軟性を与えているといえる。その意味で、国連はじめ国際機関は、国家の意思を根拠としながらも、国際関係のなかで一定の自律性と状況の変化に対応する柔軟性を有しているといえる。他の事例としては、IMFの設立当初は固定相場制を念頭においた監視機関であったのが、変動相場制への移行後は、その主たる任務を金融危機の回避を目的とした途上国への条件つき融資などへと変更していることが挙げられる。

QR3-2-1

国際機関の三部構成

　国際機関の定義のもう１つの要素は、「常設的な団体」である。同じように国家代表が集まり、特定の問題について討議する場であっても、国際機関で行

う場合と国際会議・交渉で行う場合ではどのように異なるのか？　換言するならば、どの程度の制度化をもって国家間の定期的な会合は、国際機関と呼ばれるようになるのか？

　例えば企業のなかでも人事部、総務部、営業部といったように様々な部署があり、企業によっては特定の部署がなかったりする場合もある。国際機関もその性質や任務の違いから、内部構造や制度は一様ではなく、非常に複雑である場合もある。しかしながら、一般的には以下の3つの内部機関の存在が国際機関としての制度化の指標とされる場合が多い（三部構成）。

①　総会（最高決定機関）

　加盟国の代表者が参加し、国際機関の活動全般に関するあらゆる問題（新たな申請国の加盟承認、理事国の選出、重要な問題の審議、議決など）を審議する権限をもつ。最も権威があり、国際機関の「正当性」の部分を司る。しかし、交渉にかかる費用や手間ひまの問題などから理事会や各委員会に比べて、頻繁には開催されない場合が多い。

②　理事会（執行機関）

　加盟国の一部の代表者が参加し、国際機関の内部規則によって定められた事項を審議する権限をもつ。国際機関の「権力」の部分を司る。総会よりも頻繁に開催されることが多い。国連では、連盟時代のように1つの理事会を設けるのではなく、安全保障理事会、経済社会理事会、信託統治理事会など複数の理事会を設けて各分野における重大事項を討議する体制をとっている。ただし、信託統治理事会は、すでに活動を実質的に停止している。

③　事務局

　国際性、中立性を旨とし、個人の資格で任用された国際公務員によって構成される。事務局は総会や理事会の指揮・監督のもとに、それらの機関の会合の準

ハイブリッド型の団体

　ここまで紹介した国際機関の定義はあくまで理念的なものである。現実には、国際機関とNGOとの狭間にあるような機関やNGOから国際機関へと移行するものもある。例えば、国際自然保護連合（International Union for Conservation of Nature: IUCN）は、スイスに登録された社団法人（NGO）である。その会員は、個人、各種NGOのネットワークとともに国家会員がある。国家が会員となっているNGOなのである。しかし、米国では特権と免除を享受したり、国連からはIGO（国際機関）扱いされている。実際、その目的達成のためにIUCNは、NGOと国際機関両方の立場を戦略的に使い分けている可能性があると考えられている。こうしたNGOと国際機関の狭間にある、ハイブリッド型の団体としては、国際会計基準審議会（ISAB）、インターポールなどが挙げられる。

備・運営、必要な資料の収集・整理、様々な文書の作成・配布などの支援的活動を行う。ただし、単なる「事務屋」ではない。事務局は国際文書の素案などの作成を通じて討議の枠組みに大きな影響を与えることも多い。また国連の場合は事務総長が周旋・仲介などをすることにより現実の国際紛争解決により深くかかわっているといえる。歴史的に有名なものについては、レインボー・ウォーリアー事件での仲介・裁定やキプロス、東ティモール、イラク、リビア、中東、ナイジェリア、西サハラにおける事態での斡旋がある。

国際機関の類型

　定義の部分で見てきたように、国際機関を常設的な政府間機関とするならば、その種類にはどのようなものがあるだろうか。ここでは、国際機関の理解を深めるためにいくつか異なる基準を用いて類型化する。

　① 加盟国の数もしくは活動範囲

　1つ目の分類は、当該国際機関の活動範囲が地球規模か（普遍的国際機関）、それとも一定の地域に限定されるか（地域的国際機関）というものである。前者の代表としては国連や国際通貨基金（IMF）、世界銀行などが挙げられ、後者には欧州連合（EU）やアフリカ連合、アジア開発銀行などを挙げることができる。

　② 活動の専門性

　2つ目の分類は、当該国際機関の活動内容が国際社会のあらゆる事象を対象とするか（一般的ないし総合的国際機関）、それとも経済、人権、環境、保健などといった特定の分野にその活動が限定されているのか（特殊的ないし専門的国際機関）というものである。例えば前者には国連やEUなどが含まれ、後者にはWTOやIMF、国際刑事裁判所（ICC）や国際民間航空機関（ICAO）などが挙げられる。

　③ 設立の根拠

　最後の分け方は、国際機関の設立の根拠とかかわっている。多くの国際機関は、直接的に国家が合意した条約（設立文書）に根拠をおいているが、なかには国際機関の決議によって設立される二次的ないし派生的国際機関というものもある。例えば、旧ユーゴスラヴィア刑事法廷（ICTY）は、旧ユーゴ紛争での重大な国際人道法違反の責任者を訴追することを目的として安保理決議第827

号（1993年）によって設立された。ほかにも国連総会決議によって設立された機関としては国連開発計画（UNDP）や国連環境計画（UNEP）、国連合同エイズ計画（UNAIDS）などがある。これらの設立は、国家が締結した条約によるものではないが、（国家の合意を根拠とする）国際機関によるものであるので依然としてその根拠として国家の合意があると推定される。

国際機関における意思決定手続き

国際機関の代表的な意思決定手続きについては、以下の3つがある。

①　国連総会（1国1票制度による多数決制度）

国連総会では、安保理常任理事国である5大国（P5）からナウル、ツバルのような小さな島国の代表まで参加している。これらの国力の格差はいうまでもないが、形式的に考えるならば等しく国家であるので、等しく1票を与えられるべきであるという形式的平等の観念を反映し、制度が設計された（国連憲章第18条2項、3項）。重要な問題、すなわち国際の平和・安全の維持、主要機関の理事国の選出、加盟国の特権停止、除名など重要問題は出席かつ投票した国の3分の2で決定され、その他の問題は、過半数で決定するという単純多数決・特別多数決の並列方式がとられている。ただし、近年の決議の多くはコンセンサス方式に基づいている。

②　安保理（P5の拒否権を含んだ多数決制度）

国連憲章第24条にあるように、安保理は、「国際の平和及び安全の維持に関する主要な責任を」負うものとし、国連の安全保障制度のなかで非常に大きな権限を有する。安保理は、常任理事国（P5）を含む加盟国15カ国で構成される（第23条）が、原則的に意思決定は、常任理事国の同意投票を含む9理事国の賛成投票によって行われる。すなわち、常任理事国である米国、イギリス、フランス、ロシア、中国の1カ国でも反対票を投じたならば、安保理の決議は採択されず、結果的に国連や集団安全保障制度自体が機能不全に陥ってしまう危険性がある（図3-2-1）。

③　IMF、世銀など国際経済機関（加重表決制度）

IMFや世銀などの国際経済機関では、各国の基礎票に加えて、国家の能力や出資額（クォータ）や保有株式の数に比例する形で投票権を追加的に配分す

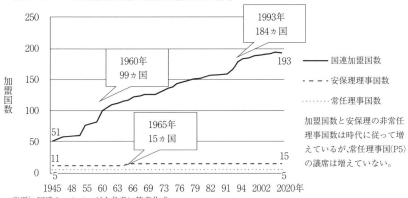

図 3-2-1　国連加盟国数と安保理議席数の推移

出所）国連ホームページを参考に筆者作成。

るという加重投票制を採用している。こうした国際機関への財政的貢献が意思決定に反映する方式に見出される理念を形式的平等に対して機能的平等と形容することもある。

国際機関の役割

　これまで国際機関は、国家より派生していながら、国際公共財としての役割が期待されてきた。それは、第 2 次大戦以降のリベラルな国際秩序の要の 1 つであったとさえいえる。国際機関は、場合によっては自律的な行為主体として国家と対立し、国際機関同士でも対立・競合することがある。その意味で、国際機関は、非常にポリティカルな存在でもある。では、国家と国際機関との外交関係は一般的にどのように考えることができるか。横田洋三は、国家と国際機関の外交関係について以下のようにまとめている［横田、2006年、39-41頁］。

　① 　国際機関における外交

　国際機関の会議で展開される外交のことであり、当該機関は各国が外交活動を繰り広げる「場」を提供するにすぎない。しかしながら、こうした場での情報交換や取引は、各国の外交における取引費用を低減させ、予測可能性を高めることで国際関係全体を安定させる役割をもつ。

　② 　国際機関を通しての外交

　一国で実現できない外交目的を、国際機関を通じて実現しようとするもの。

新国際経済秩序宣言や新国際情報秩序宣言に見出せるように、1960年代以降に新興独立諸国が自らの立場を国連や他の国際機関を通じて主張したことが例として挙げられる。

③ 国際機関に対する外交

主として国際機関の非加盟国と国際機関の間で発生する外交の形態を指す。こうした外交の形態は、国連の制裁の対象となった加盟国間でも発生しうる。

④ 国際機関を生かす外交

国際社会の公益を実現するために、国際機関を外交の場として活用することを指す。自国の国益ではなく、国際関係の安定のために PKO へ部隊を送ることがこの外交の形態の例として挙げられる。

国際関係理論と国際機関

国際機関は、伝統的なリアリズムやリベラリズムばかりでなく、英国学派、コンストラクティビズムなど様々な学派が主題として取り上げてきた。ここでは、代表的なアプローチとしてリアリズムと制度論の立場を見ていく。

① リアリズムの立場

国家中心主義を旨とする伝統的なリアリズムにとって国際機関や国際法は、国際政治に付帯的な現象であり、本質ではない。ゆえに国連をはじめ国際機関を大国の政策を正当化する装置もしくは諸国の利益の調整装置として見る傾向が強かった。国際機関内における大国支配の傾向は、安保理の拒否権ばかりでなく、本章で扱った素材では加重投票制度などにも見られるであろう。その意味で、リアリズムの考える国際機関での外交とは、「国際機関を通しての外交」と「国際機関に対する外交」のみを指すことになる。国際機関を国益追求の場としてとらえる傾向は、1970年代、80年代になると覇権安定論やレジーム論の立場へと受け継がれ、国際機関を含む国際制度がどのように創設され、いかに国家間協調が可能であるかが論じられるようになった。こうした議論のなかで国際機関は、当該機関が生み出す規範や原則、政策決定手続き、予測可能性などを含めて国際制度、国際レジームの一部として認識されることも多い。

② 制度論の立場

国際レジーム論、グローバル・ガバナンス論、新制度論などの学派は、国際

機関を行為主体としてばかりでなく、国際社会における制度の一部として扱う傾向が強い。国際制度とは、非公式協議や勢力均衡、内政不干渉原則、外交関係・領事関係制度のように国際関係を安定化させることを目的とした仕組み・決まりのことである。国際機関は、制度の一部として以下のような機能を国際社会に提供していると考えることができる。

① 各国間の交渉における取引費用（transaction cost）を低減させる。
② 交渉の主体に情報を提供することで、不確実な状況を減少させ、コミュニケーションを円滑化する。
③ 国際関係における交渉や学習の条件を整える。
④ 様々な国家実行を正当化したり、批判する。
⑤ 国際約束の遵守、国家活動を監視する。
⑥ 規範を形成することで、国家のアイデンティティと利益を形成するような環境を整える。

こうした視点は、現実の国際機関にかかわる分析をする上でも有益である。その意味で、リアリズム、制度論などの立場は、方法論としての合理選択論やコンストラクティビズムと結びついて、これまで古典的な制度研究もしくは規範的（法学）な研究に終始してきた国際機関研究に分析的な側面でさらなる進展をもたらし、行為主体としての国際機関の理解に新たな知見を加えることになると考える（☛第Ⅱ部「国際関係理論」参照）。

◆参考文献（追加参考文献☛QR 3-2-2）
①吉村祥子・望月康恵編著『国際機構論［活動編］』国際書院，2020年．
②山田哲也『国際機構論入門』東京大学出版会，2018年．
③滝澤美佐子・富田麻理編著『入門国際機構』法律文化社，2016年．
④渡部茂己・望月康恵編著『国際機構論［総合編］』国際書院，2015年．
⑤内田孟男編著『国際機構論』ミネルヴァ書房，2013年．
⑥横田洋三編『新国際機構（上・下）』国際書院，2005年，2006年．

QR 3-2-2

第3章　EU

　第2次世界大戦後の米ソ対立が激しくなるなか、国際関係においては地域主義が重要性を増すこととなった。東西対立の最前線となっていたヨーロッパでは地域の安定を目指すべく、アメリカを中心としたNATO（北大西洋条約機構）やソ連を中心としたワルシャワ条約機構が誕生した。また経済共同体を基盤としたECも発足し、ヨーロッパにおける統合は地域主義の世界モデルとなって現在に至る。

　冷戦が終結し、ECからさらなる統合の深化を遂げて現在に至るEUは最も成熟した地域統合だと評されるが、統合の道のりは必ずしも平たんなものではなかった。ヨーロッパにおける国際統合EUはどのような道のりを経て現在に至っているのか、また21世紀のEUは域内域外の諸問題にどのように立ち向かおうとしているのか？

不戦共同体としてのヨーロッパ統合

　第2次世界大戦後のヨーロッパ諸国における差し迫った課題は、アメリカが台頭した世界においていかに戦後復興を遂げるかにあった。この課題に取り組み始めたのがフランスのコニャック商人、ジャン・モネである。モネは、長年にわたり戦争を繰り返してきたドイツとフランスが二度と戦争をしないような仕組みをつくるべく尽力し、モネの提案に沿う形でフランスのロベール・シューマン外相は1950年、戦争に不可欠となる材料である石炭と鉄鋼の生産をドイツ・フランスさらにはその他ヨーロッパ諸国で共同管理することを提案した。この共同管理機関は国家を超える枠組みとなり、ヨーロッパの経済復興のみならず加盟国間の戦争回避システムとなることが期待された。こうして1952年に発足したのがドイツ・フランス・オランダ・ベルギー・ルクセンブルク・イタリアの6カ国によるECSC（欧州石炭鉄鋼共同体）である。

　モネとシューマンは石炭と鉄鋼分野の国家間協力の進展は、周辺諸国にも波及し、また他の政策分野での協力へと拡大していくドミノ現象となって現れることを期待していた。彼らの期待通り、その後EEC（欧州経済共同体）と

EURATOM（欧州原子力共同体）も発足し、経済面での統合、原子力の平和利用に関する研究等の協力を推進する枠組みができ上がった。1958年にはローマ条約が発効し、統合の基盤となる法体系が生まれた。

また、6カ国は共通の農業政策を実現したほか、共同市場を創設することにも合意し、関税同盟への道を目指すことにも合意した。

様々な政策分野での共通化が試みられるなか、1967年にはECSC・EEC・EURATOMの三共同体がEC（ヨーロッパ共同体）と総称され、ヨーロッパの統合は効率化を図ると同時に、その内実も深まっていく。

ヨーロッパ統合の深化と拡大

その後、ヨーロッパの統合は「深化」と「拡大」をキーワードに、さらなる発展を遂げていく。1973年には当初ヨーロッパの統合に懐疑的であったイギリスやデンマーク・アイルランドが加盟し、80年代にはギリシャ・スペイン・ポルトガルが加盟を果たし、12カ国の統合体となった。

日米との国際競争に対抗するためには統合の深化が不可欠となっていたヨーロッパは、1985年に域内市場白書を発表し、ヒト・モノ・カネ・サービスの自由な移動を可能にするヨーロッパ域内の市場統合を1992年末までに実現させることを目標とした。

市場統合の実現とともに、1993年にはマーストリヒト条約が発効し、ローマ条約の改定が図られたと同時に、EUが創設されることとなった。マーストリヒト条約により、EECをECに改称して経済・通貨同盟を設立すること、欧州の単一通貨ユーロを導入することが決定した。また、経済のみならず政治面での統合もいっそうの発展が見込まれることとなり、外交・安全保障政策、司法・内務政策に関する加盟国間での協力が規定された。

冷戦の終焉を契機に、1995年にはオーストリア・スウェーデン・フィンランドといった中立国が加盟を果たした。このころから加盟国の増大に備えた法的基盤を整えることが急務となり、1999年にはアムステルダム条約の発効によりマーストリヒト条約が改正された。21世紀に入ると、さらなる拡大が間近に迫ってくる。2003年にはニース条約が発効し、アムステルダム条約で不十分だった拡大に向けての法整備がなされた。統合の深化を推し進めるべく、EU

図3-3-1　EU加盟国

出所）駐日欧州委員会代表部　http://eumag.jp/eufacts/member_countries/

では憲法をつくろうという議論も始まった。

　その後、2004年にはハンガリー・ポーランド・チェコ・スロヴァキア・スロベニア・マルタ・キプロス・エストニア・ラトビア・リトアニアの10カ国が加盟を果たし、2007年にはブルガリア・ルーマニアが加盟し、27カ国の大所帯となる（☞ QR3-3-1）。

QR3-3-1

　統合をさらに深化させるべく、EUに憲法を導入するということについては、フランスやオランダが国民投票で否決したことから実現には至らなかったが、憲法条約を改定する形で進められた改革条約となるリスボン条約（☞ QR3-3-2）が2009年に発効した。この結果、欧州理事会の常任議長職と外務・安全保障政策上級代表職、いわゆる大統領職・外務大臣職が設置された。これにより、EUは対外関係における「新たな顔」を常駐させ、国際社会で外交・安全保障問題を積極的に展開していく道筋を整えた。

QR3-3-2

　2013年にはクロアチアが加盟し、トルコやセルビア、モンテネグロ、北マケ

ドニア、アルバニアが加盟交渉に向けて準備の途上にある。また、ボスニア・ヘルツェゴビナ、コソボが潜在的加盟候補国となり、ウクライナやジョージア、モルドバもEUとの連合協定を結ぶなど、EUではさらなる拡大が予定されている。2002年から流通が始まった単一通貨ユーロは過半数の加盟国で導入されており、ヨーロッパ統合は深化と拡大を続けながら発展を遂げてきた。

世界情勢の変容とヨーロッパ統合の将来

　2016年以降、ヨーロッパ統合の創設以来はじめての事態が次々と巻き起こった。世界にも衝撃を与えたのが、イギリスのEU脱退が国民投票で決定したことだ（Brexit）。イギリスは従来ヨーロッパの一員でありながら、EUの様々な規則の適用除外（Opt Out）が認められるなど、大陸ヨーロッパとは一線を画していた。ユーロを導入することなく、アメリカとの関係強化に向けた独自外交を展開してきたのもイギリスの特徴である。イギリスのEU離脱問題は、シリアから大挙して押し寄せる難民への対応で温度差が生じているEU各国の対立と相まって、EU域内外から統合崩壊の可能性を示唆する発言も飛び出した。

　EUはギリシャ経済危機に直面した際（Grexit）にも崩壊の可能性がささやかれたが、EUは新たな制度構築でこの危機を乗り切った（☞ QR3-3-3）。ギリシャ経済危機を契機に、EUはユーロ圏諸国の経済危機に備えた欧州安定メカニズム（ESM）を新たに導入した。これにより、ユーロ圏諸国を結束して救済し、一国の債務不履行がヨーロッパ全体に影響しないような予防システムが構築された。

QR3-3-3

　また、ヨーロッパ統合の重要な基盤となっているシェンゲン協定が中東地域からの難民の大量流入につながっている。シェンゲン協定とは1985年に署名されたヨーロッパ統合のメンバー国の多くとEFTA（ヨーロッパ自由貿易連合）4カ国による協定国間での人の自由な移動を保証する原則である。シェンゲン協定によってヨーロッパのみならず、ヨーロッパ域外の人々もシェンゲン域内では自由に行き来できることから、シリアや中東地域からヨーロッパへ移民・難民が大挙して押し寄せた。大量の難民流入を受けて、EU加盟国の一部ではシェンゲン域内国境の検問を一時的に復活させるなど、EU加盟各国内で難民対応を巡って様々な軋轢が生まれた。

このようななか、難民受け入れ問題の解決につながるかもしれない協定がEU加盟候補国トルコからもたらされた。2016年3月、トルコとEUはトルコからギリシャへの難民流入について、EUが費用を分担することで非正規移民と難民認定されなかった人々をトルコに送還することで合意した。この合意では、難民をヨーロッパに送り込む密航業者の撲滅とEUの対外国境の保護を目的としたEUとNATOの協力手続きも盛り込まれたことから、停滞していたトルコのEU加盟交渉が前進する可能性が高まった。ところが、2016年7月にトルコでクーデター未遂事件が発生したことを契機に、エルドアン大統領の強権政治が復活し、EU加盟交渉は再び停滞している。

　以上のように21世紀EUの懸案事項は、ヨーロッパ域内問題はもちろんのこと、世界の紛争への対応とそれに伴ってヨーロッパに流入する難民の急増への対応、さらに気候変動・エネルギー問題への対処と多岐にわたる。経済・通貨統合を経て、政治統合にも着手し、外交・安全保障の共通化をも進めながら現在に至るEUは、今後どのような可能性を秘めているのか？

　地球温暖化対策が世界共通の待ったなしの課題となっているいま、気候変動問題への対応はEUの持続的発展のために不可欠と位置づけられている。また、ロシアや他国からのエネルギー輸入の

Brexitとイギリスの将来

　2016年のイギリス国民投票でEU離脱が決まると、世界は大きく動揺した。1973年にEU（当時のEC）加盟したイギリスはヨーロッパの一員となりながらも、大陸ヨーロッパとは距離をおいてきた。そのイギリスはイングランド・スコットランド・ウェールズ・北アイルランドの4国から構成されている王国であったことから、イギリス自体も内部の分離独立の動きに長年悩まされてきた歴史がある。

　1997年の住民投票で自治議会を再び設置することを決定したスコットランドは、大陸ヨーロッパに近い多党制議会を構築しながら、スコットランド民族党が大勢を占めるに至った。ただし、住民の独立への機運はそれほど高くないと判断したキャメロン政権は、スコットランドに住民投票の実施を認め、2014年には独立の是非をめぐる住民投票が実施されたが、僅差で独立は否決された。

　スコットランドの独立の機運が高まっていたなか、キャメロン政権は国内の不満を吸収するべく、こんどはEU離脱の是非をめぐる国民投票の実施を公約するという2度目の賭けを行った。この結果がBrexitである。

　2020年1月末、EUは誕生以降初めての「縮小」の手続きに入り、イギリスと新たな関係の構築に向けて協議を重ね、クリスマスに何とか離脱協定に合意した。離脱協定は欧州議会の審査・承認を経て正式発効することになっていたが、2020年中の合意という予定を優先し、この手続きは後まわしにするという暫定措置がとられた。離脱協定合意の発表直後、スコットランド自治政府首相がスコットランドの独立に言及したことから、スコットランドは再びイギリスからの独立を目指す可能性が再浮上する。その場合、スコットランドの財政力とスコットランドに配備されている原子力潜水艦トライデントの取り扱いをどうするかというイギリスの国家安全保障問題も抱えることとなり、Brexitの行方はイギリスのみならず、世界の安全保障環境にも影響を及ぼすものとなっている。

割合が高いEUでは、他国へのエネルギー依存からの脱却と自らのエネルギー生産の増大が急務となっており、EU2050という2050年目標での気候変動・エネルギー問題への対応のためのロードマップを作成し、積極的に取り組む姿勢を示している。気候変動・エネルギー問題への対応はEUにとって経済・外交・安全保障政策においても最重要課題の1つである。世界の温暖化対策としてパリ協定の発効にむけてEUが一丸となって尽力したこともあり、EUは世界でこの分野の牽引役となるという大きな目標に向けて走り出した。2019年末には「ヨーロッパ・グリーン・ディール」を発表し、気候変動への対応策をEUの成長戦略として発展させていくことを明確にした。

　そのようななかでの新型コロナウイルスの感染拡大はヨーロッパにも大きなダメージとなった。感染爆発で多くの犠牲者を出したイタリアやスペインはEUコロナ復興債を期待するも、オーストリアやオランダなどは危機でも緊縮財政を主張したことから、EU全体で合意できるか危ぶまれていたが、南北ヨーロッパがそれぞれ妥協する形で7,500億ユーロの復興基金案で合意した。コロナ禍からの復興に投入される巨額資金がどのように使われていくかが注目される。

　経済・政治・安全保障その他あらゆる政策を織り交ぜながらグローバルイシューにEU全体で取り組んでいく姿勢は今後も継続されるだろう。このようなヨーロッパ地域での合議制による多様性のなかの統合を推進しながらの問題解決方式は、今後もアジアやその他の地域統合において参考材料となるであろう。

◆参考文献
①臼井陽一郎編著『変わりゆくEU——永遠平和のプロジェクトの行方』明石書店，2020年.
②鶴岡路人『EU離脱——イギリスとヨーロッパの地殻変動』ちくま新書，2020年.
③ハンス・クンドナニ『ドイツ・パワーの逆説——〈地経学〉時代の欧州統合』一藝社，2019年.
④松尾秀哉編著『教養としてのヨーロッパ政治』ミネルヴァ書房，2019年.
⑤ダグラス・マレー『西洋の自死——移民・アイデンティティ・イスラム』東洋経済新報社，2018年.

第4章　ASEAN

　ヨーロッパ同様アジアでも地域統合の模索が続いているが、その試みの歴史は浅く、発展の過程や形態は前掲の EU とはずいぶん異なったものとなっている。アジアにおいてはどのような地域主義が生まれ、将来はどのような可能性をもっているのか？

ASEAN 誕生

　ASEAN（東南アジア諸国連合）は東南アジア地域での協力の必要性から、1967年にマレーシア・タイ・フィリピン・シンガポール・インドネシアの5カ国によって地域協力機構として創設された。経済成長、社会・文化的発展の促進、政治協力や経済協力を推し進めていくことが期待されていた。その後1984年には独立を果たしたブルネイが加わったが、緩やかな地域機構という性質から、その後目立った変革は見られなかった。

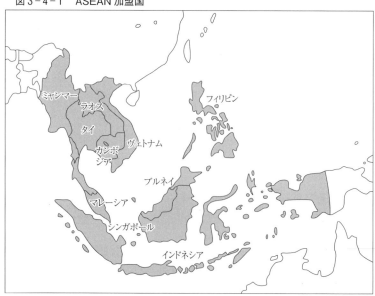

図3-4-1　ASEAN 加盟国

出所）外務省　http://www.mofa.go.jp/mofaj/area/asean/

第 4 章　ASEAN　99

　冷戦の終えんで東南アジア地域は情勢が安定してきたが、世界情勢が激変していくなかで、東南アジア諸国も市場競争にさらされ、自らの経済力・競争力の強化が不可欠となっていく。そのようななか、ASEAN 域内の特恵関税協定が締結され、貿易自由化を推進する地域組織へと転換していった。

　1995年にはヴェトナムが、1997年にはラオスとミャンマーが加盟を果たし、1999年にはカンボジアの加盟も実現する運びとなった。

ASEAN 地域協力の新たな展開

　ASEAN の拡大が次々と進んでいった90年代後半、ASEAN は域外との関係の発展も模索し始める。1996年にはヨーロッパとの関係強化を目指すべく、シンガポールのゴー・チョクトン首相の提唱で ASEM（アジア欧州会合）が開催された。ASEM には ASEAN と EU の加盟国のほか、日本・中国・韓国・オーストラリアなどのアジア・オセアニア諸国も参加し、アジアとヨーロッパの政治・経済・文化といった幅広い関係強化を目指す 2 年に一度の定例会合となって現在に至る。

　また、1997年には ASEAN と日・中・韓の 3 カ国による、通称 ASEAN ＋ 3 首脳会議が初めて開催された。この年はアジア諸国が通貨危機に見舞われた年でもあり、金融危機への対応策が検討されていた1998年、ASEAN のホスト国であったヴェトナムは ASEAN 首脳会議に日中韓の首脳を招待し、支援を求めたのである。これら 3 カ国の ASEAN 首脳会議への参加を契機に、ASEAN ＋ 3 首脳会議が東アジア地域の定例首脳会議となっていく。

21世紀アジアの統合

　21世紀に入ると、ASEAN ＋ 3 首脳会議では東アジア地域の協力強化に向けてどのような将来像を描くべきかが議論され始める。東アジアという枠組みには ASEAN ＋ 3 以外にどのような国々が想定されるのかが ASEAN 域内外で活発に議論された。その結果2005年の ASEAN 非公式外相会議で東アジア首脳会議（EAS）の開催と会議への参加条件が決まり、オーストラリア・ニュージーランド・インドの 3 カ国が東アジア首脳会議に参加することとなる。いわゆる ASEAN ＋ 6 の始まりである。ASEAN ＋ 6 は経済関係の強化を行っていくこ

図3-4-2 地域統合相関図

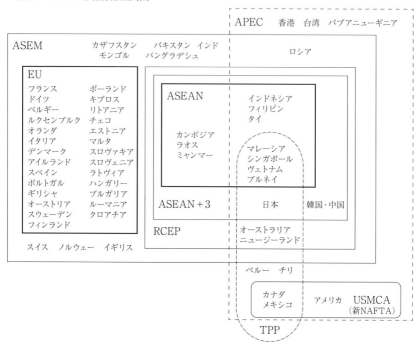

出所）筆者作成。

QR3-4-1

とでも合意し、東アジア地域包括的経済連携（RCEP）の交渉が開始された。

ASEANはさらなる発展を目指し、2008年にはASEAN憲章（☞QR3-4-1）が採択され、地域の平和、安全、安定を維持強化すること、経済的に統合された単一市場の創設、域内での貧困を削減し域内発展格差を縮小することが目標とされた。そして2015年末には安全保障共同体・経済共同体・社会文化共同体を含むASEAN共同体を実現させることを宣言した。これを受けてASEAN加盟各国はアジアの統合をさらに前進させようとしている。

また21世紀に入ってからASEMでは、テロ対策やエネルギー問題、防災、気候変動問題など、その時々の世界各国の関心領域についての意見交換が進められている。ASEM誕生から20周年となった2016年のASEM会合では、南シナ海やその他海洋地域の安全保障、ヨーロッパの移民・難民問題、北朝鮮の

核・ミサイル開発問題なども含む多岐にわたる分野について議論された。中国の南シナ海への海洋進出の動きも意識されながら閉幕したこの ASEM 会合は、ASEM の今後10年に向けてのウランバートル宣言を発表して閉幕し、この宣言では「法の支配」と「国際法の執行」が参加国共通の関心領域であることが示された。

　新型コロナウイルスの世界的な感染拡大が続いていることを受けて、2020年11月に予定されていた ASEM 首脳会議は、2021年中ごろまで延期となった。

世界の地域主義

　世界の地域統合の最先端が EU であったが、アジアでも地域統合の可能性についていろいろな議論が展開されて現在に至る。ASEAN の発足に始まり、ASEAN に周辺諸国が関与する形での東アジア共同体構想やそれに類似した議論が ASEAN の内外で沸き起こってきていることにも象徴されるように、アジアのみならず周辺地域を巻き込んだ「ASEAN プラス α」の新たな形態が模索されている。

　このような動向はヨーロッパやアジアに限定されるものではなく、その他地域でも様々な形態の地域統合が存在し、またこれから誕生する可能性も秘めている。

　アメリカはカナダ・オーストラリア・ニュージーランド・日本・韓国・ASEAN 発足当初からの加盟国とともに1989年に APEC（アジア太平洋経済協力）を発足させ、アジア太平洋地域での関係

TPP と RCEP

　TPP 協定（Trans-Pacific Strategic Economic Partnership Agreement：環太平洋戦略的経済連携協定）は2006年にシンガポール・ニュージーランド・チリ・ブルネイの4カ国でスタートし、従来の自由貿易協定で扱われてきた関税の撤廃や削減に加え、知的財産や投資といった非関税分野、さらには環境や労働といった分野をも含む包括的な協定を締結することが目標とされた。アメリカ・オーストラリア・ペルー・ベトナム・マレーシアが2010年に、2012年にはメキシコ・カナダが交渉を開始し、日本も2013年夏から交渉会合に加わった。

　日本では TPP で貿易自由化が進めば、日本製品の輸出額が増大することなどが利点として期待できるが、逆に他国からの輸入農産品の増大で日本農業へのダメージ等も懸念されている。トランプ政権が TPP 離脱を表明した一方で、Brexit 後のイギリスが TPP に関心を示すなど、TPP の行方は世界の関心を集めている。

　他方 RCEP（Regional Comprehensive Economic Partnership）は ASEAN・日本・中国・韓国・インド・オーストラリア・ニュージーランドの経済連携を目指すもので、2013年から交渉が始まった。TPP との大きな違いは中国が加わっている点である。

　日本やオーストラリアなど TPP 交渉国は RCEP にも TPP に匹敵する高い水準での貿易自由化を主張し始めた。当初市場開放に慎重姿勢を示していた中国は RCEP 経済圏での主導権を握ることを視野に入れて交渉に乗り出すも、2019年になると中国からの安い製品の大量流入を危惧するインドが高水準の関税自由化に難色を示し、交渉から離脱した（☞第Ⅴ部第1章世界経済）。

強化を図っていた。しかしながら1990年代に入りヨーロッパの経済統合が深化し、これに危機感を募らせたアメリカは、1994年にカナダ・メキシコとともにNAFTA（北米自由貿易協定）を創設し、EUの経済ブロック化への対応策を打ち出した。

2017年に誕生したトランプ政権は、アメリカの対メキシコ貿易赤字の増大を理由にNAFTAの再交渉を表明した。この結果、2020年7月に発効したUSMCA（アメリカ・メキシコ・カナダ協定）が新NAFTAとして機能していくこととなる。

南米地域にはコロンビア・ペルー・エクアドル・ボリビア・チリの5カ国によるアンデスグループという地域経済統合が1969年に誕生していた。96年になるとアンデスグループはCAN（アンデス共同体）として改組発展していくこととなる。また1995年にはブラジル・アルゼンチン・ウルグアイ・パラグアイの南米4カ国がメルコスール（南米南部共同市場）を開設した。メルコスールは21世紀に入り、ブラジル・アルゼンチンの保護主義化で機能不全に陥っていたが、両国の政権交代で再び推進機運が高まり、2019年6月、EU・メルコスール間の自由貿易協定（FTA）が政治合意に至った。

中東地域では70年代から80年代にかけてのソ連のアフガニスタン侵攻やイラン・イラク戦争などの安全保障上の危機からサウジアラビア・クウェート・カタール・バーレーン・アラブ首長国連邦・オマーンの6カ国による湾岸協力会議（GCC）が1981年に発足した。

21世紀のアフリカ地域にはAU（アフリカ連合）が誕生した。AUはかつてのアフリカ統一機構（OAU）の改組・改変であり、EUをモデルとした発展を目指したアフリカ大陸諸国の大半が加盟する大規模なものである。

ASEANのこれから

以上のように国際関係のなかの地域統合という動きが全世界的なトレンドとなってきているいま、地域統合を通じた世界各地の政治的経済的安定に向けての模索は今後も続くことが予想される。21世紀世界では、地域統合の最先端とされるヨーロッパのEUと、アジアのASEANという老舗の統合を中心に、新たな地域統合の創設や、既存の地域統合の再編を通じて新たな国際関係が模索

されるとともに、国家間関係の再編が繰り返されることとなろう。

　昨今の世界情勢の激変でEU統合が行き詰まりを見せるなか、現在進行形で発展を続けているASEANの行方は、その他アジア諸国や世界各国の将来に大きな影響を及ぼすことが予想される。

　ただし、ASEAN諸国は政治的に未成熟な国々が多い点、そして島国も多く、地理的につながっていない点でEU諸国とは大きく異なる。国境近辺には紛争のリスクが潜在的にあり、各国の世界の大国との関係性も大きく異なっていることから、ASEAN域内の諸問題のみならず、ASEAN域外との関係を10カ国が共同歩調で構築できるのかどうかも大きな課題の1つである。また、同じアジアの一員である中国の近年のASEANへの接近は、日本の対ASEAN関係（直接投資やASEAN各国のインフラ設備への技術的支援等）と競合する場面も多く見られる（☞QR3-4-2）。特に中国主導のAIIBにASEAN諸国が早期に参加表明したことで、ASEANを舞台とする米中の対立も激しさを増してきた。2020年の新型コロナウイルスの感染拡大による世界のパラダイムシフトとアメリカの政権交代は、ASEAN周辺の国際関係にも様々な変化をもたらすことになろう。

QR3-4-2

◆参考文献
①金子芳樹・山田満・吉野文雄編著『「一帯一路」時代のASEAN——中国傾斜のなかで分裂・分断に向かうのか』明石書店，2020年．
②みずほ総合研究所『図解ASEANを読み解く』東洋経済新報社，2018年．
③岩崎育夫『入門東南アジア近現代史』講談社現代新書，2017年．
④馬田啓一・浦田秀次郎・木村福成編著『TPPの期待と課題——アジア太平洋の新通商秩序』文眞堂，2016年．
⑤黒柳米司『「米中対峙」時代のASEAN——共同体への深化と対外関与の拡大』明石書店，2014年．

第5章　国際NGO

NGOとは

NGO（non-governmental organization）とは、「非政府の立場から、非営利目的で、市民により自発的に形成され、公共の利益を求める組織」である。その要件を抽出すれば、非政府性、非営利性、自発性、組織性、そして、公益性になろう。そして、国際的なNGOにとっての公益とは、平和、人権、開発、環境など一国だけでは対処できない問題の解決に、世界の不特定多数の人々のために取り組むことである。

NGOとほぼ同義に使われるNPO（non-profit organization）は、非営利性を特に強調する場合に用いられる。日本では、1995年の阪神・淡路大震災後、市民による自由な社会貢献活動をより活性化させ、公益の増進に寄与することを目的として、1998年に特定非営利活動促進法（「NPO法」）が成立した。そのため、国内を主たる活動の場とするNGOの場合は、NPOで表現されることが多い。

量から質の時代へ

NGOの歴史は、第1次世界大戦前にさかのぼることができる。技術の進歩により戦争犠牲者数が増えるとともに、平和を求める市民による運動、連帯は強まった。赤十字国際委員会の創設（1863年）のきっかけは1859年のイタリア統一戦争であったし、平和強行連盟や国際連盟協会は、平和のための国際機構の設立を訴え、国際連盟の創設に少なからぬ影響を及ぼしている。また、国連憲章起草の最終段階である1945年の「国際機構に関する連合国会議」（UNCIO）では、F・ルーズベルト大統領が42のNGOをコンサルタントとしてアメリカ

Ⅲ-5-1　国連憲章とNGO

第71条（民間団体）
　経済社会理事会は、その権限内にある事項に関係のある民間団体と協議するために、適当な取極を行うことができる。この取極は、国際団体との間に、また、適当な場合には、関係のある国際連合加盟国と協議した後に国内団体との間に行うことができる。
（☞ QR 3-5-1）

QR 3-5-1

代表団に加えていた。そして、国連憲章の第71条には、NGO の参加制度が明記され、協議的ステータス（consultative status）が与えられた。

　1950年代から60年代にかけて植民地が次々独立を遂げるとともに、貧困や開発の問題など、現地の状況に柔軟に、そして即応できる NGO の活動の場が増えていった。さらに、環境問題への関心が高まる中、1972年に開催された「国連人間環境会議」は、NGO が数の上でもまたその重要度を知らしめたという意味でも大きな転換点と位置づけられよう。環境 NGO として有名なグリーンピースや地球の友（Friends of the Earth）が創設されたのも、会議前年の1971年である。

　1991年にソ連邦が崩壊し、自由主義・資本主義の勝利という形で冷戦が終わると、軍事的安全保障の問題の陰にともすれば隠されていた貧困、人権、環境問題などに世界大で取り組む機会が到来した（☛第Ⅰ部第2章参照）。

　そして、世界政府はないけれど何らかの統治がある（governance without government）という考え方や、グローバリゼーションが引き起こす地球的規模の問題をいかに解決するかという問題意識から、グローバル・ガバナンスという概念も論じられるようになった（☛第Ⅱ部第4章）。ここで、ガバナンスの担い手は、国家や国際機関と同様に、NGO、企業、市民などが含意されている。

NGO の多様性：規模、活動

　個別 NGO の規模は、会員数や予算が極小国家のそれをはるかに超えるワールドビジョン、世界自然保護基金（World Wild Fund for Nature：WWF）、ヒューマン・ライツ・ウォッチ、グリーンピースなど大規模 NGO もあるが、小規模 NGO が大多数である。

　その設立理念、活動領域、活動手法なども多様である。現地での実際の支援活動、国内外での広報・啓発活動、情報発信、資金援助、人材育成、アドヴォカシーなど、NGO の設立理念や目的によっても活動内容は異なる。例えば、1971年に創設された国境なき医師団は、ナイジェリアのビアフラ内戦中に赤十字の医療支援活動に携わっていたフランス人医師たちが、赤十字の中立的態度が現地の医療活動を困難に陥らせるといった限界に直面し、メディアを通して事実を伝え、世論の喚起を行うことも必要であると考え、帰国後に立ち上げたものである。世界の医師や看護師が常時登録されており、必要に応じて世界中

の紛争地域や被災地に派遣される。その活動資金の96％が民間からの寄付資金でまかなわれていることにも大きな特徴がある（☞ QR3-5-2）。

　また、パキスタンのアフガニスタン難民キャンプでの医療活動から始まったペシャワール会（☞ QR3-5-3）は、アフガニスタンへもその活動領域を広げていくなかで、2000年に同国が大干ばつに見舞われた際には、飲料水や灌漑用の井戸の掘削事業を行い、灌漑用水路の建設事業、農業などにも活動を広めている。2019年には、代表の中村哲医師が現地で銃撃に遭い亡くなったが、このことは紛争地でのNGOが危険と隣り合わせであることを物語っている。

国際規範形成とNGO

　人権NGOのアムネスティ・インターナショナル（☞ QR3-5-4）は、自らの信念や人種、宗教、肌の色などを理由に囚われの身になった人々を「良心の囚人」であるとし、彼（女）らの釈放を求めて自国政府や当該政府に政策の転換を迫るアドヴォカシー活動を行っている。情報収集、情報発信、広報・啓発活動なども同時並行的に行われる。特に、1970年代後半より人権問題として死刑反対の運動を展開したことによって、国際的にも死刑廃止の潮流が生まれ、1989年には、「死刑の廃止を目指す、『市民的及び政治的権利に関する国際規約』の第二選択議定書」が採択された。このように、NGOは国際規範の形成にも大きく役割を果たすこともある（☞第Ⅴ部第8章「人権問題」参照）。

　なお、日本は先進国のなかでも死刑が存続している数少ない国の1つである。アムネスティ・ジャパンは、国内での抗議行動とともに情報発信を行うことによって、今度はアムネスティ・インターナショナルから国連人権理事会などへの働きかけへとつながっていった。そして、2008年には同理事会の行う各国レビューにより、日本政府は死刑制度の見直しなどを外から迫られることになった。こうしたNGOの国際的な活動、連携を通して再度、政府への影響力がめぐってくることを「ブーメラン効果」という。

ネットワーク化するNGO：オタワからオスロへ

　インターネットや電子メールによりNGOの連携は容易になり、発信された情報は瞬く間に世界中をかけめぐり、人々が様々な問題群を可視化できるよう

になった。その結果、それまで難しいと考えられていた国家の安全保障にかかわる軍縮問題でも、NGOは条約形成に大きな役割を果たすことになった。

　NGOのネットワーク化が最も耳目を集めたのは、1997年の対人地雷禁止条約に至るオタワ・プロセスである。1992年にヒューマン・ライツ・ウォッチ、地雷の被害者を支援するハンディキャップ・インターナショナルなどわずか6つのNGOが結集して展開された「対人地雷禁止国際キャンペーン」(ICBL)（☛QR3-5-5）は、情報発信、国内外でのロビー活動を展開し、国際世論を喚起していった。対人地雷禁止という"同じ志"(like-minded) をもつ国家がキャンペーンに参入するようになり、1996年には、NGOと国家による国際条約づくりのための会議がカナダのオタワで開催された。この場での国家間の合意はできなかったが、最終日にカナダの外務大臣が「来年12月にオタワで対人地雷を全面的に禁止する条約の調印式を行おう」との呼びかけを行うと、この機会をとらえたICBLはさらに運動を強化し、翌年には、NGOも会議を見守るなかで、「対人地雷禁止条約」が121カ国によって採択されるに至った。

QR3-5-5

　さらに、このオタワ・プロセスをモデルとして、2003年に立ち上げられたのがクラスター爆弾の廃絶運動のNGOネットワークCMC（クラスター爆弾連合）であり、2008年に「クラスター爆弾禁止条約」が採択された（オスロ・プロセス）。また、2013年に国連総会で採択された通常兵器の移転を禁止する「武器貿易条約」の交渉の始まりも、「コントロール・アームズ・キャンペーン」の展開によるところが大きい。さらに核兵器についても「世界法廷プロジェクト」が核兵器の違法性について、国連総会での各国の議論に影響を与えることによって、1998年に国際司法裁判所の勧告的意見を引き出すことに成功している。そして、2017年には、「核兵器廃絶国際キャンペーン」(ICAN ☛QR3-5-6) と有志国の協働によって、「核兵器禁止条約」が採択された。なお、同条約は2021年1月に発効したが、核兵器国やその同盟国が批准していないことから、ICANはそれらの国に対する抗議活動を行っている（☛第Ⅳ部第3章第3節参照）。

QR3-5-6

　このようにして、NGOはネットワーク化することで力を結集させ、規範形成に大きな役割を果たしており、ICBLは1997年、ICANは2017年にノーベル平和賞を受賞した。NGOの活動は、各国での条約批准へ向けた呼びかけをはじめ、条約発効後も、実施のモニタリング、実際に敷設された地雷、爆弾の撤

去、被害者の社会復帰の支援など多岐にわたり、条約の採択は1つの通過点にすぎない。

NGOと国際機関の協働

NGOと国際機関の関係で見ると、例えば、国連難民高等弁務官（UNHCR）にとってNGOは、重要な事業実施パートナーである。NGOによっては、紛争以前の難民が発生する前から現地での開発活動などに従事していて、現地の情勢を熟知している場合もあり、国際機関がより有効な活動を行うのに欠かせない存在となっている（☞第Ⅲ部2章「国際機関」参照）。

また、国連のなかでも限られた大国が特権的地位にある安全保障理事会は、NGOからは最も遠い存在と考えられていた。しかし、1992年に安保理議長国となったベネズエラのアリア国連大使は、常任理事国との関係で安保理の説明責任、透明性を高めることに熱心であった。そして、1997年以降は「アリア方式」として、理事会メンバーとNGOとの非公式会合が始まり、現在では、ほぼ毎週、事務次官レベルとの協議が行われている。参加する側のNGOは、アムネスティ・インターナショナル、オクスファム、国境なき医師団、セーブ・ザ・チルドレン、ヒューマン・ライツ・ウォッチなど限られたものである。安保理は紛争地に自ら乗り込んで調査を行うことができないなかで、NGOの情報は希少で、その中立的な立場が緊急の人道支援をより迅速に浸透させる上で有効なケースもある。

NGOの今後の課題

NGOが国際社会での影響力を増大させてきたということは、責任主体として、

QR3-5-7

児童労働の廃絶に向けての取り組み
　2017年のILOデータによると、世界の5歳から17歳の児童人口のうち児童労働を行っているのが9.6%にあたる約1億5,200万人であり、さらにその半分にあたる約7,300万人が危険な労働に従事している（☞QR3-5-7）。安い賃金で従順に働く児童が結果的に大人の職を奪い、児童が大人になるとまた自分の子どもを働かせるという貧困の悪循環を生み出している。NGOは事実をもとに多国籍企業に対する告発を行い、世論を喚起する。1990年代に起きたナイキのスウェットショップの問題は、消費者の不買運動へとつながったものとして有名である。これに対して、企業側は、当初の現地については責任を負わないという立場から、労働基準を本国並にするなど、CSR（企業の社会的責任）にも積極的な姿勢を示すようになった。一方、国際労働機関（ILO）を通しては、児童労働に関連したいくつかの条約も締結されているが、条約の実施には国内法の整備とともに国家の行動の監視も必要であり、NGOはここでも貢献している。児童労働に限らず、国際機関、国家、企業、NGOの協働関係は、今後いっそう求められる。

透明性や説明責任、そして正統性をも求められることを意味する。

　専門性が高く、財源が豊かなNGOばかりが存在するわけではない。財源として、政府による資金提供、企業などの大口の融資、広告収入、あるいは、個人の会費や募金に依存をしている場合もある。いずれにしても、誰に対して責任をもつ主体なのか、資金供与を受ける政府なのか、市民に対する責任なのかは、今後とも問われる部分であろう。特に、安保理のアリア方式などを通して、NGOの見えざる"格差"や国家への取り込まれの可能性もつねに存在する。

　同様に国際機関、国家とNGOの協働は、前者がNGOのいうことに耳を傾けるようになったという側面の一方で、NGOの側も、国際交渉場裡において妥協を強いられる場面もある。ネットワーク型のNGOの場合は、大枠の目標で合意ができても、政策の細部では必ずしも一致しているとは限らず、妥協点をどこに見出していくかは難しい。例えば核兵器問題についても、ゼロを目指すのかあくまでも削減なのか、党派的な対立がもち込まれて運動自体が失速することもありえる。結局、NGOが誰を代表しているのかという問題が浮上してくる。政府は各国の国民を代表し、民主主義国家であれば民意を損なえば少なくとも理論的には政府を交代させられうるのに対し、NGOにそうした仕組みはない。現地に入って特定の活動を行うNGOと異なり、ネットワーク型のNGOでは成果が見えにくいだけに、いっそうの透明性と説明責任が求められることになろう。

◆参考文献
①川崎哲『新版 核兵器を禁止する――条約が世界を変える』岩波ブックレット、2018年。
②中村哲『天、共に在り――アフガニスタン三十年の闘い』NHK出版、2013年。
③毛利聡子『NGOから見る国際関係――グローバル市民社会への視座』法律文化社、2011年。
④功刀達朗・毛利勝彦『国際NGOが世界を変える――地球市民社会の黎明』東信堂、2006年。
⑤　Union of International Association, *Yearbook of International Organization 2020-2021*.（https://uia.org/ybio/　☞ QR 3-5-8）

第6章　多国籍企業

　今日、多国籍企業が国々の経済発展や生活水準に及ぼす影響はますます大きくなっている。この多国籍企業とは、複数の国で生産設備、子会社を所有または支配し、事業を展開する企業をいう。そのうち国際政治経済における重要なアクターについて概観する上で、まず国連貿易開発会議（UNCTAD）による世界トップ多国籍企業のリストを見ておこう（表3-6-1）。これは本国以外に所有する資産額の順で並べたランキングである。多国籍企業（金融を除く）のうち、2019年度の1位はイギリスのエネルギー企業であるロイヤル・ダッチ・シェルである。2位、4位には日本のトヨタ自動車とソフトバンクが入っている。事業の海外展開を重視したこのUNCTADのランキングでは、トップ10社はすべて米欧日の先進国企業である。ここから見てとれるのは、海外での経済活動におけるイギリスをはじめとする米欧の歴史的蓄積であろう。業種に着目すれば、石油という戦略的に重要な分野における欧米企業のプレゼンスの大きさも浮かび上がる。

　アメリカの経済誌・フォーチュンの公表する総収益ランキングのトップ10もあわせて見ておこう。こちらは企業の海外活動ではなく総収益性の評価であるため伝統的な産業の大企業が上位にくる傾向がある。ここから明らかなのは、

表3-6-1　世界トップ100（海外資産高）の多国籍企業の上位10社 (金融業を除く、2019年度)

順位	企業	本国	業種
1	ロイヤル・ダッチ・シェル	イギリス	鉱業・石油
2	トヨタ自動車	日本	自動車
3	BP	イギリス	石油
4	ソフトバンク	日本	通信
5	トタル	フランス	石油
6	フォルクスワーゲン	ドイツ	自動車
7	アンハウザー・ブッシュ	ベルギー	食品・飲料
8	ブリティッシュ・アメリカン・タバコ	イギリス	タバコ
9	ダイムラーAG	ドイツ	自動車
10	シェブロン	アメリカ	石油

出所）UNCTAD World Investment Report "The world's top 100 non-financial MNEs, ranked by foreign assets, 2019 a" (☞ QR3-6-1)

QR3-6-1

表3-6-2　フォーチュン・グローバル500の上位10社（2020年度）

順位	企業	本国	業種
1	ウォルマート	アメリカ	小売
2	中国石油化工集団	中国	化学
3	国家電網	中国	電力
4	中国天然気集団	中国	石油・天然ガス
5	ロイヤル・ダッチ・シェル	イギリス	鉱業・石油
6	サウジ・アラムコ	サウジアラビア	石油
7	フォルクスワーゲン	ドイツ	自動車
8	BP	イギリス	石油
9	アマゾン・ドット・コム	アメリカ	小売
10	トヨタ自動車	日本	自動車

出所）Fortune, *Global* 500, 2020（☞ QR 3-6-2）

QR 3-6-2

中国の国有企業のプレゼンスである。その収益力はすでに米欧日の多国籍企業に肩を並べている。中国政府が「走出去」や一帯一路などの対外経済政策を展開するなか、その潜在力はきわめて大きいといえよう。

底辺への競争

　多国籍企業が実際に国家の政策選択や自律性を制約しつつあることを示唆する現象も生じている。アメリカのドナルド・トランプ政権は2017年、レーガン政権以来となる大型の税制改革を実施し、法人税率を35％から一気に21％に引き下げた。日本の安倍晋三政権も2014年から法人実効税率の引き下げを進めた。なぜ深刻な財政赤字公的債務を抱える日米などで税率を引き下げるのだろうか。自国企業の競争力向上や国内生産を促すねらいがあるのはもちろんだが、長期的な流れとして、以下のように多国籍企業の選択の幅が広がってきたという背景がある。交通・情報通信技術の発展により、企業は特定の国に縛られず、自由に活動の立地を選択できるようになった。企業が研究開発、原材料調達、組立・製造、販売など工程ごとに最適な立地とパートナー企業を選定するというサプライチェーンの構築も広がっている。

　このように企業活動はかつてよりも容易に国境を越えるようになった。そのことで一般に企業の国家に対する交渉力は強まったと考えられる。というのも、国家にとって、経済的繁栄、国内政治の安定や安全保障のため、雇用、投資、技術、外貨を獲得することはきわめて重要である。そして、それらをもたらす

アクターとして最もあてになるのは、多国籍企業にほかならないためである。

　したがって、国家にしてみれば自由に国境を越える多国籍企業に投資先として選んでもらう必要がある。そのため、企業に友好的な政策をアピールしていかざるをえなくなっているのである。この立場を推し進めた「底辺への競争（race to the bottom）」という議論によれば、企業は利益を追求する存在であるため、一般に操業コストの低い国・地域を好む。だから各国は企業に選好されるために税率引き下げ、労働・環境基準等の規制緩和を進めていかざるをえない。かくして企業・投資誘致競争は、国々を低税率、労働・環境規制の縮小という「底辺」に向かわしめることになるという。

　実際、開発途上国の多くは低賃金や搾取的な労働環境を受け入れざるをえなくなっている。例えば、ファスト・ファッション衣料製造の末端を担うバングラデシュの縫製工場やIT製品の受託生産を行う鴻海精密工業の中国工場は、労働環境の劣悪さがたびたび問題視されてきた。

　税制をめぐっても様々な利害の対立が生じている。例えば、アイルランドは2003年来、先進国で最低水準である12.5％という法人税率を掲げ、多国籍企業の誘致を進めてきた。その結果、現在多数の多国籍企業がアイルランドに欧州拠点をおくに至っている。もっとも2014年、アイルランドによるアメリカのIT企業・アップルに対する税優遇はEU法に反すると見なされるなど摩擦も生じている。

　関連して、多国籍企業が移転価格やタックス・ヘイブン（租税回避地）を活用することにより、国家の徴税能力が損なわれる事態も深刻になっている。移転価格とは企業グループ内の取引に付される価格である。その際、所得の移転先としてよく用いられるのが、非居住者に対し低税率や規制軽減、秘密保護を提供するタックス・ヘイブンである。タックス・ヘイブンの代表的な例としては、カリブ海のケイマン諸島、バハマ、バミューダや英王室属領のジャージー、ガーンジー島、オランダ領アンティル諸島などがある。タックス・ヘイブンを活用した多国籍企業などによる課税逃れは、税負担の不公平感を各地で生んでおり、政治不信や反グローバリズムの高まり（☛第Ⅴ部第1章参照）につながっている。2016年の国際ジャーナリスト連合によるパナマ文書の暴露などを機に、国際社会の対応も強化されている。従来、この問題は先進国の枠組みである

OECDを中心に対策がとられてきた。近年、G20も重要課題として取り組むようになっている。それにより、先進国と新興国の協力が進むことが期待される。

　近年は，アメリカの大手IT企業GAFA（グーグル、アップル、フェイスブック、アマゾン）などをめぐるデジタル課税が争点となっている。上述のアップルへの課税が問題視されるアイルランド以外でも、IT企業は法人税課税の基礎となる物理的施設をあまり持たないことから、巨額の利益に見合う課税の困難さが問題となってきた。OECDやG20では国ごとの売上高に対する利益率などを基準に課税する案が検討されてきたが、合意は遅れてきた。そうしたなか2019年にデジタルサービス税を先行実施したフランスに対し、自国企業狙い撃ちと見たアメリカが報復関税を表明するなど国家間の対立も激しくなっている。

　その一方、底辺への競争による多国籍企業の国家に対する優位性の向上は、国家・企業関係の一面を表すにすぎないことにも注意が必要であろう。というのも多国籍企業は通常、立地選択にあたって、低税率や規制の緩さのみを重視するわけではないからである。各種インフラ、投資保護、契約の執行などの法的環境、人材の技能・教育水準なども重要であり、それらは通常、賃金や税率の高い先進国で充実している。また多国籍企業の海外進出の動機として、現地の市場開拓に重きがおかれる場合、むしろ進出先が高賃金・高所得国であることはプラスの要因になる。実際、投資や起業のしやすさに関する世界銀行のビジネス環境ランキングで上位に位置するのは、ニュージーランド、シンガポールなどの高賃金国である（☛ QR 3-6-3 ビジネス環境の現状）。

QR 3-6-3

　さらに、企業の国家に対する交渉力は進出前の段階に比べて、進出後には徐々に低下していくとする「退化する交渉のパターン」という議論もある。一般に進出前において企業側は、複数の国・地域を天秤にかけることで、現地政府に譲歩を迫ることが可能である。その一方、いったん進出してしまえば、その後は受け入れ国の主権の範囲で活動することになり、その支配に服さざるをえない。そして、相応のコストをかけて拠点を設けた以上、簡単に出ていくわけにはいかないのが普通である。これらの面から、特に第Ⅱ部第1章で学んだリアリズムの立場に立つ論者は、多国籍企業が台頭したからといって、国家の政策選択における自律性はそれほど損なわれているわけではないと主張する。

多国籍企業とグローバル・ガバナンス

今日、多国籍企業による海外直接投資は、貿易や通貨・金融と並び、経済グローバル化を支える重要な柱になっている。それにもかかわらず、この分野においては、WTOやIMFに相当するような多国間国際制度は存在しない。1990年代にはアメリカのビル・クリントン政権の主導でOECDにおいて企業投資の保護や紛争解決に関する多角的投資協定（MAI）の協議が開始された。だがこのときは、課税の自主権や文化産業の扱いなどに関する各国の思惑の相違から、協議は頓挫してしまった。

その後、国連のコフィ・アナン事務総長の提唱により、2000年より企業が自発的に参加する取り組みとしてグローバル・コンパクトが開始された。国連グローバル・コンパクトは2021年1月現在、世界約12,000社の参加を得ている。そして人権、労働、環境、腐敗防止に関する10原則のもとで、持続可能な成長を可能にする枠組みづくりへの取り組みが進められている。このグローバル・コンパクトは、グローバルな社会的な目標推進に、利益を追求する存在である企業を取り込むことに成功した点で、グローバル・ガバナンスの模範的な事例であろう。半面、その内容は人権の擁護や雇用差別の撤廃など原則レベルにとどまっており、かつ法的拘束力を伴わない。ゆえに、その実効性には限界も指摘される（☛QR3-6-4国連グローバル・コンパクト）。

QR3-6-4

さらにグローバル・イシューの多くが高度に複雑化、専門化するにつれて、国際制度の策定プロセスが多国籍企業に乗っ取られるという「虜（capture）現象」も生じている。この「虜」は、本来、社会的見地から企業活動に規制を課すべき公的機関が、むしろ企業の利益に沿った政策選択をしがちになることをいう。理由は大きく2つある。1つには「情報の非対称性」の問題である。これは規制策定に必要な情報の多くが当の企業側にあることを指す。例えば、世界金融危機の際にはCDO（債務担保証券）、CDS（クレジット・デフォルト・スワップ）など専門用語が飛び交った。だが、それらについて正確に理解しているのは、金融機関内でも専門家に限られている。したがって、それら商品・サービスへの規制づくりは、金融機関側の情報に依存したものにならざるをえない事情がある。

次に多国籍企業は政府当局や国際機関に圧力をかける上で活用可能な経済

的・政治的資源を豊富に有していることがある。政官財の関係を示す「鉄の三角形」というモデルが示しているように、企業は、政治献金、選挙時の票のとりまとめなどを見返りに主要国の政治家に対し自らの望む政策の実現を働きかけることができる。さらに日本における官僚の天下りやアメリカにおける政府高官と企業幹部の間の「回転扉」として知られるように、企業は官僚や政治家、国際機関の幹部に対し、退官後のポストを提供することもできる。例えばトニー・ブレア英国元首相は退任後、米大手銀行 JP モルガン・チェースの顧問に就任している。WTO のロベルト・アゼベド事務局長は退任後、米飲料大手のペプシコ幹部に転身した。

　多国籍企業による国際制度形成の乗っ取りとしてよく挙げられる例に、知的財産の問題がある。ノーベル経済学賞受賞者のジョセフ・スティグリッツによれば、アメリカの製薬業界は、WTO の TRIPs 協定（知的財産権の貿易側面に関する協定）や各種 FTA における知的財産権のルールづくりを主導した。そのことで、医薬品の高値維持やジェネリック製品導入の遅延を勝ち取ってきたという。その帰結は、疫病に苦しむ開発途上国にとって深刻である。新型コロナのワクチンについては、国連や G20 が途上国への安価な普及を謳っているが、製薬大手企業の対応が注目される。

　このようにグローバル・ガバナンスにおける多国籍企業の関与には二面性がある。一面では、多国籍企業が経済力や専門知識を用いて、グローバルな社会的目標に貢献することが期待される。その半面、多国籍企業が情報面での優位や経済的・政治的資源を用いてガバナンスを自らの利益に沿う方向へと誘導し、社会的な目標——上記の例でいえば国際金融システムの安定や開発途上国における医薬品の普及——の推進を妨げる懸念もあるといえよう。

◆参考文献
①ロナン・パラン，リチャード・マーフィー，クリスチアン・シャヴァニュー（青柳伸子訳）『［徹底解明］タックスヘイブン』作品社，2013年.
②ジョセフ・E・スティグリッツ（楡井浩一訳）『世界に格差をバラ撒いたグローバリズムを正す』徳間書店，2006年，第4章.
③ロバート・ギルピン（古城佳子訳）『グローバル資本主義』東洋経済，2000年.

第7章　イスラーム世界

　イスラーム世界は国際政治において宗教的な連帯を強調する集団アイデンティティの枠組みである。キリスト（教）世界や仏教世界といった枠組みは国際政治の分析にあまり使用されないのに対し、イスラーム世界という枠組みは目にする機会が多い。これには2つの理由がある。

　1つ目は、冷戦終結後の国際秩序を検討する上でイスラーム世界の動向は不可欠な要因となっている点である。冷戦後に起きた最初の国際紛争である湾岸戦争、ウサーマ・ビン・ラーディンを指導者とするアル・カーイダによる9・11アメリカ同時多発テロ（以下9・11テロ）の発生とアメリカ主導のアフガニスタンとイラクにおける戦争、「アラブの春」と呼ばれる民衆の民主化要求運動とその挫折、そして「イスラーム国（IS）」の台頭は、冷戦後の国際秩序のあり方を再検討を迫る事例であった。

　2つ目は、西洋世界との異質性である。イスラームの宗教的信条は、政教分離の否定に代表されるように、近代において西洋世界で発展してきた政治思想やイデオロギーとは大きく異なる。S・ハンチントンの『文明の衝突』に顕著なように、イスラーム諸国（ハンチントンに従えばイスラーム文明）は冷戦後の世界で西洋諸国の潜在的ライバルと位置づけられた。アル・カーイダによる9・11テロがこうした主張をよりいっそう強めることとなった。また、中東では「アンチ・アメリカニズム」、西洋では「イスラモフォービア（イスラーム恐怖症）」が発生するなど、イデオロギー対立が民衆レベルでも見られた。これがテロリズムの温床にもなっている。言い換えれば、現実世界をきわめて単純化した「西洋対イスラーム」という二項対立の考えが世界中で共有されるようになったのである。

　本章は、イスラーム世界の理解を深めることで、しばしば否定的な文脈のみで扱われるイスラーム世界の国際秩序に与えるインパクトを再検討する試みである。本章では、主に、①そもそもイスラームとはどのような概念であり、どのような宗派があり、世界的にどのように広がっているのか、②なぜイスラームと現存する国際秩序との間で緊張が生じるのだろうか、③冷戦終結とグロー

バリゼーションは国際政治におけるイスラームの台頭にどのような影響を及ぼしたのだろうか、という 3 点について検討していく。

イスラーム世界の広がり

イスラームは、宗教的信条、シャリーア（イスラーム法）、政治・社会システムという 3 つの側面をもつとされる［小杉、2014、vi-vii頁］。イスラーム世界とは、イスラームを国教とする国家、または世俗主義をとりながらも国民の多数がイスラームを信仰するムスリム（イスラーム教徒）である国家（例えばトルコ）、イスラームを基本原理として据える非政府組織が主として活動する地域を指す［小杉、2014、xiv頁］。イスラーム世界は、中東地域の国々が核となっているが、ソ連から独立した中央アジア諸国、パキスタン、インドネシアをはじめとしたアジアの国々、アフリカ諸国の一部など多様な地域に広がっている。さらにヨーロッパにも、「ユーロ・イスラーム」と呼ばれる、多くのムスリム（その多くは移民）が暮らしている（表 3-7-1）。イスラーム世界のネットワークは国際政治の世界でも機能している。例えば、新興国の 1 つに数えられるトルコは近年、アフリカ諸国の開発や援助に積極的であるが、その対象国の多くはムスリムが多数を占める国々である。こうしたイスラームを媒介とした連帯は、国力で圧倒的な差がある中国などとアフリカ進出を競う中でトルコにとって大きな武器となっている。

表 3-7-1　ヨーロッパ主要国におけるムスリム移民の推移

項目 国名	1990年のムスリム移民の割合（％）	2010年のムスリム移民の割合（％）	2016年のムスリム移民の割合（％）	2050年のムスリム移民の割合（予想）（％）	2016年のムスリム移民の数（人）
イギリス	2.0	4.6	6.3	9.7	4,130,000
フランス	1.0	7.5	8.8	12.7	5,720,000
ドイツ	3.2	5.0	6.1	8.7	4,950,000
オランダ	2.3	5.5	7.1	9.1	1,210,000
ベルギー	2.7	6.0	7.6	11.1	870,000
オーストリア	2.1	5.7	6.9	9.3	600,000
イタリア	1.5	2.6	4.8	8.3	2,870,000
スウェーデン	1.7	4.9	8.1	11.1	810,000

出所）Pew Research, Muslim Population by Country; Pew Research, Europe's Growing Muslim Population, 2017 を参考に筆者作成。

ピューリサーチセンターの調べによると、2019年時点でムスリムは世界で約19億人といわれているが、そのほとんどをスンナ派（スンニー派とも呼ばれる）とシーア派が占めている。ムスリムの約90%を占めるスンナ派は、正統4代カリフ（後継者・代理人）がムハンマドの後継者であるという立場をとる。対するシーア派は、ムハンマドの従弟である第4代カリフ、アリーとその子孫を初代イマーム（最高指導者）とする立場をとる。シーア派を国教とする代表的な国家はイランである。サウジアラビ

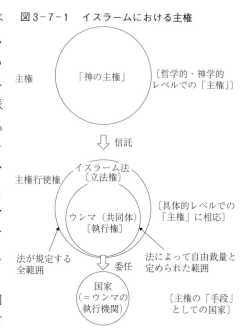

図3-7-1　イスラームにおける主権

アとイランの対立に代表されるように、スンナ派とシーア派の対立—いわゆる宗派主義—はしばしば国際政治に投影される。しかし、湾岸協力会議（GCC）内でのカタール断交、サウジアラビアやアラブ首長国連邦とトルコの対立など、スンナ派の国同士での相克も頻繁に起こっており、宗派主義は1つの対立軸であるが、絶対的でないことには注意を払う必要がある。

　ムスリムはシャリーアを社会生活全般の行為規範とし、基本的にウェストファリア体制で否定された、政教一致の原則のもとで行動している。こうした行為規範には、西洋諸国の価値基準と齟齬が生じるものも多く、こうした価値基準のずれが相互理解の妨げとなっている。前述のイスラームの3つの側面のうち、宗教的信条に関しては近代以前と近代以降で大きな変化はないが、シャリーアと政治・社会システムに関しては近代以降、再考・再解釈されてきた事実を指摘している〔小杉、2014、vi-vii頁〕。

西洋世界とイスラーム世界との間の主権概念の差異

　西洋国際関係の基盤であるウェストファリア体制に基づく主権は、国際政治

の主要アクターである国家に付随している。基本的な特徴として、国内的には至高の権力で対外的には平等であり、それぞれの国民に主権の源泉がある（人民主権）と考えられてきた。これに対してイスラームの主権は、アッラーという神に由来しており、ムスリムたちの「想像の共同体」としてのウンマが神によって主権の行使を許されているという論理で説明される（図3-7-1）［小杉、1998、78-79頁］。

　ウンマとは、マディーナ憲章（ムハンマドとその信者たちがマッカ〈メッカ〉からマディーナ〈メディナ〉へ移住したヒジュラの直後に作成された憲章）で初めて定義された概念で、「全世界に住むすべてのムスリムが国家や民族に関係なく、帰属することができる単一の共同体」であり、排除と囲い込みを特徴とする。主権国家とは対照的に、既存の国家領域を越えようとする特徴をもち、ムスリムに限定されるが包摂性と開放を特徴とする［末近、2007、81頁］。ここにおいて国家はその下位に位置し、ウンマによって主権の行使を委任されるアクターとされる。また、ウンマの認識に関しては、多くのムスリムたちの間で緩やかな合意が見られ、これが「想像の共同体」としての機能を強めている。

　このように、主権や国家に関する考え方、さらにその相違の背景となる政治と宗教の関係性に関して、西洋世界とイスラーム世界の間でずれが生じている。過激なイスラーム主義者、例えばアル・カーイダや2014年6月末にイラクとシリアを跨ぐ地域にイスラームに基づく国家建設を一方的に宣言したバグダーディー（2019年10月に死亡）率いるISはこうした差異を強調し、西洋諸国との対決姿勢を鮮明にした。一方で、穏健派イスラーム政党、例えばトルコの公正発展党は、こうした差異をどのように埋めていくかを考えた上で政治活動を展開してきた。加えて、国家が絶対的な主体と認識されていないイスラーム世界においては、エジプトのムスリム同胞団、パレスチナのハマース（ハマス）、レバノンのヒズブッラー（ヒズボラ）、そして後述するクルド人の政治組織のような政治的非国家主体も大きな影響力を有している。ハマースやヒズブッラーは欧米においては単なるテロ組織としてとらえられがちだが、両組織は民衆に対する草の根の福祉政策を基盤とした政党としての機能を有している。

　また、イスラーム世界にはイスラーム諸国会議（OIC）という国際機関がある。1967年の第三次中東戦争での敗北を受け、中東のアラブ諸国を中心とした

イスラーム諸国の指導者たちはより連帯を強める必要に迫られた。そうした状況のなかで、イスラームという宗教に基づく国際組織として OIC は1969年9月の第1回イスラーム首脳会議で産声を上げた。OIC は57カ国（2020年9月現在）によって構成されている。OIC の主要アクターはあくまで主権国家であり、加盟国の指導者たちも OIC をウンマとは考えていない。

グローバリゼーションに適応するイスラーム

　意外に感じられるかもしれないが、イスラーム世界とグローバリゼーションは親和性をもっている。その理由として、前述したウンマという脱国境的な宗教に基づく「想像の共同体」をムスリムが共有していること、ヨーロッパへの移民や東南アジアのムスリムなど世界各地にムスリムが存在していることに加えて、ユース・バルジ（若者の膨張）と呼ばれる若年層の多さが指摘される［酒井、2014、142-143頁］。多くの国で平均年齢が30歳を下回っている。こうした若者たちは、グローバリゼーション進展の大きな要因であるテクノロジーの発達に非常に敏感である。「アラブの春」が瞬く間に国内、国外に広がった大きな理由は、若者のソーシャル・ネットワーク・システム（SNS）、主にツイッター、フェイスブック、ワッツアップなどを駆使した動員であった。また、サイバースペース上の仮想共同体をある種のウンマ、または公共圏として活用するムスリムが増加し、こうした動きが現実社会にも影響を与えている。この現象は「サイバー・イスラーム」と呼ばれている［保坂、2014、2頁］。ただし、ウェブサイトや SNS は自分が好む情報だけを選択でき、誰でも自由に発言したり書き込みを行ったりでき、誰でも手軽に情報を取得できることから、過激派によるリクルートの有力な手段ともなっている。

不安定化する中東地域

　イスラーム世界がしばしば否定的な文脈で語られる背景には、その核である中東地域の不安定化が挙げられる。2003年にアメリカ主導で行われたイラク戦争は、結果的にイラク国内での宗派対立という「パンドラの箱」を開く結果となり、中東地域の不安定化のきっかけをつくった。2010年末にチュニジアでの民衆蜂起をきっかけとして中東と北アフリカの諸国家（エジプト、イエメン、バ

ハレーン、リビア、シリアなど）に波及した民衆による権威主義打倒を目指した「アラブの春」は、「民主化の第四の波」とも形容され、欧米諸国に好意的に受け止められたが、チュニジア以外の国では民主化は進展していない。それどころか、シリアにおけるアサド政権の継続と泥沼の内戦、地域大国であるサウジアラビアとイランを巻き込んだイエメンにおける内戦、シリア内戦に起因する大量の難民および国内避難民、エジプトにおける権威主義体制の復活、中東地域全体でのスンナ派とシーア派の宗派対立の激化、IS に象徴される過激派の活動の活性化という困難な問題を生み出す結果となった。

　シリア内戦は21世紀最悪の人道危機といわれ、46万以上が死亡し、555万人以上が国外に難民として脱出、シリア国内にとどまりながらも故郷を追われた国内避難民も614万人に上っている（すべて2020年9月時点の UNHCR の調べに基づく）。難民は主にトルコ（361万人）、レバノン（88万人）ヨルダン（65万人）という隣国に流れ、各国で難民の受け入れ、労働機会、統合政策などの議論を巻き起こしている。また、2015年の夏から16年の春にかけては100万人以上の難民・移民がトルコを経由し海路からギリシャに入り、北上してドイツなどを目指す欧州難民危機が発生した。欧州難民危機は16年3月の EU・トルコ協定によって終息したが、その後欧州で右派政党が台頭する一因となった。また、シリア内戦は周辺国、中東の域内大国、域外大国が関与したことから「国際的な」内戦とも表現されている。

　イラク戦争を経験したイラク、そして現在も内戦が続くシリアでは現代世界のイスラームを根幹から揺るがす出来事が起きた。それが2014年における IS の出現である。IS はイスラーム教が始まった最初の三世紀のように、イスラームの教えが忠実に守られる世界を目指し［保坂、2017、157頁］、容赦ない不寛容と暴力を特徴とした［末近、2018、ii-iii頁］。一方で戦闘員の勧誘には SNS を最大限

ユーロ・イスラーム

　1950年代から60年代にかけて、イギリス、フランス、ドイツ、オランダといった西欧諸国に多くのムスリムが労働者として移住した。その後、70年代の石油危機で多くの移民労働者が失業の憂き目にあったにもかかわらず、彼らはそのままヨーロッパに定住した。定住を決めた移民の第1世代は不安定な状況下で自己のアイデンティティを確保するため、または安心感を求めてイスラームに惹かれる者が多かった。ヨーロッパで育った彼らの子どもたち、いわゆる移民の第2世代は、移住した国の言語や文化になじんでいるが、そうした国々の差別や疎外により敏感であり、そうした現状を打破するためにより過激なイスラーム思想に傾倒したといわれている［ケペル、2006、261-268頁］。その最たる例が、9・11テロの実行犯たちであった。第3世代になると、より移住国への同化が進む傾向にある。

活用し、脱領域性を特徴としたアル・カーイダとは異なり、領域を重視し、イラクとシリアに跨る領土を占領し、「カリフ制」の復活を宣言した。

　ISの出現は国際社会の喫緊の課題となったが、各国は犠牲を伴う地上軍の派兵に二の足を踏んだ。こうした状況下で、対ISの軍事活動を請け負ったのが、シリアとイラクにおけるクルド勢力であった。クルド人は国をもたない民族として知られ、イラク、イラン、シリア、トルコに跨って暮らしている。クルド人のネットワークは国家を超えて緩やかに結びついているが、各国のクルド人は個別の自治もしくは国家建設を目指している。もちろん、こうしたクルド人の動きに関係各国は敏感であり、これまで自治獲得に成功したのは北イラクのクルド人地域政府のみであった。そんなクルド人にとって、対ISは国際社会に自分たちの正統性を示す絶好の機会であった。国際社会の支援を受けたクルド人はイラク、シリアにおけるIS駆逐の最大の功労者となった。しかし、必ずしもそれが自治獲得や国家建設に結びつくわけではないことは、2017年9月25日国民投票を実施し、独立を模索したものの失敗に終わった北イラクの事例および2019年10月にトルコの越境攻撃を受け、シリア国内での自治を断念したクルド人組織、民主統一党（PYD）とその軍事組織である人民防衛隊（YPG）の事例が示している。

　ISは極端な例だが、イスラーム世界は政教分離、主権国家のあり方、第1次世界大戦後に西洋列強によって恣意的に策定された国境の否定といった、既存の国際秩序の正当性に強い疑問を呈していることに疑問の余地はない。秩序への挑戦を武力以外の方法で展開し、それを西洋諸国が寛容に受け止めることこそ、「文明の衝突」回避の道である。

QR3-7-1

◆**参考文献**（☞追加参考文献 QR3-7-1）
①末近浩太『中東政治入門』ちくま新書，2020年．
②末近浩太『イスラーム主義』岩波新書，2018年．
③保坂修司『ジハード主義』岩波現代全書，2017年．
④酒井啓子『中東から世界が見える——イラク戦争から「アラブの春」へ』岩波ジュニア新書，2014年．
⑤小杉泰『9．11以後のイスラーム政治』岩波現代全書，2014年．
⑥保坂修司『イスラームを知る24——サイバー・イスラーム』山川出版社，2014年（山川出版社の『イスラームを知る』シリーズはどれも読みやすいので参考になる）．

第8章　エスニック集団

　2020年、アメリカ・ミネアポリスでアフリカ系男性ジョージ・フロイドが警察官による不適切な拘束によって死亡すると、事件への抗議を超えて人種差別の是正を訴える「Black Lives Matter」の声がアメリカのみならず世界中で響き渡った。人種やエスニシティ（民族性）は現在の世界政治においても重要なイシューである。国際政治におけるアクターという観点に絞ると、おもに2つの観点からエスニック集団について論じられている。

　第1に、国家などの政治的単位におけるローカルな存在としてのエスニック集団の観点である。現代における武力紛争の多くは非国家アクターの関与する事案であり（☛QR3-8-1）、冷戦の時代においてもエスニック集団が紛争の当事者となることは少なくなかった。冷戦が終結して大国間の対立への注目が相対的に低下した1990年代、ジェノサイド（特定のエスニック集団に対する大量虐殺）を伴った凄惨なエスニック紛争に対して、国際社会は対応を迫られた。

QR3-8-1

　第2に、経済活動やロビイングなどを通じて国際政治に影響を及ぼす、グローバルなネットワークを形成した移民集団としての観点である。例えば、ユダヤ人の国境を越えた経済活動やアメリカにおける政治的影響力は、昔から知られている。また近年、グローバリゼーションや出身国の経済発展を背景として、中国系やインド系の移民が存在感を強めている。

エスニック集団とネイション

　エスニック集団とは何を意味するのか。国際政治を学ぶにあたっては、国民や民族と訳されるネイションとの違いを理解することが重要であろう。

　ネイションとは、政治的単位に結びついたアイデンティティを共有する人々の集合である。ゲルナーやホブズボーム、アンダーソンらのナショナリズム論によると、領域に基づく国民国家（nation state）を構成する主体として創造（あるいは想像）された、近代的な概念である。

　ネイションが近代の産物として理解されるとしても、文化や歴史などに基づいてアイデンティティを共有する人々は近代以前にも存在していた。それがエ

スニック集団である。

単純化すると、エスニック集団は近代以前から存在した文化的・歴史的共同体であり、ネイションは近代に創られた政治的共同体である。現代において、国家などの政治的単位と結びついた集団がネイションとして扱われるようになったため、結果的にエスニック集団と形容される人々は国家などの政治的単位において非主流の存在と位置づけられていることが多い（☛第Ⅳ部第2章参照）。

スミスのエスニシティ論

スミスは、近代において形成されたネイションの起源に、文化や歴史に根づいた共同体があったことを論じた。スミスはそうした集団のことをエスニー（エトニーとも表記される）と呼び、集団の特性、特にアイデンティティや他者との関係性のことをエスニシティと呼んだ。

近代の特殊性を強調したナショナリズム論とは異なり、スミスの議論では前近代からの連続性が強調された。

エスニック紛争の表出

冷戦時代にもエスニック紛争は存在したが、しばしば冷戦構造において（東西両陣営の代理戦争として）理解され、エスニック紛争としての側面は軽視された。しかし冷戦終結後、旧ユーゴスラヴィアのボスニア紛争や、ルワンダ内戦におけるジェノサイド（1994年）に国際社会は衝撃を受けた。こうした人道的悲劇への反省から、人道的介入の必要性が論じられ、のちの「保護する責任（R2P＝Responsibility to Protect）」をめぐる議論へと至っている（☛第Ⅳ部第4章第2節参照）。

旧ユーゴスラヴィア紛争

ユーゴスラヴィア連邦は、「1つの国家、2つの文字、3つの宗教、4つの言語、5つの民族、6つの共和国、7つの国境」をもつといわれた多様性に富んだ国家であった。

1991年に連邦を構成する共和国の一部が独立を宣言したことを契機に、相次いで紛争が発生した。スロベニア紛争（91年）、クロアチア紛争（91〜95年）、ボスニア紛争（92〜95年）、コソボ紛争（96〜99年）、マケドニア紛争（2001年）の5つの紛争に分けられる。特にボスニア紛争では、ボスニア人、セルビア人、クロアチア人という3つのエスニック集団が衝突し、甚大な被害が生じた。

結果的に7つの国に分裂した。

QR3-8-2

エスニック紛争とはエスニック集団を当事者の一部とする紛争であるが、その原因がエスニック集団間の対立にあるとは限らない（☛QR3-8-2）。エスニック集団の分布だけでなく、政治、経済、文化など様々な基底的原因がありうる。さらに、紛争の発生には、契機となる直接的な原因が存在する。多くの事例研究において、直接的原因としての政治的要因の重要さ、つまりは政治指導者の作為や不作為による影響の重大さが指摘されている。

グローバリゼーション時代のエスニック集団

　人々のグローバルな移動は現代に限った現象ではない。世界史は人の移動の歴史であり、古代から人々は、植民や侵略、難民、奴隷貿易など様々な形で、（現在でいうところの）国境を越えた移動を繰り広げてきた。グローバリゼーションの加速化する現代においてはさらに大規模に展開していると思われがちだが、国連開発計画の推計（2009年）によると、ここ50年間では全世界における国際移住者の比率が大きく変わっていない。世界における国際移住者の数は、1960年の7,410万人から2010年の1億8,800万人へと確かに増加しているが、世界人口も増えたため、世界人口に占める割合は2.7％から2.8％へとわずかに増えたのみである。

　エスニック集団によるネットワークは現代特有のものではなく、ユダヤ人は古代から、中国系移民やインド系移民は本格的には近代以降、それぞれの地域において国際的なネットワークを構築して貿易や金融業に従事してきた。しかし現代のグローバリゼーションの進展において連結性が飛躍的に高まるなかで、これらのネットワークがさらに存在感を強めている。

　例えば世界における国際送金の動向を見ると、移民労働者から出身国への送金が主要な要素となっており、2018年における仕向け先国の上位2カ国をインドと中国が占めている（☛Ⅲ-8-1）。対外投資にも移民の影響が見られる。こうした移民による経済活動は出身国の経済成長に貢献しており、結果的に国際政治の構造にも影響している。移民先の国内における政治的影響も、特に多様なエスニック集団によって構成されるアメリカで論じられている。ユダヤ人の影響力は広く知られたところであり、近年は人口規模と経済力の増大するアジア系エスニック集団（☛QR3-8-3）の影響にも関心が向けられている。

QR3-8-3

ユダヤ人ネットワーク

　ユダヤ人の歴史（☛年表QR3-8-4）においては、ローマ帝国の下でユダヤ人が2度の反乱を起こしてイスラエルの地から追放された出来事を、「離散（ディアスポラ）」と呼んでいる。ユダヤ人たちは、地中海一帯を中心に、ヨーロッパ、北アフリカ、中東の各地に広まった。移住先地域によって、東欧やドイツ周辺の「アシュケナジム」と、イベリア半島の「セファルディム」とに大

QR3-8-4

Ⅲ-8-1　移民による送金

外国送金受入・送出額上位10カ国（2018年、単位：億米ドル）

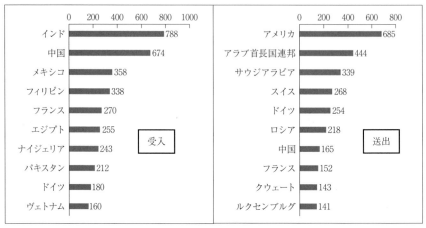

出所）World Bank, Migration and Remittances Data, as of April 2020.

別される。

　ヨーロッパ各地に移住したユダヤ人たちは、現地社会に同化せず、エスニック集団としての特性を維持した。キリスト教社会においてユダヤ人は「キリスト殺し」の偏見を向けられ、差別や迫害の対象となった。都市においてはゲットーと呼ばれる隔離地区に居住させられ、職業も制約されたために当時キリスト教徒が忌避した金融業に多く従事した。迫害の最も過酷な例は、ホロコーストと呼ばれたナチス・ドイツによるユダヤ人をターゲットとした大量虐殺であり、600万人以上が犠牲になった。

　ヨーロッパにおける国民国家建設の動きやそれと関連する迫害の高まりを受けて、19世紀末からイスラエル国家の建設を目指すシオニズム運動が始まった。1917年、イギリスはユダヤ人による「国民の郷土（ナショナル・ホーム）」の建設を支持した（バルフォア宣言）。移住したユダヤ人は1948年にイスラエルの建国を宣言し、以後アラブ人との争いが現在に至る。

　世界各地に広まっていたユダヤ人は、欧米先進国以外の多くの居住地から大挙してイスラエルへと移住した。2018年現在、ユダヤ人を先祖にもつユダヤ教徒、すなわちコアなユダヤ人と定義される人々は全世界に1,461万人いるとさ

れ、そのうち約45％がイスラエル（パレスチナも含む）、約39％がアメリカに居住している（☞Ⅲ-8-2）。

　ユダヤ人は現在においても国際経済に多大な影響力を有するエスニック集団と見なされている。その代表例は、現在イギリスやフランス、スイスを拠点に金融業を営むロスチャイルド家である。また、イスラエルと並ぶユダヤ人の主要居住国であるアメリカにおいて、ユダヤ人はロビイングを通じて強大な政治的影響力を保持するものと考えられている。

イスラエル・ロビー論争
　ミアシャイマーとウォルトは「イスラエルに利する方向に米国の外交政策を向かわせるべく、影響力を行使している諸団体や個人の緩やかな連合体」と定義されるイスラエル・ロビーが、アメリカの対外政策に過大な影響を及ぼすことにより、アメリカの国益を損ねるだけでなく、イスラエルの長期的な利益も損ねていると論じた。高名な国際政治学者である両著者による分析を契機として、この問題をめぐる議論が活発化した。

華人・華僑

　古くは宋代において、中国から東南アジアに渡って海上交易を担った人々の存在が確認される。しかし華人や華僑などと呼ばれる中国系移民の大規模な移住は、19世紀以降に行われた。奴隷貿易が廃止されたことを契機として、植民地において不足した労働力を補うように、「華工」や「苦力（クーリー）」と呼ばれた労働者が中国南部から東南アジアやアメリカ大陸などに渡った。中国南部の出身地域によって、広東人、潮州人、客家、海南人、福建人などのグループが形成された（☞QR3-8-5）。アメリカ（1892年）やオーストラリア（1901年）では移民を制限する法律が成立したため、以後は東南アジアへの移住が多数となった。

中国系移民をめぐる様々な呼称
　中国系の海外移民には様々な呼称がある。「華僑」とは19世紀末から用いられている中国系移民を表す代表的な言葉であるが、現在は中国の国籍を保持したまま国外に定住する中国系移民やその子孫のことを意味し、一般にはあまり用いられなくなっている。「華人」は現地の国籍を取得した中国系移民やその子孫を意味し、定義上は華僑と区別されるものの、現在は華僑も含む総称として用いられることも多い。ほかには、華人と華僑の総称としての「海外僑民」、華人・華僑の子孫を意味する「華裔」（おもに移民3世以降）、ビジネスを営む華人・華僑を指す「華商」、現地におけるエスニック集団としての性質を強調した「華族」などの呼称がある。

QR3-8-5

　中国で改革・開放政策が開始された1979年以降、華人・華僑は新たな段階を迎えた。主に東南アジアの華人・華僑から香港やマカオを経由して中国本国へと投下された資本は、中国の急速な経済発展に貢献した。留学を経て現地に定住する移民も増加し、こうした新たな移民は「新華僑」と呼ばれた。特にアメ

リカへの移住は1990年代以降急増しており、近年は富裕層の移住も多い。かつての華人・華僑は経済活動に注力してきたが、代を重ねた世代には、現地社会に浸透し、政治的な役割を果たす人物も増えている。

　2012年現在での華人・華僑人口は、台湾政府の統計によると、4,250万人である（☛Ⅲ-8-3）。別の統計によれば約5,000万人ともいわれる。7割以上はアジアに、次いで2割弱がアメリカ大陸に分布している（☛表QR3-8-6）。

QR3-8-6

インド系移民（印僑）

　華人・華僑と同様に、インド系移民も古くから交易を担う存在としてインド洋沿岸や東南アジア各地に存在していたが、大規模なインド系移民の始まりは奴隷貿易の廃止が契機であった。労働力として主に大英帝国の領域（南・東アフリカ、東南アジア、太平洋島嶼など）に広がったのが、第1の波であった。第2の波は、1947年のインドの分離独立後に非熟練労働者や商人として渡った人々である。当初は先進国が主な移民先で、70年代以降は中東諸国への移民が急増した。彼らによるインド本国への送金は、長らく低迷したインド経済を下支えした。80年代から現在に至る第3の波を形成したのは、先進国に多く渡った専門知識や能力を備えた人々であった。イギリスでは医療、アメリカではIT分野における活躍が目覚ましい。インド外務省によると、2020年4月時点のデータで世界に3,210万人のインド系移民がいる（☛Ⅲ-8-4）。

　新しい世代のインド系移民は、商人や単純労働者に象徴されたインド系移民のイメージを変容させている。アメリカのインド系移民は、高所得・高学歴のエスニック集団としての特徴を示している。人口規模も急拡大しており、2018年時点ではアメリカ全人口の約1.2％を占めている。政治への進出はこれまでほとんど見られなかったが、最近は米印原子力協力協定（2008年）の成立に向けた働きかけなどにより、インド系住民による政治組織が注目されつつある。2021年には、南インド出身の母をもつインド系2世のカマラ・ハリスがアメリカ副大統領となった。

III-8-2 ユダヤ人の広がり

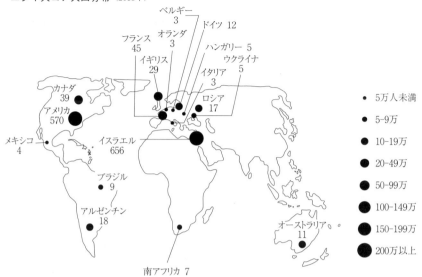

ユダヤ人コア人口分布（2018年）

凡例:
- 5万人未満
- 5-9万
- 10-19万
- 20-49万
- 50-99万
- 100-149万
- 150-199万
- 200万以上

主な国（単位：万人）:
- カナダ 39
- アメリカ 570
- メキシコ 4
- ブラジル 9
- アルゼンチン 18
- フランス 45
- ベルギー 3
- オランダ 3
- ドイツ 12
- ハンガリー 5
- ウクライナ 5
- イギリス 29
- イタリア 3
- ロシア 17
- イスラエル 656
- 南アフリカ 7
- オーストラリア 11

注）数字は万人、ユダヤ人のコアとは、ユダヤ人の先祖をもち、かつユダヤ教の信者である人のことを指す。ユダヤ人人口2万人以上の国のみ掲載。イスラエルにおける人口にはパレスチナ在住者を含む。
出所）Sergio DellaPergola, *World Jewish Population, 2018*, Current Jewish Population Reports, No. 23, p. 20のデータに基づいて筆者作成。

III-8-3 華人・華僑の広がり

華人・華僑の分布（2012年）

凡例:
- 10-19万
- 20-49万
- 50-99万
- 100-149万
- 150-199万
- 200万以上

主な国（単位：万人）:
- カナダ 156
- アメリカ 424
- パナマ 14
- ペルー 99
- ブラジル 28
- アルゼンチン 10
- フランス 46
- オランダ 11
- イギリス 42
- イタリア 20
- スペイン 14
- ロシア 47
- 南アフリカ 12
- UAE 11
- インド 12
- 韓国 18
- 日本 68
- ミャンマー 106
- タイ 751
- ヴェトナム 100
- フィリピン 141
- カンボジア 12
- ラオス 15
- マレーシア 678
- シンガポール 283
- インドネシア 812
- オーストラリア 87
- ニュージーランド 15

注）数字は万人、華人・華僑人口10万人以上の国のみ掲載。
出所）台湾僑務委員会『Overseas Chinese Population Distribution』（2014年2月20日、http://www.ocac.gov.tw/OCAC/Eng/Pages/VDetail.aspx?nodeid=414&pid=1168#、2014年7月24日アクセス、リンク切れ）のデータに基づいて筆者作成。

Ⅲ-8-4　インド系移民の広がり

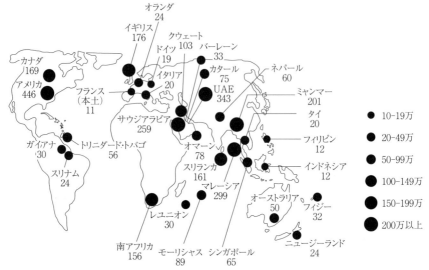

注）数字は万人、インド系移民10万人以上の国のみ掲載。
出所）内藤雅雄他編『南アジアの歴史』有斐閣、2006年、304頁の図をもとに、インド外務省ウェブサイト掲載の2020年4月時点のデータに基づいて修正。

◆参考文献
①立山良司『ユダヤとアメリカ――揺れ動くイスラエル・ロビー』中公新書，2016年．
②国連開発計画（UNDP）『人間開発報告書2009――障壁を乗り越えて―人の移動と開発』阪急コミュニケーションズ，2010年．
③ジョン・J・ミアシャイマー，スティーヴン・M・ウォルト（副島隆彦訳）『イスラエル・ロビーとアメリカの外交政策』（Ⅰ・Ⅱ），講談社，2007年．
④長崎暢子『インド――国境を越えるナショナリズム』岩波書店，2004年．
⑤陳天璽『華人ディアスポラ――華商のネットワークとアイデンティティ』明石書店，2001年．
⑥アントニー・D・スミス（巣山靖司・高城和義監訳）『ネイションとエスニシティ――歴史社会学的考察』名古屋大学出版会，1999年．

第9章　テロ組織・海賊

　国際政治における1990年代の注目アクターが前章で扱ったエスニック集団であったとすると、2000年代に入ってから注目を集めたアクターはテロ組織であった。2001年9月に発生した同時多発テロ事件（9・11）以後、国際政治が対テロ戦争を柱として展開した。

　海賊もまた、古くから国際政治のアクターであるが、テロ組織とともに国際政治のアクターとしての認知が近年高まっている。ソマリア沖周辺でシーレーンを脅かした海賊に対しては、主要国による協力のもとで対策が行われており、日本政府もその取り組みに加わっている。

　こうした非合法組織が世界政治に影響を及ぼしうる状況は、グローバリゼーションによる連結性や敏感性、脆弱性の高まりを反映している。ここにグローバリゼーションの負の側面を見出すことができよう。

「テロ」とは何か

　日本語でいわれる「テロ」とは「テロリズム」の省略形であり、フランス革命時に恐怖を意味するラテン語からつくられたことばであった。

　ではテロリズムとは何か。各国政府や研究者によって様々な定義が行われている。一例として宮坂直史［2002］は、「主として非国家アクターが、不法な力の行使またはその脅しによって、公共の安全を意図的に損なう行為につき、国家機関と社会の一部ないし大部分が恐怖、不安、動揺をもって受け止める現象」と定義している。語源からして、恐怖を引き起こすということがテロリズムの核心にある。上記の定義は目的を限定していないが、政治的目的に限定する定義も多く見られる。また「主として非国家アクター」として国家アクターによるテロも排除されていないが、非国家アクターに限定する定義もある。

　テロリズムの定義が定まっていないため、ある事件をテロ事件と見なすかどうかについて見解が分かれることも少なくない。

Ⅲ-9-1　テロ発生件数と犠牲者数の推移

　テロ件数とテロによる犠牲者の数は、1980年ごろに増加している。対テロ戦争全盛の2001年頃は、前後の時代に比べてむしろ発生件数が少ない。地域別に見ると、時代とともにトレンドに変動が見られる。1980年代はアメリカ大陸（特に中南米）での発生件数が多く、1970年代から90年代にかけてはヨーロッパでも多く発生していた。2005年以降は中東・アフリカと南アジアで顕著に多くなっている。

図3-9-1　テロ発生件数と犠牲者数（1970〜2015年）

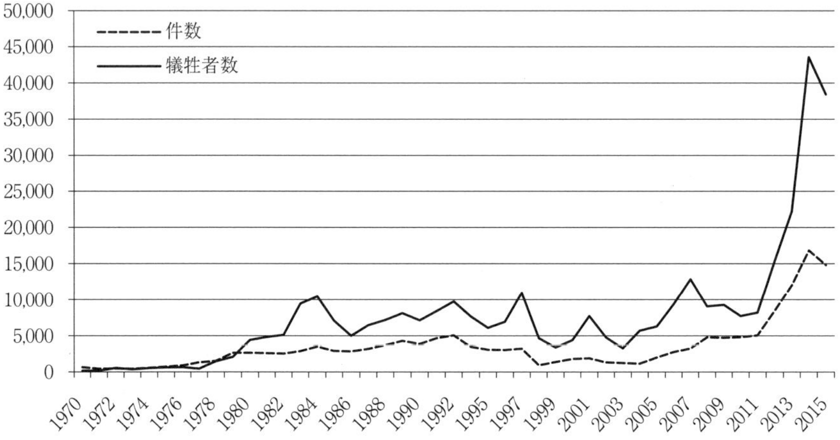

出所）National Consortium for the Study of Terrorism and Responses to Terrorism, *Global Terrorism Database* (*1970–2015*)。2016年12月11日ダウンロード。1993年のデータは欠損している。グラフは筆者作成。

図3-9-2　地域別テロ発生件数（1970〜2015年）

出所）前図と同じ。1993年のデータは欠損している。

反政府勢力はテロ組織か

テロリズムの定義が確定的でないため、テロ組織の認定に恣意性があることを留意しなければならない。

例えば、アパルトヘイト時代の南アフリカにおいて、反政府闘争に軍事的手段を用いたネルソン・マンデラ率いるアフリカ民族会議は、ときの同国政府やアメリカ政府によりテロ組織として扱われていた。しかしアパルトヘイト廃止後、アフリカ民族会議は与党となり、マンデラは大統領に就任し、テロリストではなく英雄として歴史に名を刻んでいる。

既存の国家からの自立を目指す勢力を、政府はテロ組織として糾弾することがある。中国政府はウイグルやチベットの独立勢力を、トルコ政府は独自国家樹立を目指すクルド人組織を、それぞれテロ組織と認定し、熾烈な弾圧を行っている。民族自決の原理に照らしたとき、彼らをテロリストと呼べるだろうか。国家主権と人権の相克にも関わる問題である。

テロ組織の目的と形態

テロ組織の目的は一様でない。現代的なテロ組織のルーツは、1968年にハイジャック事件を起こしたパレスチナ解放人民戦線（PFLP）など、60年代後半から70年代にかけて世界各地につくられた共産主義テロ組織に求められている。71年に結成された日本赤軍もこうした例である。冷戦終結後、共産主義のテロ組織は下火になり、民族的主張や宗教的主張を掲げるテロ組織が台頭した。変わったところでは、環境保護や動物愛護を目的として過激化した組織もある。これら目的区分の複数に当てはまるテロ組織もあり、PFLPはアラブ民族主義と共産主義を併せもっていた。

テロ組織の形態もまた多様である（☞図3-9-3）。9・11を実行したとされるアル・カーイダは、ビン・ラーディンをトップとするようなヒエラルキー型組織ではなく、ネットワーク型と理解されている。また、時代とともに性質は変容しうる。ジャーナリストのバークによると、1980年代末のアル・カーイダはビン・ラーディンら自立した反米テロリストたちの運動の原理であった。96年以降、アフガニスタンに形成されたビン・ラーディンらによる拠点を意味した。そしてアメリカ主導の対テロ戦争によって中核組織を破壊されてからは、その

主義・主張に共鳴する人々のイデオロギーになった。

吹き荒れるテロの嵐と「イスラーム国」

図3-9-1が示すように、近年、世界にはかつてないほどのテロリズムの嵐が吹き荒れた。特に世界に衝撃を与えたのは、2014年に建国を宣言し、イラク西部からシリアにかけて支配地域を広げた「イスラーム国（IS）」（☞第Ⅲ部第7章参照）である。2015年1月、イスラーム国は世界中の支持者に対してテロ攻撃の実施を呼びかけた。以後、実際に世界各地でイスラーム国に関連するとみられるテロ事件が相次いだ。2015年11月にフランスのパリで発生した同時多発テロ事件では130人が犠牲となった。その後もカナダ（2016年8月）やトルコ（同）などでイスラーム国に関連するとみられる事件が起きた。

一時は飛ぶ鳥を落とす勢いとも思われたイスラーム国の勢力拡大であったが、2015年にアメリカやロシアなどによる掃討作戦が本格化すると、イスラーム国の統治範囲は縮小に向かった。2017年10月に「首都」ラッカが陥落し、同年12月にはロシアがシリア領内での掃討作戦完了を宣言、イラク政府も自国内での作戦終了を宣言した。こうして「国家」としては崩壊したが、参加していた戦闘員が出身国に戻ることなど、新たなリスクの拡散が懸念されている。

国際政治と海賊

海賊が国際政治に影響を及ぼした古い例の1つは、マゼランに次ぐ2番目に

Ⅲ-9-2　テロ組織のネットワーク

図3-9-3　テロ組織構造・ネットワークの類型

出所）宮坂直史「テロ組織」細谷千博監修、滝田賢治・大芝亮編『国際政治経済――「グローバル・イシュー」の解説と資料』有信堂、2008年、105頁。

世界周航を達成したことで知られる16世紀のドレークである。英女王エリザベス1世を主要なスポンサーとしたドレークは、主にスペイン船や植民地を対象とした海賊行為で巨額の利益をもたらし、ま

> **海賊の定義**
> 国連海洋法条約第101条において「私有の船舶又は航空機の乗組員又は旅客が私的目的のために行うすべての不法な暴力行為、抑留又は略奪行為」などと定義されている（☞QR3-9-1）。

QR3-9-1

たアルマダ海戦ではイギリス艦隊の副司令官としてスペイン無敵艦隊を撃破し、産業革命を経て覇権国となるイギリスに発展の礎（いしずえ）を提供した。

現在、ソマリア沖やマラッカ海峡などの地政学上のチョークポイント（重要地点）において海運を脅かす海賊の活動は、グローバルな安全保障上の脅威となっている。

ソマリア沖海賊と国際社会の取り組み

1990年代後半から多発する海賊事件、特に2008年頃からのソマリア沖周辺での多発に対して、国際的な対応が行われた（☞Ⅲ-9-3）。日本政府も2009年以降、国際社会による取り組みに加わり、ジブチを拠点として、航行する船舶を海賊から守るための活動を行っている。そうした国際的な取り組みの成果や、2012年にソマリアで暫定政府による統治が終了して新しい連邦政府が成立したことをうけて、ソマリア周辺での海賊事件は2012年以降に急減した。

表3-9-1 ソマリア沖海賊に対する国際社会と日本政府の取り組み

・2008年6月：国連安保理決議1816号、ソマリア沖海賊への武力行使を認める
・　　　9月：兵器を積載するウクライナ貨物船ファイナ号が襲撃される
・　　　10月：安保理決議1838号、軍の派遣を加盟国に要請
・　　　12月：安保理決議1851号、陸上を含むソマリア領内でのあらゆる措置を認める
・　　　同：EUによるソマリア欧州連合海軍部隊（EUNAVFOR）創設
・2009年1月：関係国・機関によるコンタクト・グループ発足
・　　　同：米・英・日ら多国籍による第151連合任務部隊（CMF CTF-151）設立
・　　　3月：【日本】海上警備行動を発令し、船舶護衛のため護衛艦2隻を派遣
・　　　5月：【日本】P-3C哨戒機2機を派遣
・　　　6月：【日本】海賊対処法成立。護衛対象を外国船にも拡大
・　　　8月：NATOによるオーシャン・フィールド作戦開始
・2011年6月：【日本】ジブチに航空隊の拠点を開設
・2012年8月：ソマリアで暫定統治が終了。翌月、新大統領就任
・2013年11月：【日本】海賊多発海域における日本船舶の警備に関する特別措置法成立

出所）外務省ウェブサイト等を参考に、筆者作成。

他方で、東南アジア海域での発生件数はまだ多い。ただし東南アジアでの海賊事案は、ソマリア周辺で見られた公海上での組織的な武装襲撃事件とは異なり、各国の領海内での軽武装による小規模な強盗事件が多数である。したがって、世界全体の発生件数も減少しているが、それ以上に、海賊事件の被害規模は縮小したと考えられる。

Ⅲ-9-3　現代の海賊事件と国際政治

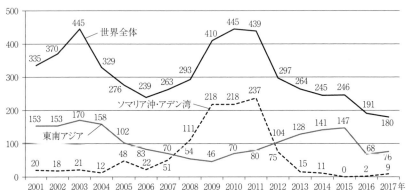

図3-9-4　海賊事件発生件数（2001～2017年）

出所）ソマリア沖・アデン湾における海賊対処に関する関係省庁連絡会「2017年海賊対処レポート」2018年3月、3頁。データの出所は国際海事局（IMB）。

◆参考文献
①竹田いさみ『世界を動かす海賊』ちくま新書，2013年．
②竹田いさみ『世界史をつくった海賊』ちくま新書，2011年．
③ジェイソン・バーク（坂井定雄・伊藤力司訳）『アルカイダ――ビンラディンと国際テロ・ネットワーク』講談社，2004年．
④宮坂直史『国際テロリズム論』芦書房，2002年．

第Ⅳ部
主権国家と安全保障をめぐるイシュー

138　第Ⅳ部　主権国家と安全保障をめぐるイシュー

　本書の「序章」でも述べたように、現代世界では伝統的な国際関係という流れと地球社会という流れの2つが混在し、複合的な状況が生まれている。前者は、①主権国家を基本的アクターとし、②各アクターが主権平等の前提の上に成り立っている国際関係であり、③各アクターはそれぞれが絶対視する領域主権と国益を防衛するために軍事力の行使も厭わないものの、④国際法を尊重しながら外交によりアクター間の関係を調整・維持していく関係である。伝統的なウェストファリア的世界といえる。後者も、これらの特徴をもちながらも、領域主権や国益への「こだわりを緩めて」軍事力によらずに、国際法や規範さらには人類益を重視して、多国間協調主義に基づく外交活動により平和な地球社会を築こうとする流れである。ポスト・ウェストファリア的世界を目指す流れといえる。しかし現時点では、これら2つの流れは複雑に混合しているため、現代世界を観察する場合にはリアリズムとリベラリズムの複眼的な見方が不可欠である。

　第Ⅳ部「主権国家と安全保障をめぐるイシュー」では、前者を前提に様々な問題を考察している。中国をはじめとする多くの新興国家が領土主権への「執着」を強めているため、地理的条件が外交・安全保障政策にどのような影響を与えるかを主題とする「地政学」を再確認し、具体的には「国境管理」問題、「海洋」や新たにフロンティアとして問題化している「北極海」をめぐる議論を整理した。伝統的な国際関係を調整する基本的行動も外交であり、領土主権を守るために多くの主権国家が外交政策の基本として採用してきた「勢力均衡政策」や、国際法を前提としながら主張し合ってきた「自衛権」と「集団安全保障」を考察する。冷戦終結により核大国による核戦争の可能性は大幅に低下したものの、大国がいまだ保有し「進化」させている「大量破壊兵器」や、大国ばかりでなくテロ集団も参加する「新しい戦争」形態の現状を解説する。大国間戦争の可能性は消滅したものの、かつて植民地であった国家内部での内戦が頻発し、深刻に人権が侵害される状況に対して国連に象徴される国際社会が「人間の安全保障」概念を打ち出した。同時に「PKO」が試行錯誤され、「人道的介入」論が一定の影響力を持ち始め、「国際刑事裁判」が制度化されたのである。こうした動きと逆行するかのように「ナショナリズム」も世界各国で高まりを見せている。

第1章　21世紀の地政学

第1節　地政学：系譜と現代国際政治

地政学とは

　地政学（geopolitics）とは「地理的条件が国家の存立にどういう政治的、経済的、軍事的さらには心理的な影響を与えるかを考察する研究分野」である。より広く定義すれば「地理的環境や地理的な位置関係が、特定国家の対外関係に与える可能性のある影響をマクロ的観点から観察・予測するアプローチ」ともいえる。古代より地理的条件と政治のあり方を関連づけて国家運営を行うという発想は存在していたし、日本でも特に戦国時代にはこの発想は重視されていた。しかし地理的条件が政治や経済に与える影響は、運輸・通信・軍事技術の飛躍的発展により一定程度は乗り越えられてきた現実もあり、地理的条件が国家の存立に絶対的な影響を与えるものでないことも明らかである。以下で検討するように、地政学的発想がナチス・ドイツに利用されたという認識が欧米諸国で広く共有されていたため、地政学という言葉自体が忌避されていた。冷戦が終結して20年以上が経過し、かつIT技術に象徴されるように科学技術が想像を絶するほどに発達した21世紀になって地政学が再び脚光を浴びているのは、中国が単独主義的に海洋権益を拡大しつつあり、またロシアが軍事力や天然ガス供給を外交カードに使って、旧ソ連時代の勢力圏を再統合しようとする意図を露骨に示していることも理由であろう。

　地政学は一般的には大陸系地政学と海洋系地政学の2つに分類される。前者の代表者には、上述したようにナチス・ドイツに利用されたといわれたカール・ハウスホーファーやハルフォード・マッキンダーがいる。後者の代表者はアルフレッド・マハンであることはいうまでもない。またこれら2つの地政学の発想を融合したニコラス・スパイクマンの理論は、現代でも国際政治を展望する上で大きな示唆を与えるものである。

大陸国家系地政学

第1次世界大戦時、ドイツ陸軍将校であったハウスホーファー（1869〜1946年）は、国家はその生存に不可欠なエネルギーや資源を確保するための「生存圏（レーベンスラウム）」を獲得する権利があると主張し、その後、ナチス・ドイツの拡張政策に利用されることになったといわれていたが、必ずしも立証されていない。

体系的に大陸系地政学を構築したのはイギリスの地理学者でオックスフォード大学教授であったマッキンダー（1861〜1947年）である。海洋国家イギリスに育ちながらランドパワー理論を展開したのは、人類の歴史はランドパワーとシーパワーの間の闘争の歴史であるという基本的な歴史観をもっていたからである。地表の70％は海であるが実際の人間生活の基盤は陸地であり、その陸地の70％を占めているユーラシア大陸（＝ヨーロッパ大陸＋アジア大陸）を「世界島」と名づけた。ユーラシア大陸の中央部に位置していてシーパワーの影響を受けない地域を①「ハートランド」（ピヴォット・エリア＝完全に大陸的性格を有し、世界島の軸ともいうべき地域）、その外側の②「内周クレセント（周縁部三日月地帯）」（ほぼユーラシア大陸の周縁部で、半ば大陸的、半ば海洋的な性格を有する）、さらにユーラシア大陸に沿った海洋部の③「外周クレセント（ユーラシア大陸に沿った島々をつなぐ三日月地帯）」（完全に海洋的な性格を有する）の3つのゾーンの存在を指摘した。その上で、「内周クレセント」においてランドパワーとシーパワーが対決することになると予測した。すなわち大陸国家が新たにシーレーンを確保したり権益拡大を目指すと、本来その対外行動が攻撃でない海洋国家は、それを阻止しようとして両国家の行動範囲が交差する領域で対立を深めると主張したのである（図4-1-1-1）。

19世紀後半から20世紀初頭の「帝国主義の時代」において、海洋国家イギリスが自国と植民地を結ぶシーレーンが、ロシアの南下政策によって脅かされていた現実や、第1次世界大戦前の英独間の緊張関係に対処するための理論化という側面もあったといえよう。彼自身は自らのこの理論を地政学と呼んだことはなかったが、現代地政学の基礎を築いたものと見られている。しかし第1次大戦以降、航空機やロケット技術の飛躍的発展によって、彼の理論は時代遅れであると批判されるようになった。

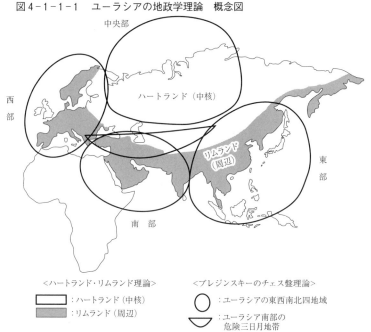

図4-1-1-1　ユーラシアの地政学理論　概念図

出所）石郷岡建『ユーラシアの地政学』岩波書店、2004年、147頁。

海洋国家系地政学

　これはアメリカ海軍軍人であったアルフレッド・T・マハン（1840～1914年）が『海上権力史論』（1890年）で体系化した理論で、国家が国際政治において大きな影響力をもつための絶対条件は海洋覇権を握ること、すなわちシーパワーを獲得することであり、大陸国家であることと海洋国家であることは両立しないと主張した。ローマがカルタゴに勝利したポエニ戦争やイギリスがフランスに勝利したナポレオン戦争を事例として取り上げ海洋覇権の重要性を強調しつつ、目の前で展開しているイギリス帝国の覇権を基礎づけている要素としてシーパワーに注目したのである。シーパワーは単に海軍力だけではなく、商船隊、寄港地、海底ケーブルや、これらと密接な関係をもつ地理的条件、海洋の経済的利益なども含む総合的なパワーとして理解すべきものである。その上で、総合力としてのシーパワーを前提に制海権の掌握や海上封鎖作戦の意味を考察し、20世紀に入ってから世界各国の軍事戦略家たちに多大の影響を与えた。

142　第Ⅳ部　主権国家と安全保障をめぐるイシュー

世紀転換期にマハンが改めて海洋覇権を握ることの重要性を強調した理由として３つ挙げることができよう。第１に、歴史的に海洋が国家関係に大きな影響を与えてきたという事実を認識していたこと、第２に、19世紀における第１・２次産業革命により、まず蒸気機関、次に内燃機関が発明され、かつ電気が実用化されて船舶の性能が飛躍的に進歩したこと、第３に、19世紀末にフロンティア（無主地）が消滅しアメリカが太平洋と大西洋に面する「両洋国家」に変貌し、ヨーロッパばかりでなく太平洋の彼方の東アジア地域を意識するようになったことが背景にあるといえる。すでに米西戦争の結果、カリブ海のキューバを含む地域に勢力圏を構築し、フィリピン、グアム、（米西戦争の結果ではないが）ハワイを獲得し、マハンの影響もありアメリカはパナマ運河を建設して（1914年完成）大西洋と太平洋をリンクさせ、パナマ地域を実質的に支配したのである。

統合理論

　エール大学教授であったニコラス・スパイクマン（1893～1943年）は、マハンやマッキンダーの理論を援用しつつ、リムランド理論を提起した。リムランドはマッキンダーの「内周クレセント」に相当するユーラシア大陸の周縁部であり、アメリカの国益にとって最も重要な地域であると認識していた。第２次世界大戦中にスパイクマンは、科学技術の発展により地理的距離とは無関係にパワー・プロジェクション（遠方投射）が可能になると看破し、アメリカの安全保障のためには次の３つの政策が不可欠であると主張した。第１に、ハートランドにアクセスできる位置にあるリムランド諸国と同盟を結ぶこと、第２にこのアクセスを妨害する可能性のあるリムランド国家同士を同盟させないこと、第３にアメリカが加盟しないリムランド諸国家が同盟するのを阻止するばかりでなく、ハートランド国家がリムランド国家に影響力を行使することを阻止すること。スパイクマンはこの観点から、日本による真珠湾攻撃直後の段階で、「アメリカは将来、日本と同盟を結ばなければならないだろう」と主張していた。アメリカ外交は伝統的に孤立主義を基調としていたが、それを保証したのは大西洋と太平洋という「自然の要塞」であった。しかし航空機の発達と戦艦の高性能化により２つの海洋は「防波堤ではなく高速道路となった」と看破し、

孤立主義に陥ることに警告を発した。

　ハートランドとリムランドの2つの性格を有する中国と、紛れもないリムランド（＝内周クレセント）である日本・韓国との関係がアメリカにとっては最大の関心事であるが、アメリカの政策決定者たちが無意識的にせよこの地政学的発想に影響されている可能性は高いといわざるをえない。

現代国際政治と地政学

　21世紀の現代において新大陸や新航路が発見されることはないにしても、いままで航行不能であった北極海を通る航路利用が地球温暖化により可能になったため、この地域をめぐる国際関係が複雑になってきている。北極海経由の中国・大連〜アムステルダムへの航海は、スエズ運河経由の日数とエネルギーコストに比べ3分の2となると推定されており、北極海の航路や海底資源をめぐる国際的対立が激しくなってきている。また中国は中東からの石油の輸送路としても、天然資源豊富なアフリカへのアクセスのためにも、かつてイギリスが構築した「外周クレセント」でのシーレーン構築を髣髴とさせる拡張政策に必死であり、同時に海底資源が豊富といわれている南シナ海を強権的に囲い込みヴェトナム・フィリピンなど周辺諸国との緊張を高めている。さらに海軍力と空軍力を統合運用する接近阻止・領域拒否（A2／AD＝Anti-Access/Area-Denial）戦略と連動させて第1列島線から第2列島線を突破して西太平洋地域でのプレゼンスを高めようとして日米やフィリピン、ヴェトナムなど東南アジア諸国と緊張を高めている（図4-1-1-2）。また中米ニカラグアのニカラグア湖を貫通するニカラグア運河を建設することでニカラグア政府と合意しており、かつてパナマ運河を「支配」してきたアメリカが伝統的に「裏庭」と認識してきたカリブ海をめぐる米中間の緊張も予測される。ニカラグア国内では環境団体が淡水のニカラグア湖とその周辺地域の生態系が破壊されるとして反対運動を展開しており、膨大な建設費調達問題もあり予断は許さない。また2014年にロシアが黒海艦隊の基地を租借しているウクライナ領クリミアを武力占領した上に、ロシア系住民が多く居住しているウクライナ東部地域に軍事侵攻したことも伝統的な勢力圏思想と結びついた地政学的発想に基づいているといえよう。

　20世紀初頭以降、航空機・ロケット・ミサイルばかりでなく情報衛星・無人

図4-1-1-2　中国の海洋進出

出所）フランソワ・ラファルグ（藤野邦夫訳）『米中激突』作品社、2008年を一部修正・加筆。

攻撃機・IT技術などの飛躍的発達により、伝統的な地政学の限界性を指摘する論者も多いが、人間の生活空間は第1に陸地、第2に海洋であることに変わりはなく、その限界も意識しつつ地政学の知見を国際政治や外交政策に生かしていく知恵が求められている。しかしこの場合、国境管理をめぐる相対立する二重の圧力（☞第1章第2節）、海底資源や北極海をめぐる秩序形成（☞第1章第3・4節）、さらに宇宙空間の管理（☞第1章第5節）という従来の地政学の範疇を超えて浮上してきた新たな問題を考察することが不可欠となってきた。

QR4-1-1-1

◆参考文献（追加参考文献☞QR4-1-1-1）
①クラウス・ドッズ（野田牧人訳）『地政学とは何か』NTT出版，2012年．
②H.ハルフォード（曾村保信訳）『マッキンダーの地政学——デモクラシーの理想と現実』原書房，2009年．
③A.T.マハン（北村謙一訳）『海上権力史論』原書房，2009年．
④N.スパイクマン（奥山真司訳）『平和の地政学——アメリカ世界戦略の原点』芙蓉書房出版，2008年．
⑤石郷岡建『ユーラシアの地政学』岩波書店，2004年．

第2節　国境問題：「領土の罠」からの脱却

国際関係論と地政学における国境

2001年9月11日に発生した世界同時多発テロ（以下、9・11テロ）以後、主権権力が発動する空間としての地政学的な国境が大きな変容を迫られている。リアリズムの国際関係論における「国境」とは、「固定化された領域性」を基礎とする主権国家群から構成されるウェストファリア体制の根幹的原理であった。代表的な地政学者であるC・フリントによれば、地政学の重要な概念の1つである「領域性」とは、境界によって囲まれた領域内に何らかの政治的なコントロールが及んでいる空間のことであり、そのなかにおいて行使される権力とは、領域の創出と維持を必要としている［フリント、2014、36-37頁］（☞第Ⅲ部第1章「主権国家」参照）。

しかしながら、1990年代以降急速に進展した世界的な過程・現象としてのグローバル化と9・11テロ以後の米国を中心とした安全保障の強化によって、開放性と閉鎖性という相対立する二重の圧力が国境をめぐる国際関係に影響を与えるようになり、伝統的な意味における地政学的な国境を大きく変容させる契機となった。

グローバル化と国境

1990年代から今日にかけて、「ボーダレス・ワールド」（大前研一）や「フラット化する世界」（T・フリードマン）が到来するというグローバリストの主張は、グローバル化が「脱領域化」を引き起こし、領域性に基づく主権国家システムの溶解に帰結していくというものであった。グローバル化によるヒト、モノ、情報などの様々な流れが「国境の透過性」を高め、グローバル化する世界においてはそれを止めようとするいかなる試みももはや何の意味ももたなくなってしまった世界になったといえるだろう。

とりわけ同時期に加速化したEU統合へ向けた動きは、国際関係と国境をめぐる研究への新しい視座を提供した。これらは、基本的には戦争経験から平和

へと向かう時代状況の変遷のなかで、経済、政治、司法などの様々な分野において、EU域内における国境を越えた協力関係の構築を、国境の開放性に軸をおきながら分析を試みている点に共通項が見出せる。人の移動に関していえば、1985年のシェンゲン協定の締結に見られるように、出入国管理なしに協定加盟国間の人の往来などができるようになった。

2004年に設立された欧州対外国境管理協力機関（FRONTEX）は、ワルシャワに本部をおくEUの専門機関の1つであり、加盟国と非加盟国との国境警備を調整する任務を担っている。これは、EU統合の東方拡大に伴う陸域国境の警備や、地中海を渡って大量に流入してくるアフリカ諸国からの難民・移民の取り締まりにおいて、中心的な役割を果たすようになっている。また、2015年以降の難民危機に対応するために、このFRONTEXを拡充する形で、「欧州国境沿岸警備隊」が2015年に創設された。このように、EUにおける国境の現実は、EU域内における人、商品、サービスなどの移動は自由になる一方で、非加盟国との間に新しい域外国境を築き、EUが同時に要塞化を強めている傾向も明らかになってきている（☛第Ⅲ部第3章「EU」参照）。

9・11テロ以後の安全保障と国境

9・11テロは、グローバル化による開放性を強調することの多かった国際関係論に新しいパラダイム変化をもたらし、国境の閉鎖性にも同時に分析的焦点を合わせることによって、それをマネジメントしていく方法のあり方も注目されることになった。

9・11テロ以後、世界中の多くの国は、外部と接する国境への締めつけをますます強化した。空港での厳重な出入国審査に加えて、海外旅行者は、ビザ資格、書類検査、そして移民手続きの厳格化に直面する。陸域における国境に目を転じれば、「国土安全保障」の錦の御旗のもとに、米墨国境では新しいフェンスの建設や国境警備が強化され、国境とそれを取り巻く風景が日常的に変化を遂げているのである。

また、テロリストや不法移民などの「リスク因子」をふるい分ける「フィルター」としての国境が国境安全保障の支配的モデルとなり、「国境のテクノロジー化」を引き起こした。そして、国境をマネジメントする監視的手段として、

第1章　21世紀の地政学　147

人間の身体的証拠としてのバイオメトリクス（指紋や顔などの生体認証）を用いたe-パスポートや、世界最大規模の個人情報の集積データベースであるUS-VISITシステムなどが空港において運用されるようになったのである（☞第Ⅲ部第9章「テロ組織・海賊」参照）。

「上からの」国境と「下からの」国境：「領土の罠」を脱却する視座

　すでに見たように、国境や領土のマネジメントに関しては、主権国家などのマクロ・レベルにおける「上からの」国境というイメージが前面に出ることが多かったが、近年の日本における動きを見れば、与那国、小笠原、根室、対馬の境界地域に位置する境界自治体の関係者と研究者が連携しながら、「生活圏」を形成する地元住民の声を中央政府の国境・離島政策に反映するために、「下からの」国境をつくり上げようとしている。2011年に設立された「境界地域研究ネットワークJAPAN（JIBSN）」（☞QR4-1-2-1）、さらには、2014年に国境・離島政策提言への一般市民の参画を促すことを目的の1つとして設立された「特定非営利活動法人国境地域研究センター（JCBS）」（☞QR4-1-2-2）などは、その代表例である。

　いうまでもなく、北方領土、尖閣諸島、および竹島の領有をめぐる日本と、ロシア、中国、韓国との長く続く対立は、北東アジアにおける「国境ナショナリズム」の席捲を想起させる［岩下、2014］。政治地理学の第一人者であるJ・アグニューは、国際関係論が自明の方法論的前提としてきた世界地図が「領土の罠」に陥っていると批判しながら、不変的な国家主権に

日本の領土・国境問題と「固有の領土」
　日本が、北方領土、竹島、尖閣諸島という3つの領土・国境問題を、ロシア、韓国、そして中国との間に抱えていることは国内外でよく知られている。日本政府は、3つの問題に関して、それぞれが歴史的にも国際法上も日本の「固有の領土」であり、とりわけ、日本が実効支配を行い、「国有化」した尖閣諸島に関しては、領土・国境問題それ自体が存在しないとの立場をとっている。しかしながら、世界的な境界・国境画定に関する研究ユニット（IBRU）をもつ英国ダラム大学は、世界の境界・国境紛争マップを作成し、26の紛争のうちの1つに尖閣諸島が含まれるとしている。
　日本政府が主張する「固有の領土」とは、「一度も外国の領土となったことがなく、日本の領土でありつづけている土地だと強調する概念」だとされる［和田、24頁］。しかしながら、われわれは、この「固有の領土」という言説に固執すればするほど、あらゆる外交的な交渉や解決策の糸口を探ることも困難になるということを想起すべきであろう。日本の領土（陸域）面積は約38万平方キロで世界62位であるが、排他的経済水域（EEZ）と領海を入れた日本の面積は、約447万平方キロになり、世界6位になる。こうした事実を踏まえれば、領土・国境問題の発展的解決を図るために必要なことは、離島に代表される

QR4-1-2-1

QR4-1-2-2

基づいて画定されたとされる世界地図における各国領土の固有性や安定性に疑問を投げかけた［Agnew、1994］。こうした「領土の罠」から脱却するために必要なことは、実際には、国境や領土が「社会的に構築されてきた／される」過程や、そこに関与する国家以外のアクター（自治体、研究機関、NGO・NPO など）の多様性を認識し、「生活圏」の眼差しを意識したより重層的な見地に立って、領土・国境問題をとらえていく視座であろう。

国境地域（ボーダーランズ）に住む人々の生活空間の「地理的な身体性」を視野に入れながら、国家にとって真の利益とは何かを考えていく柔軟かつ揺るぎない姿勢をもつことであろう。

トランプの壁のゆくえ

2017年に誕生した米国のトランプ政権は、メキシコとの国境に長大な壁（フェンス）を築くことを公約として誕生した。2018年には、治安の悪化や政情不安を原因として発生した中米諸国からの「移民キャラバン」は、メキシコを経由して米国国境に大量に押し寄せた。移民の親と子どもを引き離して収容するトランプ政権のゼロトレランス政策には人道的な見地から多くの批判が寄せられ、結局は撤回された。米国の人口構成に占めるヒスパニック系の人口が急速に増加し、政治的な影響力も増していることから、白人層を中心として排外主義の傾向が強まり、自国第一主義を唱えるトランプ政権の国境の壁建設を支持する動きと重なった。

しかし、2020年の米国大統領選挙では、民主党のジョー・バイデン氏が次期大統領に選出された。米国ばかりではなく国際社会全体において猛威を振るう新型コロナウイルスの感染拡大もあいまって、様々な形で分断された米国社会に融和と団結をもたらす政治の回復を政権公約に掲げており、その動向が注目される。

◆参考文献

①現代地政学事典編集委員会編『現代地政学事典』丸善出版，2020年.
②アレクサンダー・C. ディーナー／J. ヘーガン（川久保文紀訳）『境界から世界を見る——ボーダースタディーズ入門』岩波書店，2015年.
③岩下明裕編『領土という病——国境ナショナリズムへの処方箋』北海道大学出版会，2014年.

④コーリン・フリント（高木彰彦編訳）『現代地政学——グローバル時代の新しいアプローチ』原書房，2014年．

⑤和田春樹『領土問題をどう解決するか——対立から対話へ』平凡社，2012年．

⑥ John Agnew, "The territorial trap: the geographical assumptions of international relations theory," *Review of International Political Economy*, 1:1, 1994.

第3節　海洋秩序

　地球の70％以上を占める海は、石油、天然ガス、鉱物、そして魚などの生物が存在する資源の宝庫である。そして、今日、日本が近隣国との領土問題を抱えるのは、資源の問題もさることながら、船舶航行にとって重要なシーレーンを確保することによる自国の安全保障の問題がかかわっている。

国連海洋法条約と領域的アプローチ

　海の利用、開発、その規制に関する国家間の権利義務関係を定めてきたのが海洋法であり、その根幹にあるのが、1982年に採択され1994年に発効した海の憲法ともいわれる「国連海洋法条約」である。

　伝統的に海洋は、沿岸国の主権的権利が及ぶ範囲を狭く、一方、海洋の自由が適用される範囲を広く考える「狭い領海・広い公海」という二元的法制度に基づき利用されていた。しかし、戦後独立した発展途上国の資源ナショナリズ

図4-1-3-1　国連海洋法条約における海域概念図

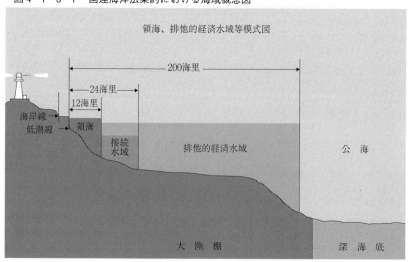

出所）海上保安庁海洋情報部　http://www1.kaiho.mlit.go.jp/JODC/ryokai/zyoho/msk_idx.html

ムが高まるとともに、1973年に交渉が開始された国連海洋法条約では、排他的経済水域を導入するなど、領域的アプローチによる新たな海洋資源管理が規定された。

　領海は基線から12海里まで設定することができ、領海とその外側、基線から最大200海里までの排他的経済水域（以下、EEZ）に、資源に対する沿岸国の権利が認められた。日本のEEZ面積は世界第6位となっており、2013年南鳥島沖、水深5,600メートルに高濃度レアアース泥が発見され注目を集めた。

　また大陸棚は、本来地質学的には海岸の低潮線と海底の傾斜が大洋底に向かって著しく増大し始めるまでの間の海底をいうのに対し、同条約上は、大陸縁辺部の外縁まで、またはその外縁が200海里を超えない場合は200海里までの海底とその下とし、人為的な定義を行っている。現在、世界の石油の4分の1が大陸棚からの産出である。

　そして、大陸棚の外側が条約上の「深海底」にあたる。「深海底」とその鉱物資源を「人類共同財産」として、国際海底機構が設立された。条約の交渉当時、深海底に眠るニッケル、コバルト等を含有するマンガンノジュールの開発は目前であると考えられていた。そして、条約が発効までの長い歳月を要したのも、この「深海底」の規定をめぐって莫大な先行投資を行っていたアメリカ等先進諸国が反発したためであった。その後、途上国のみで条約が発効する可能性が高まったため、1994年には条約と一体をなす海洋法条約第XI部規定（実施協定）が採択され、国連海洋法条約の深海底制度に修正が施された。なお、2020年末時点で国連海洋法条約の締約国は168カ国となっているが、アメリカは依然として批准していない（☛QR4-1-3-1国連海事・海洋法課）。

QR4-1-3-1

新エネルギー、鉱物資源の開発可能性

　皮肉なことに、マンガンノジュールは採算面からいまだに商業開発の見通しは立っていない。その一方で、新たな化石燃料、鉱物資源の存在が明らかになっている。化石燃料の一種であるメタンハイドレートは、メタンガスと水からなるシャーベット状の物質で、火を近づけると燃えることから「燃える氷」ともいわれる。石油・天然ガスより資源量がはるかに多く、偏在性もないことから、次世代のエネルギーとして位置づけられている。また、鉱物資源として、

水深数千メートルの深海底に、海底下深部から吹き出した熱水が海水で冷却され金属成分が海底面に降り積もった海底熱水鉱床やコバルトリッチクラストが存在する（☞第Ｖ部第5章）。

　産油地である中東や鉱物資源が豊富なアフリカが政治的に不安定であり、安定供給のために、これら海底資源への期待はますます高まっている。しかし、まだ推定の部分が多く、今後の技術開発、コスト、そして開発による生態系の破壊など環境への影響も未知数である。

遺伝資源の未知なる可能性

　国連海洋法条約交渉時にはまったく想定されていなかったのが、遺伝資源の問題である。すべての生物は遺伝子情報をもっており、その解明は、医薬品などの開発につながり膨大な利益をもたらす。遺伝子情報そのものが重要なため、微量のサンプル収集でも、その後の開発につながる可能性が高い。国連海洋法条約上は、EEZと大陸棚における科学調査は、沿岸国の同意が必要であるとする一方、「平和目的でかつすべての人類の利益のための海洋環境に関する科学的知識を増進させる目的で実施される場合は、同意を与えなければならない」（第246条3項）としている。遺伝資源の場合がこれに該当するのかどうか。また、「深海底」部分で人類共同財産と明記されているのは鉱物資源であり、遺伝資源をどのように扱うのか、国連で議論の途上にある。

シーレーンの確保

　海洋は船舶航行にとっても重要なのはいうまでもない。日本はエネルギーや食料などを輸入に依存しており、しかも全体の貿易（輸出入合計）量の99.6%（トン数ベース）を海上輸送が占めている（☞QR4-1-3-2　海事レポート2020）。このことからも、海上輸送の主要航路としてのシーレーンをいかに安定的に確保するかは、安全保障の根幹にかかわる部分である（☞第Ⅳ部第3章「主権国家と伝統的安全保障」参照）。シーレーンが閉ざされるような事態は、国民の生命にも直接影響を及ぼそう。一方、中国が原油の輸入など海上輸送に依存しているのも同様であり、東シナ海や南シナ海に海洋権益の主張を拡大しているのも、シーレーンの確保が背景にはある。

　四方を海に囲まれている日本は今後資源立国になる可能性を秘めている一方で、シーレーンを安定的に確保することは必要不可欠であり、それは、近隣諸国との関係を良好化することによってのみ可能である。

図4-1-3-2　日本のシーレーン

出所）JOGMEC（石油天然ガス・金属鉱物資源機構）のホームページより。
日本は石油のほとんどを輸入に依存していることから、オイルロードがシーレーンになっているともいえる。（☛ QR4-1-3-3）

QR4-1-3-3

図4-1-3-3　中国の南シナ海進出

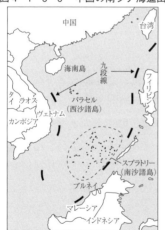

出所）常設仲裁判所の文書より作成。

南シナ海と国際裁判

2016年7月、南シナ海をめぐるフィリピン対中国の仲裁裁判判決が下された。南シナ海は、中国、フィリピン、ベトナム、マレーシア、インドネシア、ブルネイ、台湾に囲まれた海域で、中国が1949年以来地図に破線で記載してきた九段線と歴史的権利を根拠として、その範囲内の島の領有権と、海域の主権的権利を主張してきた。中国が埋め立てや人工島の敷設を行い緊張関係が高まっていたことから、フィリピンが2013年1月に仲裁を申し立てていた。中国は仲裁手続き自体を無効としていたが、仲裁裁判所は、中国のこれまでの主張を全面的に退けた（☛ QR4-1-3-4 常設仲裁裁判所・南シナ海事件）。判決は拘束力を持つが、中国は「紙屑」として一蹴し、南シナ海に面していないASEAN諸国への経済支援を通して切り崩しを図り、国際世論の矛先をかわしている（☛第Ⅲ部第4章 ASEAN参照）。

QR4-1-3-4

◆参考文献
①薬師寺公夫・坂元茂樹・浅田正彦編『ベーシック条約集2020』東信堂，2020年．
②坂元茂樹『侮ってはならない中国——いま日本の海で何が起きているのか』信山社，2020年．
③林司宣・島田征夫・古賀衞『国際海洋法』第二版，有信堂，2016年．

第4節　北極問題

QR4-1-4-1

　大陸である南極には、1959年に採択された「南極条約」を中心とする制度構築がなされている。同条約第1条では南極の平和利用、第4条では領土権主張の凍結が明記されている（☞ QR4-1-4-1）。
　一方、地理的に北緯66度33分以北の地域とされる北極圏は、年間を通してほとんどの部分が氷結海域であったことから、この地域のみを扱う条約はない。ただし、海域であることから国連海洋法条約が適用されると考えられる。
　1996年には、持続可能な開発や環境保護など北極に関する共通課題を協議するため、北極海に面する沿岸5カ国（アメリカ、ロシア、カナダ、ノルウェー、デンマーク）とアイスランド、フィンランド、スウェーデンで北極評議会（☞

QR4-1-4-2

QR4-1-4-2）が設立された。イヌイットをはじめとする6つの先住民グループも参加している。また、2013年には、中国、韓国、日本などの6カ国が新たに加わり、12カ国がオブザーバー参加を認められている。

地球温暖化と北極圏

　北極の問題が喧（かまびす）しくなったのは、地球温暖化により海氷面が減少し、航行可能な海域が増え、海底エネルギー資源の開発可能性が高まったことによる。
　これまで氷で閉ざされていた北極海を通れば、欧州と太平洋を結ぶ最短距離の航行・輸送ルートとなる。例えば、図にもあるようにカナダ沿岸を通る北西航路とロシア沿岸を通る北東航路があるが、実用化されつつある北東航路を使ってのヨーロッパから日本までの航行距離は、スエズ運河、マラッカ海峡などを航行した場合の約6割となり、燃料コストのみならず、政情不安や海賊問題などに対応する保険料も削減することができる。国連海洋法条約上は沿岸国の12海里領海を越えては、船舶航行の自由が認められるが、ロシアは北東航路について、公海であっても事前申請や原子力砕氷船の同行を求めるなど、今後に問題を残している。
　一方、原油、天然ガス、鉱物資源などの資源埋蔵量は膨大であり、北極海沿

図4-1-4-1　北極海図と航路

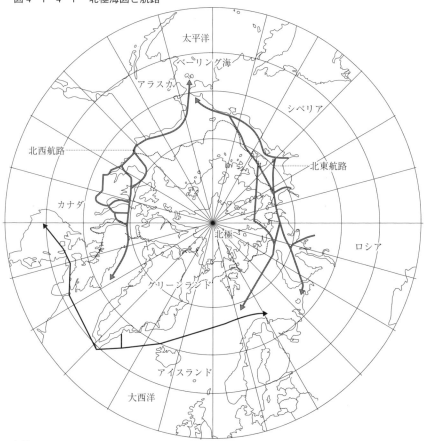

出所）New York Times, "As Polar Ice Turns to Water, Dreams of Treasure Abound", October 10, 2005, http://www.nytimes.com/imagepages/2005/10/09/international/20051010_ARCTIC_GRAPHIC.html

QR4-1-4-3

岸国にとって、大陸棚の設定、ならびに境界画定は重大関心事である。国連海洋法条約では、一定条件を満たす場合は、200海里を超えて大陸棚の延長を大陸棚限界委員会（CLCS）（☞ QR4-1-4-4）に申請し、その勧告に基づいて沿岸国が大陸棚の設定を行うことができる。しかし、委員会の決定は「隣国同士の大陸棚の境界画定の問題に影響を及ぼすものではない」とされており、今後、境界画定は当該国の交渉に基づき行われることになる。

QR4-1-4-4

　ロシアは北極海での巡洋艦の派遣など軍事的プレゼンスも高めており、中国

も一帯一路構想のもと、中国沿岸から東アジア、インド、アフリカ東海岸までを結ぶ「21世紀の海上シルクロード」として、海洋権益の拡大とともに関心を示している（☛第Ⅳ部第1章第1節、特に図4-1-1-2参照）。北極海での軍艦航行とともに安全保障の勢力図も一変する可能性がある。

◆**参考文献**
①稲垣治・柴田明穂『北極国際法秩序の展望』東信堂，2018年.
②奥脇直也・城山英明編著『北極海のガバナンス』東信堂，2013年.
③焦点「北極海問題とは何か」『国際問題』No.627，2013年12月号.
④特集「北極をめぐる法と政治——その現代的課題」『国際法外交雑誌』110巻3号，2011年.

第 5 節　宇宙空間・航空秩序

　宇宙空間は、通信、放送、気象観測、GPS に加え、資源探査や防災のために地上を観測するリモートセンシングや宇宙ステーションにおける実験などに利用されている。また、軍事通信、偵察など安全保障にも利用されている。
　宇宙空間に関する最も基本的な国際条約は、国連宇宙空間平和利用委員会（☛ QR4-1-5-1）で作成された宇宙条約（1967年発効）である。宇宙条約は、宇宙空間の探査や利用の自由を認める一方、国家による宇宙空間の領有や、核兵器を含む大量破壊兵器の地球を回る軌道への配置を禁止している。しかし、同条約は通常兵器の禁止には言及していないため、国際的に、国家が宇宙空間で自衛権の範囲で通常兵器を用いることは許容されると見なされている。

QR4-1-5-1

　国連宇宙空間平和利用委員会では、1970年代末までに宇宙条約を含む5つの国際条約が作成された（☛ QR4-1-5-2）。しかし、同委員会における意思決定は全会一致が慣行になっていたため、メンバー国の増加とともに、法的拘束力のある国際条約の作成が困難になり、1980年代以降は、法的拘束力をもたない決議などとして規範が示されるようになった（☛ QR4-1-5-3）。

QR4-1-5-2

　そのような規範の1つに、リモートセンシング原則（1986年国連総会採択）がある。国連宇宙空間平和利用委員会では、1970年代から、資源探査などの目的でリモートセンシングを行う国家が、他国の領土をその国家の同意なしに撮影し、その画像を第三国に提供することを認めるかどうかが議論された。10年以上にわたる議論の結果、同原則では、被撮影国が自国の画像を取得する際に差別を受けないように配慮した上で、画像の自由な撮影と提供を認めた。

QR4-1-5-3

　冷戦期に米国が欧州と日本に呼びかけて開始した国際宇宙ステーション計画は、ソ連崩壊後にロシアも参加し、世界平和の象徴という位置づけになった。しかし、実際は、ソ連の宇宙技術が国外に流出し軍事転用されることを懸念した米国が、ロシアの宇宙産業を維持することを意図して同計画にロシアを引き込んだことが知られている。
　宇宙空間の軍備管理の問題は、1980年代以降、ジュネーヴ軍縮会議（☛

QR4-1-5-4）で検討されている。しかし、宇宙空間への兵器の配備の禁止を主張するロシアと中国に、米国が強く反対し、議論は停滞している。この背景には、自国に飛来するミサイルを宇宙空間で迎撃するミサイル防衛システムの構築を進める米国と、それをけん制したいロシアと中国の対立があるとされる。

　中国は、2003年にソ連、米国に次いで世界で3番目に有人宇宙飛行に成功した。その後も、独自の宇宙ステーションの建設に着手するとともに、資源外交の一環として途上国による宇宙の利用を支援するなど存在感を強めている。2007年には、高度約800kmの軌道上にある自国の古い衛星をミサイルにより撃ち落とすASAT（anti-satellite）実験を行った。この実験は、直径10cm以上の衛星破片を約2,500個も発生させた。このような軌道上の不要な人工物体は、宇宙デブリ（☛QR4-1-5-5）と呼ばれ、秒速数kmの高速で地球を周回するため、10cm程度のものでも宇宙活動に大きな危険をもたらす。高度約800kmの宇宙デブリは大気圏に突入するまでに数百年もかかるため、中国の行動は国際的に非難を浴びた。これが契機となって、国連宇宙空間平和利用委員会では宇宙デブリ低減ガイドラインが採択された。

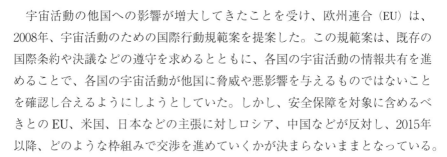

　宇宙活動の他国への影響が増大してきたことを受け、欧州連合（EU）は、2008年、宇宙活動のための国際行動規範案を提案した。この規範案は、既存の国際条約や決議などの遵守を求めるとともに、各国の宇宙活動の情報共有を進めることで、各国の宇宙活動が他国に脅威や悪影響を与えるものではないことを確認し合えるようにしようとしていた。しかし、安全保障を対象に含めるべきとのEU、米国、日本などの主張に対しロシア、中国などが反対し、2015年以降、どのような枠組みで交渉を進めていくかが決まらないままとなっている。

　航空分野では、無人航空機（ドローン）の利用が広がっている。軍用ドローンは、人命を危険にさらさずに遠隔操作で偵察や攻撃を行うことができ、戦争の方法を一変させる可能性がある。他方、誤爆の多さ、緊迫した軍事活動と日常生活の往復がもたらす操縦者の精神的負担などの問題も指摘されている。

◆**参考文献**（☛追加参考文献 QR4-1-5-6）
①鈴木一人『宇宙開発と国際政治』岩波書店，2011年．
②P. W. シンガー（小林由香利訳）『ロボット兵士の戦争』日本放送出版協会，2010年．
③青木節子『日本の宇宙戦略』慶應義塾大学出版会，2006年．

第2章　ナショナリズム

　ヒト・カネ・モノが以前にも増して国境を越えて活発に移動し、グローバリゼーションが急速に広まる一方で、グローバリゼーションという世界の平準化の動きに逆行するかのように国や民族集団の独自性を強調する動きは依然として世界各地で顕著であり、国内のナショナリズムを基盤に外交が進められることもあれば、国家からの分離独立や自治権の拡大を求める民族紛争も頻発し、地域統合の最先端にある欧州でも反EUや移民の制限を主張する政党が支持を拡大している。グローバリゼーションという均一化とナショナリズムという独自性の強調はベクトルが逆に見えるが、本当にそうなのだろうか。それとも、両者は互いに影響し合い、相互に作用しているものなのだろうか。

様々なナショナリズム

　元来、ナショナリズムの基盤となるネイションとは、王などが主権者であった時代の国家においては、主権者に対抗する存在である国民を指した。18世紀までにイギリスやアメリカ、フランスでは市民革命によりネイション（国民）が主権者となり、ここに「ネイション・ステート（nation state）」は国民国家となる。この場合の国民国家にとって重要なのは言語、人種、宗教といった民族的な（エスニックな）基盤というよりも、自由・平等・寛容・多様性といった価値観を共有する政治的市民の存在であり、国民の法的・政治的権利の平等の確立であった。こうしたタイプのナショナリズムは、「シヴィック・ナショナリズム（市民的ナショナリズム）」とも呼ばれる。このシヴィック・ナショナリズムに対して、普遍的な価値ではなく言語・人種・伝統・神話などの民族的アイデンティティを基盤とした国家の建設を目指し、民族的な基盤を重視するのがエスノ・ナショナリズムであり、現在は「ナショナリズム」という用語を使う場合（本章も含めて）通常このエスニックな基盤をもつナショナリズムのことを指す。

　シヴィック・ナショナリズムの起源の1つであるフランスは、エスノ・ナショナリズムの起源にもなった。なぜなら、市民革命以降徴兵制を採用したフ

ランスは、一方でフランス語による国民教育を進めて「フランス国民の国家」という民族的性格を強め、そのアグレッシブな対外政策が結果として周辺諸国の民族意識を覚醒させたからである。19世紀のドイツやイタリアが典型的な例であるが、ある民族集団が民族的基盤によって国を成立させたとき、ネイション・ステートとは民族国家を意味するようになる。

　エスノ・ナショナリズムは、民族集団を結束させ、国家の建設や発展のためにパワーを供給するという点で近代国家の重要な要素を構成する一方で、言語・人種・文化等が異なる「他者」の集団に対して非寛容な排外主義（ショービニズム）をとることがあり、その場合は暴力的紛争や抑圧につながることがある。

　西欧列強の世界的な植民地支配の帰結として、20世紀半ば以降、民族国家を求めるナショナリズム運動はアジア・アフリカを含めた世界的規模で独立・国家建設の思想として普及し、第2次世界大戦後は植民地帝国の衰退とともに数多くの新興独立国を生み出す原動力となった。歴史的にナショナリズムは支配と被支配（あるいは従属）関係の結果として生じることが多いが、冷戦後の旧ソ連・東欧における民族紛争や旧ユーゴスラヴィアにおける内戦も支配―被支配（従属）関係の修正や清算の側面もあった。

　民族的なアイデンティティや意識の問題は、ナショナリズムという形で国家を成立させて終わるわけではない。分析レベルを2つに分けると、第1に主権国家同士の国際レベルのナショナリズムの問題、第2に主権国家の内部、つまり国内での民族的な対立に分けることができる。第2の国内レベルをさらに細分化すると、①領域的な基盤をもった民族対立や潜在的な新国家の独立の可能性があり、ときには暴力的な紛争を伴うもの、②ある程度の領域的基盤はもつが自由民主主義国家の枠内で自治権拡大や独自性の主張がなされることが多く、紛争は主に非暴力的手段によって解決されるもの、③領域的基盤は希薄で独自のアイデンティティが国内社会に複数存在することから、主に少数者（マイノリティ）が政治的文化的アイデンティティの主張を行うもの、に分けることができる。①はいわゆる民族紛争としてイメージされるもので、近年では旧ユーゴスラヴィア紛争や東ティモール、クリミア半島や東部ウクライナにおける紛争が当てはまる。②と③はナショナリズムの問題というよりもエスニシティの

問題として観察されることが多い。②の例としてはカナダのケベック、イギリスのスコットランド、スペインのバスクやカタルーニャ、ベルギーなどにおけるエスノ・ナショナリズムがあるが、いずれもシヴィック・ナショナリズムの要素がある程度確立している西側先進諸国内の問題であるため、即時の分離・独立や暴力的手段による紛争解決への支持が高いわけではなく、分離独立が主張される場合でも、住民投票を含め国内政治のプロセスに沿って合理的・民主的かつ平和的に問題の解決が試みられることが多い。③のわかりやすい例としてはアメリカ大陸や西ヨーロッパにおける移民社会のアイデンティティの主張があり、2020年にアメリカから大きな運動となった、領域性はないが独自のアイデンティティをもつ黒人層の人権運動「ブラック・ライブズ・マター（Black Lives Matter）」もこのタイプに分類することができる。また、反移民・反マイノリティなどを掲げる「白人ナショナリズム」のような動きもある。

　このように、ナショナリズムといっても実際には非常に複雑かつ多様な概念なのであり、近代国家同士の世界戦争に発展した推進力をもったものもあれば、武力紛争とはほど遠いと考えられるナショナリズムの高揚もあるし（例えばスポーツにおける国同士の対抗など）、広義のナショナリズムには領土的基盤が希薄あるいは曖昧なものまで含まれるのである。

　パトリオティズム（愛国主義）もナショナリズムと同様の意味をもつ言葉である。民族的な基盤をもつ思想・運動では通常ナショナリズムがパトリオティズムの要素を含むことが多いが、例えば政治的理念によって建国されたアメリカのように様々な人種・文化的バックグラウンドをもつ移民の国、あるいは多民族国家では民族的な意味でのネイションが指すものは必ずしも明確ではなく、それでも国に対する愛着や忠誠を表現するためにパトリオティズムという語が必要となる。また、かつて共産主義運動にとってナショナリズムは理論上重要ではなかったが、第2次世界大戦中のソ連でも国に対する愛着や忠誠が重要な意味をもったのは「大祖国戦争」のスローガンからもわかるだろう。

どのようにナショナリズムは高揚するか

　それでは、ナショナリズムの動態——つまり、なぜナショナリズムは高揚し沈静化するのか——についてより詳細に見てみよう。まずナショナリズムの基

盤になるのは、第1に言語、宗教、人種、文化、慣習などで他の集団との相違が認識できる客観的な要素の存在である。これらの要素は固定的にアイデンティティを構成するものであり、変化の速度は非常に遅く、長い年月をかけて形成されてきたものである。

　しかし、こうした客観的・固定的要素だけではナショナリズムには不十分であり、グループの構成員が主体的に「われわれ」という共同体意識をもつという心理的な要素が不可欠となる。したがって同じ言語を話し、同じ宗教や文化を共有していても、人々が「われわれ意識」をもっていなければナショナリズムと呼ぶには不十分である（例えば、フランス革命前には支配者である王と被支配者である国民には「われわれ意識」は共有されていたとはいえない）。そして、この主観的で心理的な要素がナショナリズムの観察をさらに難しくさせている。なぜなら、人間の心理状態とは一定ではないからであり、ナショナリズムは高揚することもあれば沈静化することもあるからである。

　このナショナリズムの強弱、あるいは高低（潮の干満にたとえて 'ebb and flow' と表される場合もある）に対して様々な影響を与える外的な要因もナショナリズムの重要な要素である。国際的環境、近隣国の動向、歴史的関係・経緯、人や民族集団がおかれた政治・経済・社会的状況に大きく左右されるのである。例えば、国内の経済的な低迷が続き国民生活の苦境が長期化すれば排外的なナショナリズムにつながることが多いのは、1929年の世界大恐慌後のドイツや日本をはじめ多くの事例がある。また、米ソ冷戦のなかで非同盟を掲げたチトー大統領のもとで長く連邦国家を維持したユーゴスラヴィアが1990年代に激しい内戦を経験したのは、冷戦の終結という国際的状況や民族集団間での経済格差・政治格差などによって説明できるであろう。民族間の異なるアイデンティティの存在や異民族の混住を指摘するだけでは、なぜ旧ユーゴが90年代に激しい内戦を経験し、なぜ70年代や21世紀ではなかったのか、ということは説明できない。「ブラック・ライブズ・マター」にしても、白人警官による黒人の不当な扱いの連鎖が運動を大きくしていったし、トランプ大統領の政策や対応、新型コロナウイルス感染症（COVID-19）の感染拡大による社会不安も運動の強弱に影響したかもしれない。

　このように、言語や文化などの客観的要因に人々の意識という主観的要素が

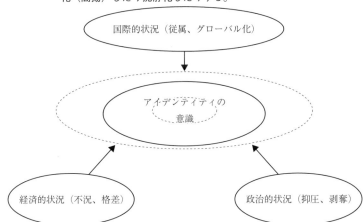

図4-2-1 アイデンティティのもつナショナルな意識は、外的状況によって活性化（高揚）したり沈静化したりする。

加わり、さらに外的環境という要因が複雑に交錯しているところにナショナリズムを理解する難しさがある。

　仮に鎖国状態の国があれば、人々は外界との接触がないからナショナルな意識を高揚させることもなく、その必要性もない。しかし、外の世界への門が開かれることによって他者を意識するようになり、ナショナリズムの主観的な要素である「われわれ意識」・共同体意識が形成されるのである。

グローバリゼーションとナショナリズム
　では、拡大・深化するグローバリゼーションはナショナリズムにどのように作用するのであろうか。まず、急速にグローバル化が進展しても、民族を構成する固定的かつ客観的な要素である言語・宗教・人種・慣習などの変化の速度は限定的である。グローバル化によって人々の宗教観が変わるとか、生活様式が変わることはもちろんあってもその変化の速度は遅いものであるし、言語や人種という要素に至っては、わずかの変化でも非常に長い年月が必要である。
　次に、心理的な側面である「われわれ意識」・共同体意識は、グローバル化によって2つの方向で影響を受ける。第1は、外界との接触や交流が頻繁となることによってアイデンティティの独自性を強調する、つまりナショナリズムを高揚させる方向に作用する。ルソーは、人は社会に入ると問題が生じる、と

したが、同様にある集団がグローバル社会との関係を深めれば深めるほど問題が多く発生し、メディアなどを通して各人がもつ「ナショナルな基盤（＝民族的アイデンティティ）」をかえって意識し、結果としてそれがナショナリズムの高揚につながることもある。コミュニケーションや通信の技術が飛躍的に進歩しても、自国語以外の言語を使用する人々と「われわれ意識」を共有できるほどに意思疎通を行うことは容易ではない。インターネットやSNS（ソーシャル・ネットワーキング・サービス）で世界とつながっていても、使用可能言語が自国語のみであれば、自分の所属する集団レベルを超えたアイデンティティの形成は、あっても緩慢なものにとどまる。この場合、グローバル化という均一化はナショナリズムによる差別化を促進する方向に働く。

　その一方で、グローバル化によって世界規模・地球規模の共通の問題や課題を認識し、グローバルな意識をもち、グローバル化されるアイデンティティも生じるであろう。インターネットを含むメディアを通して知った遠い国での貧困、自然災害などのあらゆる問題に対して関心や同情をもつことは珍しいことではないし、音楽・映画・スポーツなどの文化や食生活を含めた生活習慣の共有はグローバル化とともに世界中に広まることがある。こうしてナショナルなレベルを超えた共同体意識、つまりグローバルな「われわれ意識」がグローバリゼーションによって高まることもある。

　グローバリゼーションはグローバルな共通の意識の形成にも寄与するが、一方ではナショナリズムの高揚に寄与することもある。グローバリゼーションとナショナリズムは矛盾した現象というよりも、相互に作用しているといえる。

現代世界の統合と分離

　ここ数年では、地域統合やグローバリゼーションの平準化の動きに抗する排外主義が欧米先進国でも顕著に観察されるようになってきている。

　欧州では、ヒトやモノの移動がより自由になり、民主主義や人権の尊重、法の支配というEU共通の価値がヨーロッパ全体へと広まり、2012年には「平和と和解、民主主義や人権の推進に貢献してきた」としてEUがノーベル平和賞を受賞した。新たに加盟を目標とする国が依然として存在する一方で、冷戦終結以降統合を加速させてきたEUへの反発が根強いことは、2014年5月の欧州

議会選挙で反EU・反ユーロ・反移民を掲げる極右政党が主要国で支持を集めたことからもうかがえたが、2016年にはイギリスが国民投票でEU離脱を選択したことで、「ヨーロッパ化」や「脱ナショナル化」が進むと、逆にナショナルな「われわれ」意識が高揚することがあることがより鮮明となった。ノーベル平和賞はすでに過去の記憶となり、移民・難民・テロ対策あるいは金融危機において自国の利益を優先するEU加盟国が目立つようになってきている。

2016年には北米でも地域経済統合を推進してきたNAFTA（北米自由貿易協定）への反発を強め、移民の制限を主張するドナルド・トランプがアメリカの大統領選挙で当選した。19世紀にはイギリスを中心としてパクス・ブリタニカ、20世紀にはアメリカを中心としてパクス・アメリカーナと呼ばれ、世界の秩序維持と自由貿易をリードし、資本主義経済の拡大に自国の利益の増進を重ね合わせ、グローバリゼーションを牽引してきたともいえるイギリスとアメリカの国民の多くが、もはや際限のない自由貿易の推進に利益を見出せず、社会統合の深化にも反対しているという点で、2016年はグローバリゼーションや地域統合にとってだけではなく、歴史的な転換点となったといえる。

一方で、2014年にイギリスからの独立を否決したスコットランドではEU残留への支持が高く、主権国家内で独自性を有するスコットランドのイギリスやEUとの関係は2020年のイギリスのEU離脱を受けてますます複雑性を増しており、ほかにも、EU加盟国内部でエスニックな基盤をもとにしてスペインのカタルーニャ、ベルギーなどでは分離や独立、あるいは自治権の拡大を求める勢力も依然として存在する。

とはいえ、旧ユーゴスラビア時代から激しい対立と紛争を繰り返し、2008年にはコソボの分離独立宣言に至ったセルビアとコソボの関係については、EU加盟の条件として互いの関係改善が必要とされたことから、2020年夏に関係正常化に向けて動き始めた。この事例では、EUがナショナリズムを抑制するとともに地域の統合と融和を促進するという本来の機能を果たしているといえるから、EUが各所で一方的にナショナリズムを刺激しているというわけではない。

欧米以外を見ても、冷戦終結後に独立したアフリカのエリトリアや南スーダン、強固な独裁政権が崩壊し内戦へ突入したイラク・シリア・リビアといった

国では少数民族や部族間・宗派間の争いが長期化しており、これらの国々から流出した難民が行き着いた先のEUなどの先進国で排外主義的傾向が強まるという流れが顕著となっている。西側世界で発生するテロといえば、かつてはイギリスからの独立を目指す北アイルランドやスペインのバスクなど領土的基盤を持つ少数民族によるテロ事件があったが、現在では領土的基盤が強固ではない、ナショナリズムとは異なるアイデンティティ形成によるイスラーム勢力によるテロが中心となった。第Ⅲ部第7章に詳述の通り、過激なイスラーム主義者がアイデンティティを見出すイスラーム共同体とは、国家や民族単位の共同体よりも上位に存在するが、イスラーム勢力によるテロの被害や脅威に直面した国々ではナショナリズムによる愛国主義や排外主義が高まっている。

東南アジアでも、ミャンマー、フィリピン、タイなどそれぞれの国内で少数派のイスラーム勢力が政府と対立し、中国も新疆ウイグル自治区などでイスラーム勢力のテロに直面してきた。これらの紛争を理解するには、多くの国でイスラーム勢力がマイノリティになっているという問題に加え、イスラーム原理主義のアイデンティティ形成にも注目する必要があるが、宗教的宗派的アイデンティティの形成においても、グローバリゼーションや経済的苦境・格差、政治的権利の収奪などナショナルなアイデンティティの形成と共通する要素があることは指摘できるだろう。

ナショナリズムは、その多様性からそもそも分析は複雑かつ容易ではなく、グローバル化に伴う人の活発な移動やコミュニケーションの発達により問題はさらに深刻化しているようにも見えるが、世界各地で起こる現象の共通部分を見極め、何が各現象の要因になっているのかを考察することが、高揚し沈静化する流動的なナショナリズムという概念の理解につながるであろう（☞ QR4-2-1）。

QR4-2-1

◆参考文献
①アントニー・D・スミス（庄司信訳）『ナショナリズムとは何か』筑摩書房，2018年．
②塩川伸明『民族とネイション──ナショナリズムという難問』岩波書店，2008年．
③ベネディクト・アンダーソン（白石隆・白石さや訳）『想像の共同体：ナショナリズムの起源と流行』書籍工房早山，2007年．

第3章　主権国家と伝統的安全保障

第1節　個別的・集団的自衛権と集団安全保障

自衛権

　自衛権（right of self-defense）は一般的には、他国による侵略に対して自国を防衛するために、緊急性がある場合にはその侵害・侵略を排除する目的で武力行使できる権利をいう。より厳密に国際法的に見ると自衛権は、戦争と武力行使が禁止される以前の時代における自衛権と、国際連盟規約、不戦条約（＝パリ不戦条約：1928年）さらに国連憲章などにより武力行使が違法とされることになった時代以降の自衛権の2つからなる。前者は、他国の私人が自国領域に対して急迫不正の重大な侵害を行い、当該領域国または船舶の船籍がおかれた旗国がこの侵害を抑止できない場合、当該領域または公海上で自国に対する侵害を阻止する権利である。この権利は元来、国家が保有する自己保存権という自然法の考えに由来するものである。後者は、武力行使が違法とされるようになった時代でも、他国からの武力攻撃が発生した場合、武力により自国防衛をする権利を実定法上の権利として認めたものであり、国連憲章第2条4項の武力不行使原則の例外として国連システムに組み込まれたものである。

　しかしこの自衛権を発動する場合、3つの要件を満たしていることが求められている。その3つとは「ウェブスター・フォーミュラ（見解）」（☛コラム）に示された自衛権正当化の要件であり、①急迫不正の侵害が存在すること、②他にその侵害を排除して自国防衛する手段がないこと、③攻撃を排除するのに必要な限度にとどめること、が求められる。換言すれば、自衛のためにとる手段は、他国からの攻撃を排除するために必要な程度のものに限定されるべきで、かつ自国に対する攻撃の程度と均衡のとれたもの

> **ウェブスター見解とは**
>
> 　1837年に発生したカロライン号事件への対応の過程で当事者であったイギリスが自国の行動を正当化するために自衛権という概念を初めて使ったとされる。それに対してアメリカのD・ウェブスター国務長官は、イギリスがいう自衛権の行使を正当化するためには、「即座に、圧倒的で、かつそれ以外に手段を選択する余地がない」ことが不可欠であると主張し、イギリス側にはこの3つの要件が整っているかを問い質した。この事件以来、自衛権行使を正当化する3つの要件は、「ウェブスター見解」と呼ばれるようになった。

でなければならない。

個別的自衛権と集団的自衛権

自衛権には自国防衛、すなわち自国に対する侵害を排除するための権利である個別的自衛権（right of individual self-defense）と、自国およびその友好国・同盟国が侵略された場合に武力行使する集団的自衛権（right of collective self-defense）がある。上述した不戦条約では、自衛権発動に伴う武力の行使は、禁止されるべき「戦争」から留保されると解釈された。そして国連憲章第51条では「個別的又は集団的自衛の固有の権利」が認められたのである。すなわち国家の慣習国際法上の権利として一般に認められてきた自衛権は、国連憲章第51条によって新たに個別的自衛権と呼ばれるようになり、国家の「固有の権利」として新しく認められた集団的自衛権とともに、その発動条件が明確に規定された。国連憲章第51条は次のように規定している。

この憲章のいかなる規定も、<u>国際連合加盟国に対して武力攻撃が発生した場合には</u>、<u>安全保障理事会が国際の平和及び安全の維持に必要な措置を取るまでの間</u>、個別的又は集団的自衛の固有の権利を害するものではない。この自衛権の行使に当たって加盟国が取った措置は、<u>直ちに安全保障理事会に報告しなければならない</u>。また、この措置は、安全保障理事会が国際の平和及び安全の維持または回復のために必要と認める行動をいつでもとるこの憲章に基づく権能及び責任に対しては、いかなる影響も及ぼすものではない。（下線部：筆者）

「武力攻撃が発生した場合」とは、基本的には武力攻撃が現実に行われた場合を意味する。しかし、今日のように、武器の破壊力が巨大化すると、実際に武力攻撃が行われてしまうと、きわめて甚大な被害を受けるのであり、また、超高速のミサイルなどは、発射されてからでは、とても対応できないことが予想される。そこで、武力攻撃が真に急迫している具体的証拠がある場合は、その段階で、自衛権を認めるべきではないかという、先制的自衛を認めるべきとする主張も登場している。2002年9月、アメリカのブッシュ大統領は、テロ組織による攻撃に対しては、必要に応じて、先制攻撃を行うと述べ、この考え方に基づいて、アメリカは、2003年3月20日、イラクに対して武力攻撃を開始した。しかし、先制的自衛権行使によるイラク戦争の正当化は、これまで積み重ねられてきた武力行使違法化の歴史を根底から覆すものであり、世界の多くの

国際法学者が否定している。

　また「安保理が……必要な措置を取るまでの間」と限定しているので、安保理が武力攻撃を行った国に対して強制措置をとった場合には、自衛権に基づく行動は停止しなければならないことになる。自衛権の行使に関して加盟国が自由に解釈する余地を制限しようとしたのは、自衛権の行使が主権的行為として100％自由ではないことを第三者機関によって冷静に判断させようという意図があったのである。

　一方、第51条で「固有の権利」に規定された集団的自衛権についても論争がある。なぜなら、自国が攻撃されていないのに、あるいは攻撃される蓋然性がきわめて低いのに、攻撃主体たる他国に反撃するということは、いわば「他国を防衛する権利」を有するのに等しいからである。にもかかわらず集団的自衛権が個別的自衛権と同列に併記されることになったのは憲章起草の過程でラテンアメリカ諸国の動きがあったからであるとの指摘がなされている［最上、2016］。すなわち、国連憲章第8章に「地域的取極又は地域的機関」が強制行動をとるためには安保理の許可が必要とされたことに対して、集団的な反撃あるいは軍事行動にいま少しの自由を確保したいと考えたからだ。実質的にそれは「同盟結成の権利」に近いものであるとまで言い切っている。集団安全保障（後述）を中心に世界の平和と安全を確保しようと考えた国連創設諸国は、やがて顕在化した米ソ冷戦の現実のなかで「同盟結成の権利」も認めるという内部矛盾を抱え込んだのである。このようにして、個別的・集団的自衛権は、いまなお様々な議論が続いている。

集団的自衛権と日本

　内閣法制局は集団的自衛権を「自国と密接な関係にある外国に対する武力攻撃を、自国が直接攻撃されていないにもかかわらず、実力を持って阻止する国際法上の権利」と規定し、憲法第9条のもとでは、日本が直接武力攻撃を受けていない状況のもとで同盟国のために武力行使することは許されない、との立場を繰り返し表明してきた。「不沈空母論」を唱え周辺諸国から警戒された中曽根首相も、インド洋への海上自衛隊派遣とイラク・サマーワへの自衛隊派遣を強行した小泉首相も、集団的自衛権の行使はしないとの従来からの立場を堅

持した。しかし2014年7月に安倍内閣は、①日本に対する武力攻撃または日本と密接な関係にある国に対して武力攻撃がなされ、これにより日本の存立が脅かされ、国民の生命、自由および幸福追求の権利が根底から覆される明白な危険がある場合に、②これを排除し日本の存立を全うし、国民を守るために（集団的自衛権行使以外に）適当な手段がない場合に、③必要最小限の実力行使ならば、集団的自衛権の行使は可能であるとの立場を鮮明にし、国会で必ずしも十分な審議をしないまま行使容認を閣議決定した（☛QR4-3-1-1「平和安全法制」の概要、内閣官房、2015年5月16日）。集団的自衛権に関して議論の対象となった問題は、①邦人輸送中の米輸送艦の防護、②武力攻撃を受けている米艦艇防護、③周辺事態等における強制的な船舶検査、④日本領空を横切る米国に向けた弾道ミサイルの迎撃、⑤弾道ミサイル発射を警戒している時の米艦艇防護、⑥米本土が武力攻撃を受けた場合に日本周辺で作戦を行っている米艦艇の防護、⑦国際的な機雷掃海活動への参加、⑧民間船舶の国際共同防護、などである。

QR4-3-1-1

　フィリピンやオーストラリアなどは歓迎する姿勢を示したが、中国や韓国は警戒感を露わにし、東アジア地域は現実に「安全保障のディレンマ」に陥ってきている（☛第Ⅳ部第3章第4節）。

集団安全保障

　集団安全保障は国際社会全体の平和と安全に関する概念であり、主権国家を基本的単位として形成されている国際社会においてZ国がA国を軍事侵略した場合、A〜Y国が一致団結してZ国に制裁を加えることによって侵略行為を停止させ、A国の主権を回復させる仕組みであると定義できる。同時にこのような仕組みを機能させることによって侵略を予め抑止する仕組みでもある。歴史的に見るとこの集団安全保障という考え方はイマニュエル・カントが『永遠平和のために』で提唱したのが最初といわれ、やがて第1次世界大戦後に国際連盟として具体化し、連盟規約第10〜17条に集団安全保障の原則が盛り込まれた。第2次世界大戦後に設立された国際連合は、集団安全保障を実現しようとして失敗した国際連盟の教訓を踏まえた仕組みをその内部に埋め込んできたが、内部矛盾も抱え込むことになった。第1に、パワーポリティックス的仕組みとしての大国中心の安保理常任理事国制度（P5）と主権平等原理に基づく

総会との矛盾、第2に国連憲章第7章に盛り込まれた集団安全保障の仕組みと第8章に盛り込まれた「同盟結成の権利」との矛盾という2組の矛盾である。パワーポリティックス的仕組みとしてのP5は、P5各国相互間が協力しあう、少なくとも相互間に鋭い対立がないことを前提として集団安全保障を目指していたが、戦後の米ソ冷戦という現実がこの理想の実現を阻害したのである。

　ジョセフ・ナイはZ国の武力侵略に対してA～Y諸国が武力によって抑止しようとする点で集団安全保障は勢力均衡政策（バランス・オブ・パワー）と似ていると指摘したことがあるが、後者は力の均衡によって国益を実現しようとするものであり、P5を構成する大国が対立している場合には前者より後者に傾斜する傾向が強くなる。

　集団的自衛権と集団安全保障は、ともにZ国のA国に対する侵略はA～Y国すべてに対する侵略と同じであるという発想に基づいているが、前者は同盟外部からの侵略に対する措置であり、後者は国際社会内部の一部からの侵略に対する措置である点で大きく異なるものである（☛本章第2節「勢力均衡政策」）。

◆参考文献（追加参考文献☛ QR 4-3-1-2）

QR 4-3-1-2

① 半田滋『日本は戦争をするのか——集団的自衛権と自衛隊』岩波新書，2014年．
② 浦田一郎・前田哲男・半田滋『ハンドブック集団的自衛権』岩波ブックレット，2013年．
③ 豊下楢彦『集団的自衛権とは何か』岩波新書，2007年．
④ 猪口孝・田中明彦・恒川恵一・薬師寺泰蔵・山内昌之編『国際政治辞典』弘文堂，2007年（自衛権，集団的自衛権，集団的安全保障の各項目）．
⑤ 国際法学会編『国際関係法辞典（第2版）』三省堂，2005年（自衛権，集団的自衛権，集団的安全保障の各項目）．

172　第Ⅳ部　主権国家と安全保障をめぐるイシュー

第 2 節　勢力均衡政策

勢力均衡の定義・目的・類型

　勢力均衡（Balance of Power）とは、一般的に国家間において力の分布が均等になる状態、またはそうした状態を形成して維持する政策を指す。勢力均衡の目的は、強大な力をもつ国家の出現を防ぐことと、各国の力を均衡させることによって戦争を防ぐことの2つに大別される。

　勢力均衡について最初に指摘したのは、現在でも現実主義（リアリズム）研究に多大な影響を及ぼし続けている古代ギリシャの思想家であるトゥキディデスとされる。しかし、勢力均衡が政策として用いられるようになるのは、ウェストファリア体制確立後のヨーロッパにおいてである。モーゲンソー（Hans Morgenthau）やバターフィールド（Herbert Butterfield）は、ヨーロッパにおいて勢力均衡の機能はつねに「自動調節された」と指摘しているが、その背景には国際政治のアナーキー性と近代ヨーロッパの諸特徴がある。国際政治のアナーキー性とは、国内政治と異なり、国際政治上には中央政府が存在しないというものである。各国は、無政府状態のなかで安全を確保するために、勢力均衡を展開した。一方で、近代ヨーロッパは、3カ国以上の大国が存在する多極体系であった。加えて、ヨーロッパ諸国間には、ギリシャ・ローマ文明とキリスト教に基づく一定の文化的共通理解、各国間の「嫉妬深い競争心」（ヒューム）、破壊的な強度をもたない限定的な戦争のみを許容する姿勢［高坂正堯、2004年、5頁］があったため、アナーキー状態のもとにおいても勢力均衡の自動調整が他地域に比べて容易であった（☛第Ⅱ部第1章参照）。

　勢力均衡の類型としては（図4-3-2-1）、①A国が軍事力の増強を図ったことで安全を脅かされたと認識したB国が同盟を形成する「同盟型」が主たるものであるが、それ以外にも、②対立する諸国家が、希少資源（多くの場合が中小国の領土）を分割することで均衡を図る「共同分割型」、③X国――多くの場合、大国――が対立している2国間または多国間の力を均等させるバランサーとして立ち振る舞う「バランサー型」、④対立するA、B2つの大国の間

第3章　主権国家と伝統的安全保障　173

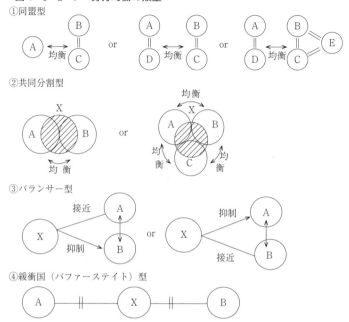

図4-3-2-1　勢力均衡の類型
①同盟型
②共同分割型
③バランサー型
④緩衝国（バファーステイト）型

出所）①②：滝田賢治「権力論」細谷千博・臼井久和編『国際政治の世界』有信堂、1987年、244-245頁。
③④：滝田作成。

で自国の安全保障を確保するために中小国であるX国が両国の均衡を図る「緩衝国家型」、⑤大国が協調して勢力の均衡を維持しようとする「大国間協調型」、に類型化が可能である。歴史を俯瞰すると、最も頻繁にとられた勢力均衡の形態は「同盟型」である。例えば、第1次世界大戦における三国同盟と三国協商が挙げられる。「共同分割型」の事例としては、ロシア、プロイセン、オーストリアによる3回のポーランド分割がその典型である。歴史上、「バランサー」の役割を果たした国家の事例としては、19世紀のイギリス（パクス・ブリタニカ）とビスマルクが外交を担ったプロイセンが挙げられる。また、「緩衝国家」の事例としては、英仏植民地の緩衝地帯としてのシャム（タイ）、ソ連ブロックとアメリカブロックの緩衝地帯としてのフィンランド（「フィンランド化」）などが指摘できる。「大国間協調型」の代表的事例はメッテルニヒとカースルレイが主導したウィーン体制である。

ヨーロッパにおける勢力均衡はビスマルクの失脚以後、プロイセンの強国化が結果的に第1次世界大戦という壊滅的な戦争を招いたこと、第1次世界大戦後に旧外交が否定され、外交が大衆化したことで文化的な共通理解が弱体化したこと［高坂正堯、2004年、5頁］、によって自動調節機能が崩壊した。

　勢力均衡の機能不全を受けて、第1次世界大戦後から国際社会において真剣に検討され始めたのが集団安全保障の構想であった。勢力均衡と集団安全保障の違いは、①勢力均衡の主体が主権国家だったのに対し、集団安全保障は国際機構のイニシアティブのもとで主権国家が協調して行動する点、②勢力均衡は武力行使が合法とされたが、集団安全保障は武力行使を禁止した点、③国際機構下で協定を結んだ諸国家のなかで、どの1国でも侵略国となった場合はそれ以外の国々によって集団制裁が加えられる点、であった。しかし、第1次世界大戦後に設立された国際連盟は、アメリカとソ連という大国が不参加で集団安全保障の機構として機能しなかった。第2次世界大戦後に設立された国際連合は、その憲章第7章において、平和への脅威に対しては軍事的措置をとることを許可した。しかし、安全保障理事会の5大国であるアメリカとソ連を中心とした冷戦が展開されたことで、集団安全保障は思ったような成果を挙げられなかった。なぜなら、5大国の1国でも拒否権を行使した場合、安保理決議は否決されるためである。実際に国際連合によって国連軍が組織されたのは、ソ連の国連大使が安全保障理事会を欠席した1950年の朝鮮戦争のみであった（☞第Ⅰ部「近現代国際政治史」参照）。

政策としての勢力均衡：バランシング

　第1次世界大戦後に国際政治学が学問として成立して以降、勢力均衡は長い間、国際関係論の主要な研究テーマの1つであり続けている。そのなかでも、構造的リアリズム（ネオリアリズム）の登場以降、政策として勢力均衡のあり方が再検討され、勢力を均衡させること、すなわちバランシングについて多様な見方が登場した。バランシング、そしてバンドワゴニングという対外政策は、裏を返せば「当該国家がどのように他の国々と同盟するか」という同盟理論について考えることでもある。ここでは、対象、質、資源という3つの視点からバランシングを整理してみよう。

第3章　主権国家と伝統的安全保障　　175

　まず、バランシングの対象、つまり「誰」に対して対抗するかという点に関して見ていきたい。勢力均衡論は現実主義を理論化したモーゲンソーから構造的リアリストの祖であるウォルツ（Kenneth Waltz）に至るまで、「弱い側に付くことで強者とのバランスを図る行為」と定義されてきた。ここでの強者とは、国際政治上で最もパワーを有する覇権国（超大国）のことであり、バランシングの対象は覇権国となる。別の見方をすると、パワーこそが勢力均衡のための源泉であった。この見方に対して疑問を呈したのがウォルト（Stephen Walt）である。ウォルトは、バランシングを「（最も）脅威と考える側に対抗する勢力に付く行為」と定義する。よってバランシングの対象は覇権国に限らず、当該国家に隣接する大国や国際社会の規範に従わない諸国家、内政が不安定な権威主義国家や破綻国家なども含まれることになる。ウォルトは脅威認識こそ勢力均衡の源泉と考えたのである。

　一方、バランシングの質に注目すると、ハード・バランシングとソフト・バランシングという区分が可能となる。冷戦という米ソを中心とした「緩やかな双極」体系においては、中小国が最も強い国家、または最も脅威を感じる国家に対抗するために、同じ陣営に属する諸国家と軍事同盟を取り結ぶハード・バランシングが想定されてきた。これまで論じてきた勢力均衡はすべてハード・バランシングの事例であった。しかし、冷戦後の時代においてはアメリカが唯一の超大国となり、国際政治構造が単極体系と呼ばれる状態に移行してからは、軍事力、経済力ともに圧倒的な力をもつアメリカに対して他国が軍事力に基づくハード・バランシングを展開することが困難になった。そこで登場したのがソフト・バランシングの議論である。ソフト・バランシングの目的とは、超大国であるアメリカの能力が圧倒的に優越であることを受け入れた上で、他国がアメリカのパワーの乱用に警鐘を鳴らしたり、その能力を制限しようとして、強引な単独行動を抑制することである。例えば、レイン（Christopher Layne）はソフト・バランシングの手段を、①地域機構の結成や定期的に開催される首脳会談、または非公式の協約などによってアメリカのパワーの行使を限定する、②国連や国際制度を活用してアメリカの行動をコントロールする、③領域の使用を許可しない（例えば、アメリカに対して領内にある基地の使用を許可しない）、④軍事力ではなく、経済的な力を行使する、⑤他国から正当性を得る、という

5つに分類している［レイン、2011年、314-315頁］。

　ソフト・バランシングの議論と同様に、冷戦後に検討されるようになった問題は、各国が「何をバランシングの資源とするのか」という点であった。一般的にバランシングは他国との同盟を資源とする外的バランシングと、内政を資源とする内的バランシングに大別される。外的バランシングは、自国のパワーだけでは対抗できない超大国や強く脅威を感じている国家に対して、他国と同盟を結ぶことでパワーを増幅し、対抗するという戦略である。これはハード・バランシングの資源であり、冷戦期までの勢力均衡の多くの事例は外的バランシングであった。一方、超大国または脅威認識が高い国に対して、自国においてそれらの諸国家よりも優位な分野、つまり非対称性を使って対抗するのが内的バランシングである［ウォルト、2008年、189-191頁］。内的バランシングは超大国に対して、それ以外の諸国家がソフト・バランシングする際にしばしば見られる形態である。

　超大国アメリカの影響力が減退しつつある今日、レイン、ミアシャイマー（John Mearsheimer）、ウォルトといった構造的リアリストがアメリカの政策の1つとして提唱しているのが、オフショア・バランシングである。これは、世界的規模での直接的な軍事力の展開は極力避け、同盟や多国間主義を通して潜在的脅威に対抗するというアメリカの目的を達成するとともに、各地域でアメリカの影響力を維持する政策であり、同盟国に責任を委託するものである。例えば、直接的な関与を極力避けようとするオバマ政権第2期の中東政策は、オフショア・バランシングの事例といえよう。

　これまで説明してきたバランシングは、ある国が他国に対してバランシングするために同盟するというものであった。これに対し、デーヴィッド（Steven David）は、冷戦末期に、政情が不安定な「第三世界」のリーダーたちが大国と同盟する理由は、「当該国家を取り巻く国際政治上での脅威に対抗するためだけではなく、国内政治の脅威にも対抗するためである」と主張し、むしろ国内的脅威へ対抗することこそ安全保障上の優先的な課題とする「オムニ・バランシング」を提唱した［David, 1991, pp.235-238］。「第三世界」という概念は冷戦期特有のものであるが、現在でも一部の中東、アフリカ、東南アジア、南アジア、旧ソ連圏の国々の外交政策については、国内脅威への対応を最優先とする

第 3 章　主権国家と伝統的安全保障　177

「オムニ・バランシング」の説明が当てはまる。

勢力均衡以外の政策：バンドワゴニング

前の項では国家の政策としての勢力均衡、つまりバランシングについて概観したが、バランシングだけが国家がとりうる安全保障政策ではない。ウォルファーズ（Arnold Wolfers）が指摘したように、国際政治上の弱小国は安全を確保するために、同盟によって強大な国家に対抗するよりも強大な国家の側につく政策、すなわちバンドワゴニングを選択する場合もある [Wolfers 1962, p.124]。バンドワゴニングにも、覇権国について現状維持を目指す場合と、潜在的覇権国について現状が打破され、潜在的覇権国が覇権国となった際にそのお零れにあずかろうとする場合（シュウェラーはこれを獲物に群がるジャッカル〈日本でいうハイエナに相当すると思われる〉にかけ、ジャッカル・バンドワゴニングと呼んでいる）がある [Schweller, 1994, pp.100-104]。バンドワゴニングの行動の源泉もバランシングと同じように、パワーと脅威認識である。

同盟のディレンマ

バランシングにしろ、バンドワゴニングにしろ、生存や利益確保のために他国と同盟を締結した多くの中小国は、同盟締結後も安全保障確保のためにつねに「同盟のディレンマ」に悩まされることになる。その代表的なものが、同盟締結後、または同盟関係が強く認識される危機に際して生じる、「巻き込まれる恐怖」と「見捨てられる恐怖」の間のディレンマである。「巻き込まれる恐怖」とは、同盟を理由にある国家が利益を共有していない、または部分的にしか共有していないにもかかわらず紛争に引きずり込まれることである。一方、「見捨てられる恐怖」とは、自国が危機に陥った際に、①同盟の相手国が同盟の再結成を行う、②同盟関係が破綻し、同盟の相手国が同盟から脱退する、③自国が明確な同盟原則の遵守に失敗する、④不測の緊急事態が発生し同盟相手国からの支援が必要なときに、その支援が得ら

安全保障のディレンマ（security dilemma）
「同盟のディレンマ」としばしば混同される「安全保障のディレンマ」という概念がある。相互に軍事的緊張関係にある隣国や近隣のＡ国とＢ国が自国の安全保障に不安を抱き、交互に軍拡を進めたり他国と同盟関係に入ることにより、自国の安全保障が強化されるのではなく逆に自国の安全保障が脅かされる結果になる皮肉な状況をいう（☞第Ⅳ部第3章第2節、第4節）。

れない、という4つの事態のいずれかが生まれることに対する恐怖である。このように、国際政治上で中小国は、同盟締結の前も後も安全保障の問題に悩まされ続けるのである（☞第Ⅱ部第1章）。

勢力均衡の現在地

冒頭で述べたように、勢力均衡はその状態を指す場合と戦略を指す場合がある。冷戦後の世界では、せいぜい特定の地域での勢力均衡を達成するのが現実的で、世界大で勢力均衡という状態を醸成するのが困難になってきている。オフショア・バランシングの議論はそうした実情を反映している。その背景として、グローバリゼーションによる国際政治の相互依存関係の深化や非国家アクターの影響力の増大が指摘できる。覇権国アメリカと覇権挑戦国中国の勢力争いは近年激化しているが、両国の相互依存関係の強さを考えると、冷戦期のように世界を分割する二極化をもたらすことは考えにくい。一方、戦略としての勢力均衡（およびバンドワゴニング）はいまだに有効な戦略として、現実政治のなかで用いられている。

世界が複雑化するなかで、状態としても戦略としても勢力均衡の規模は縮小しているが、それでも勢力均衡はいまだに国際政治において重要な概念であり続けている。

QR4-3-2-1

◆**参考文献**（追加参考文献☞ QR4-3-2-1）
①土山實男『安全保障の国際政治学——焦りと傲り（第二版）』有斐閣，2014年.
②細谷雄一『国際秩序——18世紀ヨーロッパから21世紀アジアへ』中公新書，2012年.
③クリストファー・レイン（奥山真司訳）『幻想の平和——1940年から現在までのアメリカの大戦略』五月書房，2011年.
④ケネス・ウォルツ（河野勝・岡垣知子訳）『国際政治の理論』勁草書房，2010年.
⑤高坂正堯「勢力均衡」田中明彦・中西寛編『新・国際政治経済の基礎知識』有斐閣，2004年，4-5頁.
⑥スティーヴン・ウォルト（奥山真司訳）『米国世界戦略の核心——世界は「アメリカン・パワー」を制御できるのか？』五月書房，2008年.

第3節　大量破壊兵器

　大量破壊兵器（WMD）とは、字義上は大規模な殺傷や破壊をもたらしうる強力な兵器のことであり、一般的には核兵器・生物兵器・化学兵器の3種類を意味する。3種類の兵器の頭文字をとって、NBC兵器とも呼ばれる（核Nuclear、生物Biological、化学Chemical）。核兵器の核をnuclearの代わりにAtomicを採用してABC兵器という場合もある。運搬手段であるミサイルも、これらの兵器の問題と併せて検討されることが多い。また、近年ではテロ対策の観点から、NBC兵器に放射性物質（Radiological）と爆発物（Explosive）を追加したCBRNE兵器という用語もあるが、ここでは主にNBC兵器を扱う。

　NBC兵器は、2度の世界大戦において戦争の手段として本格的に登場した。そしてほぼ同時に、非人道的な惨禍を生むこれらの兵器を規制する動きが生じた。しかし、大量破壊兵器が一括して国際政治上の重要な問題として扱われるようになったのは、冷戦終結後のことであった。

生物・化学兵器の登場と規制

　戦争における毒物の使用は古代から見られるが、化学兵器は本格的には第1次世界大戦で初めて用いられた（☞年表QR4-3-3-1）。各国は化学兵器の開発を競い、実戦に投入した。生物兵器の開発も進められたが、実戦では使用されなかった（☞年表QR4-3-3-2）。化学兵器のもたらした甚大な人的被害を踏まえ、化学兵器と生物兵器の使用を禁止するジュネーヴ議定書（☞QR4-3-3-3）が1925年に結ばれた。第2次世界大戦では、日本軍による中国での両兵器の使用などの例外はあったものの、大規模には使用されなかった。

QR4-3-3-1

QR4-3-3-2

QR4-3-3-3

　ジュネーヴ議定書では両兵器の使用が禁止されたのみであり、包括的な規制が実現したのは後年のことであった。生物兵器は1975年発効の生物兵器禁止条約によって、化学兵器は1997年発効の化学兵器禁止条約によって、開発・生産・貯蔵が禁止された。後者に基づき、検証を行うための国際機関として化学兵器禁止機関（OPCW）が設立された。

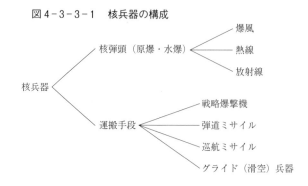
図4-3-3-1　核兵器の構成

国際政治を変えた核兵器

　第2次大戦において登場した核兵器は、その絶大な破壊力により、以後の国際政治のあり方や軍事戦略を一変させた。冷戦時代、米ソ両国は核戦力の開発や増強を競い合い、全人類を何度も殺し尽くせる規模の核兵器を蓄えた。イギリスとフランス、中国も1960年代までに核兵器を保有した。

　核兵器の使用による被害を回避すべく、核兵器を保有する国が新たに増えることを防ごうとする核不拡散と、既存の核兵器を削減する核軍縮が試みられてきた。核不拡散条約（NPT）は、すでに核兵器を保有する5カ国以外が新たに保有しないことを目指したが、1998年にインドとパキスタン、2006年に北朝鮮が核保有を宣言しており、イスラエルも核兵器を保有すると考えられている。しかし、2020年現在でも核兵器を保有する国は9カ国に限られており、核不拡散の取り組みが一定の成果を残してきたともいわれる。

　既存の核兵器を減らす核軍縮の取り組みは、桁外れに多くの核兵器を保有する米ソ両国の間で1970年代以降に進められた。冷戦終結後も米ロに引き継がれて、2010年に合意された新STARTでは、2018年までに両国それぞれが配備済みの戦略核弾頭を、1,550発に削減することを約束した。しかしその後の米ロの関係悪化により、履行の実現が危ぶまれている（☛年表QR4-3-3-4）。

QR4-3-3-4

大量破壊兵器と湾岸・イラク戦争

　湾岸戦争（1990〜91年）の終結の条件を定めた国連安保理決議687号は、イラクによる化学・生物・核兵器の破棄を求め、これら大量破壊兵器を中東地域か

らなくすという目標を掲げた。その後の国連の査察により、イラクで NBC 兵器すべての開発が進んでいたことが判明した。以後、国際政治において大量破壊兵器の拡散を防ぐという課題が浮上し、取り組みが進められた。

アメリカは冷戦終結後の安全保障戦略において、世界各地の地域秩序の安定化のため、大量破壊兵器の不拡散を重要視した。ブッシュ Jr. 政権は、イラクが大量破壊兵器の開発を再開していると主張し、査察の拒否を理由として、2003年にイギリスらとともにイラク戦争に踏みきった。しかし戦後、イラクによる大量破壊兵器の開発の証拠は発見されず、戦争の正当性が疑問視された。

近年は、テロリストが大量破壊兵器を用いることへの懸念が高まっている。特に放射性物質を通常の爆薬によって拡散させるダーティ・ボムの使用や、核施設への攻撃に備えることが、各国政府にとって重要な課題となっている。

核軍縮・不拡散と日本

唯一の戦争被爆国である日本は、「核兵器を持たず、作らず、持ち込ませず」という非核三原則を掲げてきた（佐藤栄作首相が1967年に示した）。国際社会においても核廃絶を訴える役割を果たしてきた。しかし他方で、日本がアメリカの「核の傘」のもとにある、すなわち核保有国アメリカの庇護を受けているという現実もあり、アメリカ軍による日本への核兵器の持ち込みを認めていたことが近年に判明している（「核密約」問題）。

オバマ大統領は2009年4月に「核なき世界」演説（プラハ演説）を行い、一時的に核廃絶への期待が世界的に高まると、日本も2010年にオーストラリアとともに非保有国による核軍縮・不拡散イニシアティブ（☞ QR 4-3-3-5）を立ち上げて後押しを試みた。しかし即時の核廃絶を求める急進派と段階的な削減を主張する核保有国との立場の溝は埋まらなかった。急進派は、核兵器の使用や保有などを幅広く禁止する核兵器禁止条約の制定を目指し、核保有国やその同盟国などの参加が得られないままに条約交渉が進められ、2017年7月に採択された。2020年10月に50カ国目となるホンジュラスが批准し、2021年1月に発効した。

QR 4-3-3-5

日本政府はこの問題で難しい立場に立たされた。従来は核軍縮の旗振り役として存在感を示してきたが、2006年以降核実験を繰り返す北朝鮮からの脅威に

182　第Ⅳ部　主権国家と安全保障をめぐるイシュー

さらされて、「核の傘」への依存を強めていたと考えられる。結果的に、日本政府は条約交渉の開始に反対票を投じ、交渉にも参加しなかった。

ミサイル軍拡の新時代

　核弾頭の運搬手段に目を向けると、広島と長崎に原子爆弾を落としたのは爆撃機であった。冷戦期は、ミサイルが主力となった。エンジンにより自力飛行する巡航ミサイルと、打ち上げられて高高度を飛行する弾道ミサイルに大別できる（☞図4-3-3-1）。

　冷戦期の米ソの相互確証破壊、すなわち互いに先制攻撃を受けても相手国を確実に殲滅できる状態をもたらした中心要素が、弾道ミサイルであった。それゆえ、射程500〜5,500kmの地上発射型ミサイルを全廃する中距離核戦力（INF）条約を1987年に米ソが結んだことは、冷戦終結を決定づけた。

　その後、ミサイルの脅威は新たな展開を見せた。INF条約対象外の国々である、中国や北朝鮮、インドやパキスタン、イスラエルやイランなどで、ミサイル開発が進んだ。1998年、北朝鮮が日本列島上空を越えて太平洋に打ち込んだ中距離弾道ミサイル「テポドン1号」は、日本国内にミサイルの脅威を鮮烈に印象づけた。

　これらの国々、特に中国のミサイル開発が野放図となっていることからINF条約への懐疑の声が出始め、関係の悪化していたアメリカとロシアが互いに条約違反を非難するようになり、ついにアメリカが離脱を宣言し、2019年に条約が失効した。こうしてミサイル開発を競う新時代へと突入した。ミサイル防衛の技術や、新たな核弾頭の運搬手段としてグライダー型の滑空体を用いる極超音速兵器などの開発が各国で進められている。

◆参考文献
①森本敏・高橋杉雄編『新たなミサイル軍拡競争と日本の防衛』並木書房，2020年.
②スコット・セーガン，ケネス・ウォルツ（川上高司監訳）『核兵器の拡散——終わりなき論争』勁草書房，2017年.
③秋山信将編『NPT——核のグローバル・ガバナンス』岩波書店，2015年.

第4節　新しい戦争

「新しい戦争」という新しい言葉

　「新しい戦争」という言葉は、2001年9月11日にアメリカのニューヨークにあった世界貿易センタービルがイスラム過激派のテロリスト集団によって破壊され、約3,600人もの犠牲者を生み出した大惨事——テロについての国際的合意なしに「9・11同時多発テロ」とアメリカ政府も世界のメディアも表現してきた——に対して、アメリカが中心となって開始した「テロとの戦争（War on Terror）」によって人口に膾炙されるようになった。それまでの戦争、すなわち「古い戦争」は国家と国家の戦争という戦争主体が対称的な戦争であったのに対して、「テロとの戦争」は国家が非国家主体である「テロリスト集団」に対して仕掛ける非対称的な戦争であるからである。その後、「テロとの戦争」ばかりでなく、国家対国家以外のすべての戦争や、国家対国家の戦争であっても国家の戦争装置である軍隊ばかりでなく民間軍事会社を利用する戦争や無人攻撃機を使った戦争形態あるいはサイバー攻撃も「新しい戦争」と認識されるようになっている。

テロの定義と「テロとの戦争」

　2001年の9・11事件直後からブッシュJr.政権は、テロやテロ組織を明確に定義することなく「テロとの戦争」という新しい概念を掲げてイギリスなどとアフガン戦争に突入していった。今日に至るまでテロについて国際社会で合意された普遍的な定義は存在していない（☞第Ⅲ部第9章「テロ組織・海賊」参照）。国連でも議論されたが、結論には達しなかった。宮坂直史は「非国家アクターが、不法な力の行使またはその脅しによって、公共の安全を意図的に損なう行為につき、国家機関と社会の一部ないし大部分が恐怖、不安、動揺をもって受け止める現象」（☞第Ⅲ部第9章）と定義している。

　ブッシュ政権は9・11事件をウサーマ・ビン・ラーディン指導下のアル・カーイダが行った犯行と断定し、アル・カーイダを保護していると認定してい

たアフガニスタンのタリバーン政権にイギリスなどと「有志連合」を組み「懲罰的攻撃」を仕掛けたのである。このタリバーン政権と密接な関係をもっていると認識していたイラクが、大量破壊兵器を保有しているとの理由で、2003年3月20日、先制攻撃であると国際的非難を浴びながらもイラク戦争に突入していった。イラクの敗戦・崩壊後、イスラーム教徒を名乗るISが登場し、シリア内戦に介入するとともにSNSを駆使して「聖戦」を戦う「イスラーム戦士」を募りつつ、世界各地でホームグロウン・テロリストにテロ事件を奨励している。その結果、世界中が非対称な「安全保障のディレンマ」の渦に巻き込まれている（☛第Ⅳ部第3章第3節）。

『超限戦：21世紀の新しい戦争』

「21世紀の新しい戦争」というサブタイトルのついた『超限戦』という著作が出版されたのは冷戦終結過程で発生した第1次湾岸戦争がアメリカの圧勝に終わり、アメリカ一極体制とかパクス・アメリカーナⅡとかアメリカ帝国論がもてはやされていた1990年代のことであった。軍事革命（RMA）の成果をいかんなく発揮したアメリカ軍の圧勝を観察していた中国人民解放軍の若手将校2人が執筆したものであった。9・11事件が発生して、改めてこの著作が注目を浴びることになったのである。著者2人の造語である「超限戦」とは、文字通り「従来、限界と思われていた境界を超越する戦争」を意味する。すなわちあらゆる場所が戦場となり、あらゆるものが戦争の手段となるようになる戦争の性格の革命的な変化を主張したものである。一見、戦争とは無関係に見える非軍事的手段が、戦争を構成するという指摘が最も重要な論点である。9・11事件は民間航空機を手段にして巨大なツィンタワービルを崩壊させ多数の人命を奪い、アメリカ国民を恐怖のどん底に陥れたのである。このように攻撃の主体側に人的・物的被害を生み出さない形で、攻撃対象の国家に打撃を与える形を変えた戦争があると説くのである。貿易戦争（不利な貿易ルールの強制・経済制裁など）、金融戦争（ヘッジファンドによる市場攪乱・通貨切り上げ圧力・金融制裁など）、テロとの戦争（テロリストへの対応・サイバーテロなど）、生態戦争（ハイテク技術により地球環境を物理的に破壊）などは、従来の「古い戦争」概念には含まれないが、これらの「戦争」は国家に甚大な社会的・経済的損失を与えるもの

である。「超限戦」が強調する「新しい戦争」とは、一見、脅威と思っていなかったものが脅威となって国家社会に打撃を与えるものである。

メアリー・カルドアの『新戦争論』

　戦争とは物理的・心理的に人々や社会を恐怖に陥れ、さらには破壊してしまう人間（集団）の組織的行動であるといえる。古代から近現代に至るまで、その主体は部族、民族、宗教集団から主権国家まで広範である。われわれが現代の戦争と認識するのは主権国家間の総力戦であるが、カルドアは20世紀後半の非正規戦争としてのゲリラ戦を「新しい形態の戦争」の先駆であると指摘した。その上で、「新しい戦争」の特徴を3つ摘出している。第1に、20世紀までの戦争が国家間、イデオロギー間の闘争であったのに対して、「新しい戦争」の原因は民族主義とか宗教原理主義を掲げながらその実、自分たちの集団の利益しか考えない低俗な集団による戦争である。第2に、ゲリラ戦争が人民の「感情と理性」に訴えたのに対して、「新しい戦争」は人民に「恐怖と憎悪」を生み出すことを目的としている。第3に、「古い戦争」の主役は規律と統制のとれた正規軍であったが、「新しい戦争」の主役はテロ組織、犯罪組織、傭兵などであるが、高度な兵器と技術で武装された集団である。

　カルドアは言及していないが、戦場に民間軍事会社の「社員」が動員されたり、無人航空機（ドローン）が投入され遠隔無線操作でまるでTVゲームのように殺戮が行われたり、サイバー空間での相互攻撃が行われている現実も、「新しい戦争」の一形態であろう。

　昔から個人単位で国家や特定部隊に雇われるフランス外人部隊のような傭兵は存在していた。冷戦後に出現した民間軍事会社（PMC = Private Military Company または PMSC = Private Military and Security Company）は、それらに比べてはるかに規模が大きく戦闘ばかりでなく、兵站や教育・訓練も行うなど能力も正規軍に劣らない軍隊そのものである。PMCが登場したのは、冷戦が終結して軍事費が大幅に削減されたため、外注（アウトソーシング）しなければならなかったからである。PMC「社員」の犠牲は、自国軍兵士の統計上の犠牲者にはカウントされないために、政府に対する世論の風当たりが弱くなる効果もある。しかし冷戦後、急速に拡大したため、PMC「社員」による無差別発砲

や虐殺行為などが頻発するようになり、2008年9月にスイスのモントルーに欧米諸国や中国・イラクなど17カ国が集まり、国際法的な拘束力はないがモントルー文書に合意して国際的規制ができつつある。

　無人偵察機や無人航空機（ドローン）がアメリカを中心に飛躍的「進歩」を遂げてきたが、近年ではアメリカに限らず中露などもドローン開発に注力している。無人航空機は必ずしも軍事専用という訳ではなく、災害現場を上空から撮影したり、農薬を散布するために利用されるものも急激に登場してきているが、国際政治で問題となっているのは軍事用無人航空機である。グローバルホークは偵察専用であるが、アメリカのジェネラル・アトミックス社が開発したプレデターは、1995年以降、ボスニア・アフガン・イラク戦争などに投入されてきた偵察機であり、武装型のMQ-1は対地攻撃機として投入されている。グローバルホークもプレデターも機体を目視しながら操作するタイプと、遠隔地から衛星回線を利用して操作するタイプがあり、武装型のMQ-1のプレデターが戦場に投入されると、誤爆によって多くの民間人が殺傷されるケースが増大しているため国際的な批判の的になっている。

　正規軍や通常兵器以外に、PMC「社員」や偽装漁民という代理戦闘員、ドローン、サイバー攻撃、SNSなど利用可能なすべての手段を巧みに総動員する「ハイブリッド戦争」も新しい戦争といえる。

QR4-3-4-1

◆参考文献（追加参考文献☞ QR4-3-4-1）
①ポール・シャーレ（伏見威蕃訳）『無人の兵団——AI，ロボット，自律型兵器と未来の戦争』早川書房，2019年．
②リチャード・クラーク，ロバート・ネイク（北川知子・峯村利哉訳）『核を超える世界サイバー戦争』徳間書店，2011年．
③P.W. シンガー（小林由香利訳）『ロボット兵士の戦争』日本放送出版協会，2010年．
④メアリー・カルドー（山本武彦・渡部正樹訳）『新戦争論——グローバル時代の組織的暴力』岩波書店，2003年．

第4章　地球社会と人間の安全保障

第1節　人間の安全保障

　人々1人ひとりの安全を最優先するという人間の安全保障の考え方は、伝統的な安全保障観を2つの点で変化させた。1つ目は、脅威の源である。従来、安全保障といえば、他国からの攻撃という脅威に対する軍事力による領土防衛に象徴される「国家の」安全保障を指した。冷戦終結後は、国家の安全保障観を支配していた大国間戦争のリスクが減る一方、内戦、災害、貧困、病気等、ときには国境を越えて拡散する脅威に対する国際社会の関心が高まった。2つ目は、安全を保障する対象である。伝統的安全保障は国家を対象としたが、人間の安全保障は国民1人ひとりや、国民からなるコミュニティに目を向ける。2011年3月11日に発生した東日本大震災でも、女性や子ども、障害者を含む被災者1人ひとりの安全が議論され、国内外の様々なアクターが支援に向かった。人間の安全保障は遠い紛争国や貧困国のためだけの概念ではなく、先進国でも発生しうる現代的脅威から私たち1人ひとりをいかに守るかという視点を提供する。

> **さまざまな「安全保障」**
> 「国家安全保障」を基軸としつつも、テロ、サイバー攻撃や国内武力紛争（内戦）等、脅威の国際的波及や多国間協調による国際的対応を意識し「国際安全保障」と表現されることがある。また、1970年代終わりから80年代にかけて、日本は、軍事的脅威から領土を守るための軍事力による対応を意味する伝統的な国家安全保障に加え、政治的、経済的、社会的な非軍事的脅威への非軍事的対応を含めた安全保障として「総合安全保障」政策を掲げた。その他、食料安全保障、環境安全保障など特定課題を念頭に置いた表現もある。

　一方で、国家安全保障観でも、対象は国家内の自国民であり、人間の安全保障は何ら新しいものではないとの批判がある。しかし、国家安全保障の対象は国民という総体であり、例えば1991年にイラク北部で発生したクルド難民危機（☞QR4-4-1-1）に見られるように、少数民族や貧困層といった国内の社会的弱者の保護の必要性は見逃されがちであった。もう1つ、アフリカ等の国は、人間の安全保障は、主権国家の枠を越え、大国が内政干渉をするための介入の口実だと批判する。この意見に対しては、国民を守る一義的な責任は国家にあり、人間の安全保障は国家主権や領土保全を尊重し、補完的に実施されるもの

QR4-4-1-1

であると整理されている。冷戦終結に伴い、大国間関係の安全保障観ではとらえきれない問題に取り組む必要性が高まり、人間の安全保障概念は発展した。

しかし、人間の安全保障には確立した定義がない。様々な文脈で使用できる柔軟性があるとの評価がある一方、分析概念としても、政策概念としても、包摂する分野が広範にわたり、曖昧すぎるという指摘がある。このような事情に伴い、1994年に国連開発計画（UNDP）が『人間開発報告書』で人間の安全保障を提唱して以降、各国政府や地域機構は、各々の方針や関心によって議論を進めてきた。例えばカナダは、紛争や抑圧等の「恐怖からの自由」を重視し、後の「保護する責任（R2P＝Responsibility to Protect）」（☞第Ⅳ部第4章第2節）の議論に結びつけていった。これに対し、人間の安全保障を推進するもう1つの中心的な国である日本（☞QR4-4-1-2）は、貧困・教育・医療等の機会の「欠乏からの自由」を重視し、政府開発援助（ODA）を通じた人間の安全保障の実現に力を注いだ。

QR4-4-1-2

Ⅳ-4-1-1　UNDP『人間開発報告書』1994年

安全保障という概念はかなり長い間、狭義に捉えられてきた。たとえば外部侵略から領土を守る安全保障や、外交政策を通じて国家利益を保持する安全保障、核のホロコーストから地球を救う安全保障などである。安全保障の概念は、人間よりも国家とのつながりが強かった。超大国はイデオロギー闘争にこり固まり、世界各地で冷戦を繰り広げた。開発途上国が独立を勝ち取ったのはつい最近で、脆弱な国家の独自性を脅かす現実や可能性に対して敏感だった。そのため、安心して日常生活を送りたいという普通の人々に対する正当な配慮はなおざりにされてきた。多くの人にとって安全とは、病気や飢餓、失業、犯罪、社会の軋轢、政治的弾圧、環境災害などの脅威から守られることを意味している。冷戦の暗い影が薄れていくなかで、なおも眼前で頻繁に繰り広げられているのは国際間の戦争ではなく、国内の紛争である。

大半の人々が不安を感じるのは世の中の激変よりも、日常生活における心配事である。自分と家族の食べものは充分にあるだろうか。職を失うことはないだろうか。街頭や近所で犯罪は起こらないだろうか。圧政的な政府に拷問されないだろうか。宗教や民族背景のために迫害されないだろうか。

つまり「人間の安全保障」とは、子供が死なないこと、病気が広がらないこと、職を失わないこと、民族間の緊張が暴力に発展しないこと、反体制派が口を封じられないことなどである。「人間の安全保障」とは武器への関心を向けることではなく、人

間の生活や尊厳にかかわることである。

出所) 国連開発計画『人間開発報告書1994』日本語版、国際協力出版会、1994年、22頁。

　2000年の国連ミレニアム・サミットで、コフィ・アナン国連事務総長（当時）が国際社会に対し、人間の安全保障の重要な構成要素である上述の２つの自由の実現を呼びかけた。それに日本政府が呼応し、緒方貞子、アマルティア・センを共同議長とする人間の安全保障委員会が設置された。同委員会が2003年に出した最終報告書『安全保障の今日的課題』では、危機からの保護と、危機を乗り越えるための能力強化（エンパワメント）が強調された。2005年の国連総会首脳会合（世界サミット）成果文書では、人間の安全保障の定義づけに向けて引き続き討議を続ける旨記載された。

　この流れのなかで、2012年、日本を含む25カ国の共同提案により、国連総会決議 A/RES/66/290で、人間の安全保障に関する８項目からなる「共通理解」（☛ QR 4-4-1-3）がコンセンサスで採択された。要点は、恐怖と欠乏からの自由、保護と能力強化、人間中心、保護する責任とは異なるといった、人間の安全保障の20年近い議論における重要な要素の総括である。さらに2015年、国連の持続可能な開発目標（Sustainable Development Goals: SDGs）の発表および2016年、史上初の世界人道サミットの開催で、国際社会は「誰も置き去りにしない」とのスローガンの下、最も脆弱な人々を中心に据えた支援の実施を確認した。学術界では、人間の安全保障は、事態対処的な介入より予防を、保護より能力強化を、被害者より弱者への支援を強調し、人々の強靭さ（resilience）を強化するという意味で、介入主義と対比して概念化を目指す試みもある。

QR 4-4-1-3

　人間の安全保障は、主権国家体制との緊張関係や定義の不明確さといった課題を抱えながらも、冷戦後の国際環境の変化をとらえ、支持を得た重要概念の１つといえるだろう。

◆**参考文献**（追加参考文献☛ QR 4-4-1-4）
①東大作編著『人間の安全保障と平和構築』日本評論社，2017年．
②長有紀枝『入門　人間の安全保障』中公新書，2012年．
③人間の安全保障委員会『安全保障の今日的課題──人間の安全保障委員会報告書』
　朝日新聞社，2003年．

QR 4-4-1-4

第2節　人道的介入論

　人道的介入とは、ある国家において生じている極度の人権侵害や迫害を止めることを目的に、他国が単独または共同で当該国の同意なしにとる行動を指す。狭義には一国または複数国による武力行使を指す。広義には、他国のみならず国際機関、非政府組織（NGO）の人道援助団体等による医療、食糧支援等の人道支援を含む考え方がある。人道的介入の定義は論者により様々である。後述する通り、1990年代に行われた人道的介入の事例をめぐり、狭義の人道的介入である、他国による武力行使についての議論が盛んに行われてきた。

　極度の人権侵害が発生する国に対する他国の強制的な武力介入は、国家主権との関係で懐疑的に論じられる。1648年以降のウェストファリア体制で貫かれる国家主権は、他国による内政干渉を認めない。国連憲章は、憲章第7章下で安全保障理事会（安保理）が決定する強制措置または自衛以外では、他国への武力行使を認めない。同憲章は、他国の領土保全と政治的独立の尊重を明記し、内政不干渉原則を確認している。一方、同憲章は人権の尊重を謳い、第2次世界大戦後、人権規範が確立されるなか、迫害や抑圧により無辜の人々が命を失う現実に直面し、国際社会は行動をとらなければならないという意識が強まった。

　冷戦終結後、大国間戦争が減り国内紛争（内戦）が注目されると、内戦下で危険にさらされる人々の保護を目的に「人道的介入」、つまり武力行使が実施されるようになった。1999年の北大西洋条約機構（NATO）によるコソボ空爆は、安保理の授権のない人道的介入として、国際社会のなかで賛否が分かれた。コソボ問題に関する独立国際委員会は、現行国際法規範に不備があり、国際法は発展途上との前提で「違法だが正当」と評価した。これに対し、空爆が必要なほど人道的要請があったのかという道義的観点からの正当性に関する反論や、国際法的観点から国家主権概念の変容いかんについての議論が巻き起こった。

　ある国で深刻な人権侵害が発生していると判断するとき、上述の通り国連安保理は国連憲章で認められた措置を発動することができる。では、個々の国家

の独自の判断による武力行使は正当と認められるのか。介入側には、往々にして人道目的でない、例えば勢力圏拡大などの政治的目的が含まれている。反対に1994年、ルワンダでの大虐殺を止められなかったような、不介入の問題はどうか。他国で人権侵害が起きているとしても、介入するか否かは介入側の都合に左右されることが多い。自国軍を危険にさらしてまで救いの手を差し伸べるべきか、という介入の費用対効果の計算もなされる。

人道的介入は、法的、政治的論争が絶えない一方で、内戦下での深刻な人権侵害から人々を救うための手立てでもあった。アナン国連事務総長（当時）は、1999年と2000年に、いかなるときに人道的な軍事介入が認められるべきか明確にするよう国際社会に呼びかけた。人間の安全保障で「恐怖からの自由」を推進す

ルワンダ内戦の背景と1994年の大虐殺事件

1962年の独立以前より、フツ族（全人口の85％）とツチ族（同14％）の抗争が繰り返されていたが、独立後多数派のフツ族が政権を掌握し、少数派のツチ族を迫害する事件が度々発生していた。1990年に独立前後からウガンダに避難していたツチ族が主体のルワンダ愛国戦線がルワンダに武力侵攻し、フツ族政権との間で内戦が勃発した。1993年8月にアルーシャ和平合意が成立し、右合意を受け、国連は停戦監視を任務とする「国連ルワンダ支援団（UNAMIR）」を派遣したが、1994年4月のハビャリマナ大統領暗殺を契機に、フツ族過激派によるツチ族及びフツ族穏健派の大虐殺が始まり、同年6月までの3ヶ月間に犠牲者は80～100万人に達した。

出所）外務省ホームページ、ルワンダ共和国基礎データ、平成25年11月1日、http://www.mofa.go.jp/mofaj/area/rwanda/data.html

るカナダ政府が呼応し、2000年9月に独立の「介入と国家主権に関する国際委員会（ICISS）」を発足させた。翌年12月、ICISSは『保護する責任（R2P）』報告書で、介入する権利についてR2Pの概念を打ち出した（☞QR4-4-2-1）。

QR4-4-2-1

R2P報告書は、一義的には当該国家に国民を保護する責任があるが、国家に対処能力や意思がない場合、国際社会がその責任を有するとした。武力行使は「人々の保護を目的とする軍事介入」と明記され、非軍事的な広義の「人道的介入」と区別された。軍事介入には、適切な意図、最後の手段、正当な手段、合理的目的といった原則が設けられた。2005年の世界サミット成果文書にて、軍事介入は安保理の授権を要する旨確認された。保護する責任の対象は、国際刑事裁判所（☞第Ⅳ部第4章第4節）が扱う罪と同じく、集団殺害犯罪、人道に対する犯罪、戦争犯罪、侵略犯罪と再設定され、R2Pにおいて軍事介入の原則や基準が精緻化されていった（☞QR4-4-2-2）。

しかし、人道的介入論の難しさが克服されたとはいいがたい。例えば2011年

QR4-4-2-2

3月、リビア内戦に際し、NATO は保護する責任に言及した国連安保理決議1973号に基づき人道目的として空爆を開始した。この空爆に対しては、カダフィ政権打倒という政治的目的や、空爆による文民への甚大な被害があったとの批判が噴出した。一方、2011年以降内戦が続くシリアでは、リビア以上の被害が出ているにもかかわらず、安保理が十分に機能しておらず、非人道的不介入状態となっているとも批判される。以上のように、保護する責任の実施上の課題はあるが、多国間枠組みの存在が、概念の重要性を維持している。例えば、保護する責任フォーカル・ポイント（2020年現在61カ国、AU と EU が参加）や保護する責任フレンズ・グループ（同53カ国）が存在し、NGO 等も参加することができる。人道目的の軍事介入については、今後もさらなる議論が必要である。

QR4-4-2-3

◆参考文献（追加参考文献☞ QR4-4-2-3）
①政所大輔『保護する責任――変容する主権と人道の国際規範』勁草書房，2020年．
②中内政貴・高澤洋志・中村長史・大庭弘継編『資料で読み解く「保護する責任」――関連文書の抄訳と解説』大阪大学出版会，2017年．hdl.handle.net/11094/67203．
③長有紀枝『スレブレニツァ――あるジェノサイドをめぐる考察』東信堂，2009年．

第3節 PKO・武装解除・平和構築・復興開発

　平和維持活動（PKO）とは、伝統的には武力紛争の停戦が成立した後、この停戦が遵守されているかどうかを監視するために、当事者の合意に基づき現地に派遣される軍隊の活動を指した。従来は武力紛争といえば国家間戦争を指したが、冷戦終結後は国家間戦争が減る一方で国内紛争（内戦）による惨事が注目されるようになった。内戦発生国では、停戦のみならず、武装勢力の武装解除から選挙支援、国家機能整備、経済復興等の平和な社会づくりまで国際社会が支援するようになった。これが平和構築活動である。平和構築活動は、それまで停戦監視を主要任務としてきたPKOが任務を多様化して担うようになった部分もあれば、さらに中長期的に、国際機関、ドナー国、NGO等が復興開発支援を行うことも含むものである。

　PKOは、国連にとどまらず、北大西洋条約機構（NATO）、AUや準地域機構の西アフリカ諸国経済共同体（ECOWAS、加盟国15カ国）なども派遣する。NATOは、ボスニア、コソボ、アフガニスタンに治安維持部隊を派遣してきた。AUやECOWASは、アフリカ地域で平和維持部隊を展開しており、多くは国連安保理決議で設立されるPKOに引き継ぐか吸収されている。例えば、マリでは、2013年、ECOWAS主導のミッションが、国連マリ多面的統合安定化ミッション（MINUSMA）に活動を引き継いだ。以下では最も多くの平和維持部隊を派遣してきた国連PKO（☞QR4-4-3-1）に限定して説明を行う。

　国連PKOは、国際連合憲章で謳われる「国際の平和と安全の維持」を目的として、当初は国家間の武力衝突後、停戦が成立すると停戦監視のため現地に派遣された。安保理決議または総会の「平和のための結集決議」に基づき設置されるもので、「紛争当事者の同意」のもと、「不偏的・公平的」立場で活動し、「自衛以外の武器の使用をしない」というPKO3原則を有する。東西冷戦の政治的対立のため、国連創設時に想定された集団安全保障が十分に機能しないなか、代わりに加盟国の軍事要員を現地に派遣し停戦監視を通じて紛争の拡大を防ぐ当座の措置として始まり、慣行を通じて発展した。ゆえに国連憲章には

PKOについて明文の根拠がない。紛争の平和的解決を規定する憲章第6章と、軍事的・非軍事的強制措置を規定する同第7章の間に位置する「6章半」の活動と呼ばれてきた。PKOは実践のなかで国際の平和と安全に対する貢献を認められ、1988年にはノーベル平和賞を受賞した。

以上のような冷戦期の停戦監視を行う伝統的なPKOを第一世代PKOといい、冷戦終結後は、国際社会の環境の変化に伴い新しい任務を有する第二世代、第三世代、第四世代と呼ばれるPKOが設置された（後述）。冷戦後、国家間紛争が減る一方、内戦が国際社会の平和と安全への脅威ととらえられるようになったことに伴い、1992年、ブトロス・ガリ国連事務総長（当時）は『平和への課題』と題する報告書を出した。報告書は、予防外交、平和創造、平和維持、そして紛争が再発するリスクの高い内戦後の社会で平和を定着させるための「平和構築」までの取り組みの必要性を論じた

日本の自衛隊のPKOへの参加
日本では、1992年に国際連合平和維持活動等に対する協力に関する法律（通称PKO法）が成立した。同年、第2次国連アンゴラ監視団（UNAVEM II）への公務員および選挙監視員派遣と、国連カンボジア暫定統治機構（UNTAC）への自衛隊派遣が、日本のPKO活動の始まりである。

QR4-4-3-2

（☞ QR4-4-3-2）。平和構築まで担うようになったPKO、これが第二世代PKOである。平和構築とは、戦争により国家機能が崩壊した社会において、平和の基礎となる土台を構築する作業である。2005年の国連平和構築委員会の設置に日本政府が積極的にかかわった経緯から、日本でも注目される概念である。「戦争により国家機能が崩壊した社会」とは、内戦を経て国の法の支配が崩壊しており、基本的人権の保障や治安の確保も行いえず、国家としての機能を失っている状態を指す。政府から安全を確約されず、自分や身内の危険が差し迫る内戦状況から脱し、力による争いの再燃を防ぎ、机上の話し合いで問題の解決が図られ、国民が「平和」に生きていると実感できるような社会の「基礎」である、国家制度整備、経済復興、人材育成、インフラ整備等の「土台を構築する作業」、これが平和構築である。

現場では、国連PKOは様々な文脈・背景の内戦後の平和維持に関与するようになり、活動任務も多様化・複雑化した。従来の軍事部門による停戦監視に加え、役割が拡大した文民部門との協働で、和平プロセス支援、選挙支援、人権保障、難民・避難民支援、元兵士の武装解除その他の治安部門改革（SSR）

等も担うようになった。武力衝突の絶えない状況から脱するため、数ある任務のなか早い段階で着手されることの 1 つに、元戦闘員や市民が所有する小型武器を回収する武装解除がある。専門的には、武装解除・動員解除・社会復帰（Disarmament、Demobilization、Reintegration）という一連の流れをまとめて DDR と呼ばれる。これまでに、DDR はアフガニスタン、コンゴ民主共和国等様々な国で国際社会の支援のもとに実施されてきた。しかし、回収する側にとっては、武器の普及率、流入ルートなどは把握が困難で、紛争再発リスクも考慮しなければならず、回収計画の立案が難しい。若者や外国人戦闘員をいかに過激的暴力活動への動員から引き離すかも課題である。このような事態に鑑み、和平合意締結前から安定化目的で行われる DDR 支援もある。

　『平和への課題』で取り上げられた、停戦合意がないなかで国連が介入する「平和強制」も、第二世代 PKO と時期を同じくして実施された。これは第三世代 PKO に類される。代表例は1993年の第 2 次国連ソマリア活動（UNOSOMII）である（☞ QR 4-4-3-3）。しかし、UNOSOMII は守るべき平和がない、紛争中に強制的に踏み込んだため、PKO が紛争当事者となり、撤退を余儀なくされた。一方、旧ユーゴスラヴィアに展開した国連保護軍（UNPROFOR）や国連ルワンダ支援団（UNAMIR）は、十分な人員・装備や国連加盟国の政治的支援が不足し、虐殺を止められなかったため、国連の失敗と揶揄された。
QR 4-4-3-3

　第二世代、第三世代 PKO の経験や教訓のなかで、国連は PKO の改革に踏み出した。2000年、アナン事務総長（当時）が設置した専門家パネルは、今日的 PKO のあり方について、国連 PKO に関するパネル報告（☞ QR 4-4-3-4 通称『ブラヒミ報告』）を出した。以降、国連事務局内の PKO 局を中心に、PKO の計画や実施について分析や再整理をしたり、課題がまとめられた。例えば、戦闘員以外の一般市民が内戦により深刻な被害を受ける状況に鑑み、「文民保護」が重要視されている。1999年の国連シエラレオネ支援団（UNAMSIL）以降、現在も南スーダン等に展開中の PKO で、文民保護は主要な任務である。一方、PKO が現場に負の影響を与える問題点も指摘されている。例えば PKO 要員による性的搾取や虐待の問題がある。2008年に PKO 局とフィールド支援局が出した文書「国連平和維持活動：原則と指針」では、要員の不品行は、国連PKO の正当性にかかわる問題で絶対に許されないというゼロ・トレランスが
QR 4-4-3-4

強調された。

ブラヒミ報告以降、紛争国や紛争後国で活動する国連諸機関の人道支援、復興および開発支援とPKOが連携や調整の上、一丸となって平和の定着に取り組む必要性が強調されるようになった。そこで、国連諸機関からなる国連国別チームが、PKOのトップである事務総長特別代表の傘下に入り活動する「統合ミッション」が誕生した。自衛のほかに、文民保護の任務遂行のための武力行使が認められる、従来のPKO 3原則を修正する「強化された（robust）PKO」という特徴もある。これらの特徴を合わせて、第四世代PKOと呼ばれる。連携や統合が進む中で生じてきた活動上の制約や障害を克服するため、民軍関係（☛ QR4-4-3-5）の整理のための議論も行われている。

QR4-4-3-5

PKOが任務を終了できるような平和な社会の基盤を構築するため、中長期的な復興開発も平和構築の重要な要素である。物理的なインフラ整備はもとより、法の支配やガバナンスの確立といった国家機能の回復、難民や国内避難民の帰還や再定住、持続可能な開発に向けた人材育成も含まれる。復興開発には、持続的な経済発展による、長期的視点での紛争からの脱却や紛争予防という視点もある。現場では、国際機関、ドナー国、NGO等が、調整の上包括的に、効果的、効率的に支援を行うことが求められる。そのため、医療、教育、農業、ガバナンスといった分野別のリード機関があり、各分野内で調整を図る。ただし、国際社会が復興開発を主導するのではなく、現地主導を尊重し、現地政府との協力や、現地の文化や伝統的手法を取り入れることも忘れてはならない。

紛争後の復興開発では、通常の開発援助と異なり、紛争に配慮する視点が求められる。目的が正当でも、結果として紛争を再燃させるような支援を行ってはいけないという、「Do No Harm」（☛ QR4-4-3-6）の標語が、多くの援助機関で掲げられている。このように平和構築は、紛争後の脆弱で混沌とした不安定な状況下で、軍事および文民アクターが、紛争の文脈に配慮し、現地の意思を尊重しながら、DDR等の治安回復目的の作業、統治機能向上や人材育成等の中長期的復興開発を同時並行的に行う、複雑で機微な作業である。

QR4-4-3-6

以上の流れを汲み、国連では、2015年に、平和活動に関するハイレベル独立パネル報告（通称「ホルタ報告」）、平和構築アーキテクチャー・レビューにて、「持続的平和（sustaining peace）」こそが国連の活動の中心任務である旨確認さ

れた。「持続的平和」は、紛争予防も平和構築、平和構築も紛争予防であると、これまでの紛争予防、平和維持、平和構築といった従来の時系列的な概念を修正する。「平和構築と持続的平和」の強化が目指されるなか、2018年に、国連事務総長主導で「平和維持のための行動（Ａ４Ｐ）」が始まった。政治的解決、持続的平和、女性、保護、パートナーシップといったＡ４Ｐの優先課題は、2020年、2025年に定期的な評価が行われる。

　学術的には、従来の、上からの、あるいは外からの平和構築や国家建設の限界から、下からの、ローカルな平和に注目する議論、それらを組み合わせたハイブリッドな平和を提唱する議論が進展してきた。国際的な平和構築や国家建設支援は、あくまで武力紛争が発生した国レベルに主眼を置いた政策・活動であった。しかし、トップレベルで和平合意を締結しても、地方では紛争の火種が残っており、ミクロなコミュニティ紛争が、翻って国全体の紛争に発展する場合がある、と指摘されるようになった。加えて、政治指導者が目指そうとする平和と、一般市民が銃の音を聞くこともなく平穏に暮らすことができるという「毎日の平和」こそ目指されるべき平和だという主張もある。ただし、現地主導の平和に委ねるだけ、毎日の平和だけでは限界もあるとして、上からと下からを組み合わせたハイブリッドな平和が注目されている。

◆参考文献
①則武輝幸「平和維持と平和構築」吉村祥子・望月康恵編『国際機構論［活動編］』国際書院、2020年、33-49頁。
②上杉勇司・藤重博美・古澤嘉朗編『ハイブリッドな国家建設』ナカニシヤ出版、2019年。
③山田哲也「平和維持活動から平和活動へ」『国際機構論入門』東京大学出版会、2018年、95-112頁。
④篠田英朗『平和構築入門——その思想と方法を問いなおす』ちくま新書，2013年．

第4節　国際刑事裁判

　国際刑事裁判とは、国際人道法上の重大な違反を犯した個人に対し、国際的な司法機関が当該個人に対し責任を問い、裁きを行うことを指す。国際人道法とは、文民や負傷兵、戦争捕虜の取り扱いといった人道的保護に関する規定のみならず、戦争の手段や方法に関する規定も含む関係諸条約の総称である。第2次世界大戦後、ナチスドイツおよび日本の戦争犯罪者を処罰する目的で、戦勝国は国際軍事裁判所（ニュルンベルク裁判および東京裁判）を設置した。1990年代以降には、内戦に絡む国際人道法上の重大な犯罪を処理するため、旧ユーゴスラヴィア国際刑事裁判所（ICTY）やルワンダ国際刑事裁判所（ICTR）といった時限的な裁判所が国連安保理決議により設置された。2000年代に入ると、東ティモール、シエラレオネ、コソボ、カンボジア、レバノンに国際判事と国内判事からなる混合法廷が設置された。以上の裁判所は、事態対処的に設置されたものである。これに対し、2002年、常設の国際刑事裁判所（ICC）がオランダ・ハーグに設置された。国家主権と内政不干渉を盾に横行してきた個人に対する不処罰に対する法分野での進展である。

国際司法裁判所と国際刑事裁判所
　オランダ・ハーグには、国際司法裁判所（ICJ）と国際刑事裁判所（ICC）がある。ICJとICCの違いは、前者が国家間の法的紛争を対象とするのに対し、後者は個人の刑事責任を問うところである。

　ICC誕生の起源は、1948年、国連総会が決議で、重大な国際犯罪を裁く裁判所を設置するための裁判所規程草案を作成するよう、国際法委員会に要請したことにまでさかのぼる。以降進展はなかったが、1990年代には、カンボジア、旧ユーゴおよびルワンダにおける大虐殺事件を機に、国際刑事裁判所設置に対する国際的関心が高まり、1998年、国際刑事裁判所に関するローマ規程（ICC規程）が採択された。2020年現在加盟国は123カ国・地域（2015年加盟のパレスチナ自治政府含む）に上る。

　ICCが管轄権を有するのは、ICC規程上「国際社会全体の関心事である最も重

補完性の原則
　ICCが管轄権を行使する大前提として「補完性の原則」がある。ICCの役割は、各国の国内刑事法制度を補完することであり、関係国に被疑者の捜査や訴追を行う能力や意思が欠如している場合のみ、ICCの管轄権行使が認められる。

大な犯罪」とされる集団殺害犯罪（ジェノサイド）、人道に対する犯罪、戦争犯罪、侵略犯罪の4つの罪である（☞QR4-4-4-1）。かつ同規程発効（2002年7月1日）後に行われた犯罪で、犯罪実行国または被疑者の国籍国が同規程締約国であるか、非締約国がICCの管轄権を認めた場合等である（☞QR4-4-4-2）。管轄権行使の方法は、①締約国による付託、②ICC検察官による発意、③国連安保理による付託、の3つである。

ICCでは発足以降、ウガンダ、コンゴ民主共和国、中央アフリカ共和国（2件）、マリ、スーダン、リビア、ケニア、コートジボワール、ブルンジ、ジョージア、バングラデシュ／ミャンマーおよびアフガニスタンの13の事態が付託されてきた（2020年現在）。非締約国のスーダンおよびリビアは、国連安保理決議により各々2005年と2011年にICCに事態が付託された。スーダンのバシール大統領に対しては、ダルフールにおける人道に対する罪等の容疑で2008年に逮捕状が出され（☞QR4-4-4-3）、ICC初の現職の国家元首への逮捕状発布として注目されてきた。2019年のバシール政権崩壊後、新政権はICCへの協力を表明するなど変化があり、今後の進展が注目される。

アフリカでは、自らICCに付託する国がある一方で、「アフリカの問題にはアフリカ的解決を」との標語を掲げるAUは、2017年に「脱退戦略文書」を採択した。即座にAU加盟国がICCから脱退するという内容ではなく、同文書はICCへの不満を表明しつつ、国連安保理改革や、アフリカという地域・諸国の司法制度を強化する必要性を指摘する点に特徴がある。

加盟国の偏りも指摘されている。地域的には、アジア諸国の加盟が少ない。ICCに事態を付託できる国連安保理を構成する常任理事国の米国、ロシア、中国はICC規程に批准（注：署名後、条約規定に拘束される旨宣言すること）しておらず、ICCの管轄権行使の対象国から外れている。ロシアは2016年に署名の撤回を決定した。また、2017年にブルンジ、2019年にフィリピンが脱退した。

以上のような批判はあるが、ICC規程の4つの罪が「保護する責任」等の分野でも活用されている（☞第Ⅳ部第4章第2節）現状や、ICC介入後の社会に法の支配を根づかせるという意味で、ICC設立やその判決が人道分野における国際規範の発展に寄与する役割もあると考えられる。

200　第Ⅳ部　主権国家と安全保障をめぐるイシュー

◆参考文献

①真山全「犯罪も国を越える——国際犯罪」加藤信行ほか編『ビジュアルテキスト国際法』（第二版）有斐閣，2020年，103-112頁.
②下谷地奈緒『国際刑事裁判の政治学——平和と正義をめぐるディレンマ』岩波書店，2019年.
③村瀬信也・洪恵子編『国際刑事裁判所』（第二版）東信堂，2014年.

表4-4-4-1　国際刑事裁判所の系譜

裁判所名 （設置年）	設置の基礎	構成 （選出方法）	対象犯罪	備考
ニュルンベルグ国際軍事裁判所（1945年）	連合国ロンドン協定	裁判官が4名（米・英・仏・ソが各1名任命）	平和に対する罪；戦争犯罪（戦争の法規・慣例の違反）；人道に対する罪	国連総会は決議95（Ⅰ）により裁判所条例および判決が認めた国際法の諸原則を確認した。
極東国際軍事裁判所（1946年）	ポツダム宣言および連合国最高司令官命令	裁判官11名（連合国の申し出に基づき連合国最高司令官が任命）	平和に対する罪；戦争犯罪（戦争の法規・慣例の違反）；人道に対する罪	日本については人道に対する罪で有罪とされた者はない。
旧ユーゴ国際刑事裁判所（ICTY：1993年）	安保理決議827（1993）	上訴裁判部（5名）；第1審裁判部（3名）2（安保理が提出する名簿から総会が選出）*	1949年ジュネーヴ諸条約の重大な違反行為；戦争の法規・慣例の違反；集団殺害犯罪；人道に対する犯罪	*業務量の増加に伴い構成は漸次増強された。
ルワンダ国際刑事裁判所（ICTR：1994年）	安保理決議955（1994）	上訴裁判部（5名）；第1審裁判部（3名）2（上訴裁判部裁判官はICTY上訴裁判部裁判官が兼務し、第1審裁判部裁判官は安保理が提出する名簿から総会が選出）**	集団殺害犯罪；人道に対する犯罪；ジュネーヴ諸条約共通第3条および1977年第Ⅱ追加議定書の違反	**業務量の増加に伴い上訴裁判部が独立とされるなど、構成は漸次増強された。
国際刑事裁判所（ICC：規程は1998年に採択；2002年に発効）	国際刑事裁判所ローマ規程	上訴裁判部（5名）；第1審裁判部（6名以上）；予審裁判部（6名以上）計18名（締約国が指名した候補から締約国会議が選出）	集団殺害犯罪；人道に対する犯罪；戦争犯罪；侵略犯罪***	***侵略犯罪の構成要件と管轄権行使の条件は2010年の規程検討会議が採択（未発効）
刑事裁判所国際残務処理機構（IRMCT：ICTRにつき2012年；ICTYにつき2013年）	安保理決議1966（2010）	25名の非常勤裁判官の名簿から構成（所長のみ常勤）；上訴裁判部（5名または3名）；第1審裁判部（3名）または単独裁判官（安保理が提出する名簿から総会が選出）	ICTYおよびICTRの管轄権を引き継ぐほか両裁判所および本機構の司法運営を故意に妨げた者もしくは偽証をした証人を訴追する。	両裁判所の「完了戦略」の一環であって、それぞれICTYおよびICTRを担当する2支部を置き、第1審裁判部は各1とし上訴裁判部は共通とする

　上記のほか、国連と領域国の合意により設置された以下の混合刑事裁判所がある：シエラレオネ特別裁判所（2002年：国際裁判所）；カンボジア裁判所特別裁判部（2003年：国内裁判所）；レバノン特別裁判所（2007年：国際裁判所）
　出所）松井芳郎『国際法から世界を見る——市民のための国際法入門（第3版）』東信堂，2011年，154頁。
　注）ICTRは2016年に、ICTYは2017年に、それぞれ閉廷した。

第Ⅴ部
地球社会のアジェンダ

202　第Ⅴ部　地球社会のアジェンダ

　第Ⅳ部「主権国家と安全保障をめぐるイシュー」は主権国家を前提とした国際関係にかかわる様々な問題群を整理・解説した。これに対して第Ⅴ部「地球社会のアジェンダ」は主権国家を基本的アクターとしつつも様々な非国家主体も参加して、越境的な問題群に多国間主義で取り組んでいかなければならないアジェンダ（課題）を取り上げている。

　冷戦期にアメリカが軍事的に独占していたインターネットを含む「情報通信技術」を冷戦終結により民間に開放したため、「サイバー空間」という異次元の空間を利用する現代グローバリゼーションが急展開し始めた。すでに冷戦期にも徐々に進展していた経済的相互依存はこの「情報通信技術」により、経済グローバリゼーションを引き起こし、「世界経済」を生産・流通（貿易）・金融三側面でさらに緊密化させることになった。インターネットで有用な情報を入手したり、安価な航空チケットを購入して国境を越える「人の移動」が以前よりも容易になり活発化した。また情報グローバリゼーションにより世界の多くの人々は世界各地の出来事をリアルタイムで知り、様々な形で反応するようになった。紛争や貧困あるいは自然災害による甚大な犠牲などに対して政府による「ODA」供与や、国際社会も巻き込んだ緊急援助も以前よりはるかに短時間で大規模に行われるようになった。冷戦終結によりイデオロギーより経済成長が地球社会にとって重要なアジェンダとなり、そのために「資源・エネルギー」をめぐる緊張・対立が顕在化した。これは第Ⅳ部「主権国家と安全保障をめぐるイシュー」で扱ってもよい問題ともいえるが、この「資源・エネルギー」は「青い惑星＝地球」の限りある共有財産でその持続可能性を真剣に考えるべきものであるため、第Ⅴ部で考察することにした。経済成長は、特に新興国での人口増大を引き起こし、この「人口問題」は「資源・エネルギー問題」とともに「地球環境問題」を地球社会が取り組むべき最大のアジェンダにした。冷戦期には主権国家の国家安全保障が最大の課題であったが、冷戦終結後は主権国家という枠組みを堅持することと同じくらい、世界的規模で人権規範が醸成・強化され国民1人ひとりの「人権」を確保することが重視されるようになり、この流れと連動するように社会的・歴史的に形成された性別である「ジェンダー」の視点を重視し性差別をなくす動きが高まってきている。

第 1 章　世界経済

　第 2 次世界大戦後の世界経済は自由主義的なガバナンスのもとで発展してきた。だが近年、ガバナンスを支える主要国の政治的意思は動揺を見せ、貿易・資本自由化の流れの反転、すなわち脱グローバル化の懸念が囁かれるようになっている。背景として、世界金融危機以降、新興国の台頭による国際システム上のパワー・シフトやガバナンスを支えてきた米欧国内で社会の分極化に加え、経済ナショナリズムが広まっていることがある。新型コロナウイルスはこうした動きに拍車をかけると考えられる。IMF は2020年 6 月の『世界経済見通し』で世界経済は大封鎖に陥り、史上、世界恐慌や第 2 次世界大戦時に次ぐ景気後退になるとの見通しを示した。

経済ナショナリズムと米中摩擦

　経済ナショナリズムとは何か。それは体系的な理論というよりは、各国の政策的な実践の積み重ねであり、様々なバージョンを有する。同様の内容について新重商主義と呼ばれることもある。ただ概ね共通する要素は以下の通りである。まず基本的な価値観として、経済や貿易において相互依存のなかの発展よりも、自前の工業生産と技術力獲得やそれを通じた国民としての経済・政治的自立を優先する。また諸産業のうち、とりわけ工業について、雇用や貿易黒字確保の観点や、経済全般の牽引役であること、軍事力の基礎でもあることから重視する傾向をもつ。

　最近では経済ナショナリズムのより攻撃的なバージョンとして、国家の戦略的目標に向けた経済的手段の活用を説くジオ・エコノミクス（地経学）やエコノミック・ステイトクラフト（経済為政術）と呼ばれる考え方も広まっている。

　アメリカの経済ナショナリズムの破壊力を知らしめたのは、2018年から続く米中貿易摩擦であろう。アメリカによる対中制裁関税は、すでに第 4 弾まで実施されており、中国もその都度対抗措置をとってきた。第 4 弾については、2019年末の米中間「第一段階の合意」に基づき後半部分の実施は見送られた。とはいえ、2019年において世界の二大貿易大国の平均関税は20％を超え1930年

代並みに達するという事態に至った。

　摩擦の発端として、アメリカで通商法301条が復活したことも衝撃的であった。これはアメリカの単独行動主義の強力なツールであり、通商代表部（USTR）に対し、貿易協定違反や不公正と判断した他国の措置について、貿易制裁を行う権限を与える規定である。1980年代の日米貿易摩擦では頻繁に適用され、カラーテレビやコンピュータに100％の制裁関税が課されたこともあった。しかし、WTO設立後は発動が控えられてきた経緯がある。

　もっともアメリカからいわせれば、経済ナショナリズムへの傾斜は中国の国家資本主義への対抗ということなのであろう。イアン・ブレマーによれば、21世紀の国家資本主義は「政府が経済に主導的な役割を果たし、主として政治上の便益を得るために市場を活用する仕組み」であり、主な例は中国、ロシア、中東産油国である（☞ QR5-1-1　ブレマー氏率いるユーラシア・グループ）。実際、中国では安全保障分野に加え、資源・エネルギー、インフラ、通信、交通、運輸、化学、航空宇宙など基幹産業における国有企業の比重は圧倒的である。産業の資金調達を担う金融についても、主だった商業銀行と政策銀行はすべて国有である。つまり、先に自由主義経済のルールを破り、地経学的な攻勢を仕掛けてきたのは中国だというわけである。

QR5-1-1

　とりわけトランプ政権が神経をとがらせたのは、国を挙げて５G移動通信をはじめデジタルや航空宇宙分野など次世代産業技術の育成を進めている点であろう。2015年に公表された「中国製造2025」は、生産規模で世界トップの「製造大国」から技術・イノベーション能力でも米独日に比肩する「製造強国」に飛躍することを目指し、10の重点分野を指定して国内と世界のシェア目標を示した。

　並行してアメリカは2018年頃から国内や同盟国の５Gネットワークからの華為技術（ファーウェイ）や中興通訊（ZTE）など中国企業の排除を進めている。特に摩擦の象徴となっているのは、ファーウェイである。同社は1987年、中国広東省深圳市で創業された通信機器製造やネットワーク事業を行う民営企業である。上場はしていない。ファーウェイは、2019年時点で携帯電話基地局において世界シェア首位、スマートフォンでも世界シェア２位等、創業後短期で世界有数の通信機器企業に躍り出た。アメリカが同社を警戒する理由としては、

①５Ｇが自動運転、遠隔医療、IoT（モノのインターネット）など次世代重要技術の鍵になり、②ドローンや無人兵器など軍事分野の重要技術でもあること、③創業者が人民解放軍出身である点や中国企業に課される国家の情報活動への協力義務により、情報や知的財産の窃取が懸念されることがある。もっともファーウェイの機器はエリクソン、ノキアなど競合企業と比べ低コストとされるため、アメリカの同盟国は難しい判断を迫られている。例えば、イギリスは2020年１月に国家安全保障会議が限定的な活用を容認した後、７月には一転して排除の方針を打ち出している。

　従来、欧州は中国から地政学的な脅威を受けにくいことから、中国との経済関係を重視する傾向があった。後述するアジアインフラ投資銀行（AIIB）に欧州主要国は軒並み参加し、一帯一路についてもイタリアが2019年にＧ７で初めて覚書きを締結している。しかし、2020年には米中対立の激化や新型コロナ、香港自治侵害による対中不信の高まりや一帯一路などを通じたエコノミック・ステイトクラフト、対中関係をめぐるEU分断への警戒から、中国からの直接投資を制限する動きが広がっている。EUは2020年６月、域外の政府から補助金を受ける企業による域内企業の買収に制限を課す規制案を公表した。ドイツも同月、重要分野の情報・技術流出防止を目的に、域外企業によるドイツ企業への投資の審査を強化する対外経済法改正を実施している。

　こうした経済ナショナリズムは第２次世界大戦後の貿易・資本自由化の流れを反転させ、脱グローバル化をもたらすのだろうか。プリンストン大学のダニ・ロドリックは、世界経済の「政治的トリレンマ」というモデルを掲げ、民主主義、国家主権、グローバル化の３つを同時に達成することはできないことを示した。モデルに照らすと、現在、アメリカやBREXIT（イギリスのEU離脱）を選んだイギリスなどの先進各国はグローバル化に背を向け、国家主権と（ポピュリズム的な）民主主義に傾斜しつつあるかに見える。しかし、歴史的に自由貿易の退潮は国際関係の悪化をもたらすことが多い。国際社会は、かつてアメリカのコーデル・ハル元国務長官が述べた貿易における無差別原則が戦争を抑制するというリベラリズムの信念をいま一度想い起こす必要があろう。

金融・経済ガバナンスの展開

　通貨・金融の分野では中国やBRICS（ブラジル、ロシア、インド、中国、南アフリカ）の攻勢が目立っている。それら新興国の台頭に伴い、国際金融・経済ガバナンスを先進国のみで担うことの限界も認識されるようになった。そして、主要な新興国を網羅するG20の首脳会議（サミット）が立ち上げられ、主要国の経済政策協調の場として実質的にG7に取って代わることになる。G20首脳会議は、2008年11月にワシントンD.C.で最初の会合が開催された。翌年第2回のロンドン・サミットは、ケインズ主義的な景気刺激策やIMF（国際通貨基金）と世界銀行の資金基盤拡大の合意という成果をあげた。そして2009年9月のピッツバーグ・サミットにおいて「国際経済協力に関する第1のフォーラム」と位置づけられるに至っている。

　G20の重点化と並行して、金融セクターの規制体制の再編も行われた。国際銀行規制を担うバーゼル銀行監督委員会は、2009年に新規加盟を受け入れ、従来の先進13カ国からG20全体を含む28カ国・地域からなる組織に拡大した。アジア通貨危機後、G7を中心に国際金融のルール・基準を策定する場として設けられたFSF（金融安定化フォーラム）も強化されて2009年、FSB（金融安定理事会）が設立された。FSBの加盟国はG20全体を含む25カ国・地域となっている。この新体制のもとで、危機後の対策として、銀行の自己資本規制などの強化版であるバーゼルⅢや「大きすぎてつぶせない（too big to fail）」問題に対処する「グローバルなシステム上重要な銀行（G-SIBs）」向けの規制がまとめられている。

　また危機後、新興国はIMF・世界銀行という伝統的な経済ガバナンス機構においても発言権の拡大を求めた。その成果として、2010年11月のG20ソウル首脳会議では、IMFにおける新興国の出資比率の上昇が合意される。IMFでは出資比率に比例して投票権が付与される仕組みになっている（☛QR5-1-2 IMFの新旧出資比率）。さらに従来、IMFの出資上位5カ国（米日独英仏）に認められてきた理事を任命できる特権を廃止し、全理事24名を選挙により選ぶことも合意された。

QR5-1-2

　とはいえ、これらの改革が新興国を満足させたとはいえそうにない。トップ・マネジメントの地位を米欧が事実上分け合うなど、ブレトン・ウッズ機構（IMFと世界銀行）が依然、米欧中心的であることに変わりはないからである。

そのため新興国は独自の制度構築の動きをみせるようになる。BRICS は2009年以来、毎年首脳会議を開催している（当初は BRIC 4 カ国）。2014年の首脳会議ではインフラ整備と環境対策向けの金融支援を手がける新開発銀行（NDB）と経済危機時に外貨準備を融通しあう緊急準備アレンジメント（CRA）の設立が合意された。新開発銀行と CRA はそれぞれ、BRICS 版の世界銀行と IMF と称されることもある。

　さらにアジアにおけるインフラ整備支援を行う開発金融機関として、AIIB が2015年末に中国の主導で設立された。この AIIB をめぐり、当初、アメリカはオーストラリア、韓国など同盟国に対し加盟をとどまるよう圧力をかけたとされる。しかし結局、創設メンバーはイギリスをはじめとする欧州主要国やオーストラリア、韓国などアメリカの同盟国多数を含む57カ国に達し、中国がその経済の持つ磁力を見せつける格好となった。その後も2016年 8 月にはアメリカと最も緊密な国の 1 つ、カナダが加盟申請を決めている。2020年 7 月時点で、AIIB の加盟国（承認ベース）は103に達し、日米の主導するアジア開発銀行（ADB）を大きく上回っている。

　これら新興国版の国際金融制度はブレトン・ウッズ機構などの既存制度とどのような関係を築くのだろうか。たしかに新開発銀行や AIIB の設立の動機にはブレトン・ウッズ機構への対抗が含まれている。他方、新興国は依然、世界銀行などの金融、政策支援に依存してもいる。その意味で既存制度の受益者であるという顔を併せもつ。一連の新制度が既存制度への対抗か補完のいずれの方向性へ向かっていくのかは、今のところはっきりしておらず、今後の推移に注目する必要がある。

国際通商制度の動向

　国際通商分野における中核的な制度は WTO（世界貿易機関）である。WTO は、第 2 次世界大戦後設けられた GATT（関税及び貿易に関する一般協定）ウルグアイ・ラウンドにおける合意に基づき、1995年に設立された。GATT は冷戦下における西側同盟の経済版という性格を有していた。それに対し、WTO は2001年に中国が加わり、主要国で最後まで加盟していなかったロシアも2012年加わるなど、真に多国間主義的な制度となっている。加盟国数は2016年 7 月、164

に達している。

WTO の画期性は、一定の法的拘束力を備える紛争解決手続の存在にある。WTO においては、当事者間で解決しない加盟国間の貿易に係る紛争について、準司法機関であるパネル（小委員会）と上級委員会による審理が行われる。GATT 時代にも紛争解決手続はあったが、パネルの設置やその報告の採択はコンセンサスにより行われていた。それに対し WTO ではパネルが一方の当事者の要請により自動的に設置され、パネルと上級委員会の勧告、裁定は全会一致の反対に遭わない限り採択されるというように、実効性は大幅に強化された。これまでのところアメリカや EU のような国際通商分野で最大のパワーをもつアクターも違反の是正におおむね応じてきた。そのため WTO は、力関係ではなく法的ルールに基づく秩序の形成、すなわち「法化（法的制度化）」の進展を示す事例と見なされている。

しかし、その WTO も自由化の推進やルール形成の面では停滞を見せる。2001年に始まったドーハ開発アジェンダ（ドーハ・ラウンド）は、これまで中断や一時停止を繰り返しており、膠着状態にある。

停滞の大きな理由は、新興国・途上国の交渉力の向上や取り扱うイシューの多様化である。GATT 時代の交渉は、工業製品の関税引下げを主な目標としていた。そして交渉はおおむねアメリカと欧州の主導で決着してきた。それに対し、WTO 時代になるとインド、ブラジル、中国に率いられた途上国は強硬さを増すようになる。焦点になっているのは、シンガポール・イシューと呼ばれる投資、競争政策、政府調達や農産品など、いずれも先進国と途上国の利害が鋭く対立する問題である。

WTO のウリである紛争解決手続きも危機に直面している。アメリカのトランプ政権は、元来、多国間主義に否定的であるが、WTO については中国の不公正貿易や知的財産権の盗用に甘いとしてきわめて批判的であった。加えてアメリカは中国、インドなど経済力をつけた新興国が WTO 協定上「途上国」として扱われる点にも不満を表してきた。WTO では途上国について「特別かつ異なる待遇（S&D）」が認められているが、途上国の定義はなく、各国が該当するかどうかは自己申告によっている。それら数々の不満を背景にアメリカは紛争解決手続きの上級委員会の委員選考を阻止し続けた。その結果、2019年12

月には委員は本来定員7人のところ1人だけになってしまった。2020年8月には WTO のロベルト・アゼベド事務局長が任期を1年残して辞任する事態となっており、混乱は深刻になっている。

地域主義的な通商協定

WTO 交渉の難航を受けて、貿易自由化とルール形成を進める場として FTA（自由貿易協定）や EPA（経済連携協定）など一部地域、有志国による地域主義的な枠組みが重視されるようになってきた。多国間主義を基調とする WTO において、本来地域主義は例外として位置づけられる。それにもかかわらず2000年代に FTA は飛躍的に伸び、2019年末に発効済み FTA の件数は320に達した。

そのうち日本ともかかわりの深い動きに、TPP（環太平洋経済連携協定）や RCEP（地域的な包括的経済連携）がある。TPP の原型は2006年に発効したシンガポール、ニュージーランド、チリ、ブルネイの協定であるが、注目を集めたのは2008年にアメリカが交渉開始の意図を示してからである。その後、2013年7月に日本が交渉に加わり、世界 GDP の4割を占めるアジア太平洋12カ国による交渉体制が整った。この TPP は、ほぼ100％の関税撤廃など高水準の貿易自由化を進めるほか、サービス、投資、競争政策、知的財産権、政府調達のルール形成や労働、環境問題を取り扱う包括的な枠組みである。交渉は、農産品や知的財産などをめぐり紛糾したものの、2015年10月、TPP 協定はアメリカのアトランタで開催された閣僚会合で大筋合意に至った。そして、2016年2月、ニュージーランドのオークランドで署名されている。だがその後、アメリカのトランプ大統領は2017年1月に就任すると TPP 離脱を表明した。そのことでいったんは TPP の命運も尽きたと思われた。しかし、日本はオーストラリアなどとともに残る11カ国による協定の発効に向けた協議を主導し、2018年3月には TPP 11（CPTPP）が署名されている。

次に RCEP は2012年、ASEAN 首脳会合で交渉が立ち上げられたものであり、ASEAN 各国に日本、中国、韓国、オーストラリア、ニュージーランド、インドの6カ国を加えた16カ国で進められてきた包括的な経済連携の構想である。実現すれば世界の人口の半分、貿易の3割をカバーするものとなり、その潜在力はきわめて大きい。

当初、RCEP のメンバー構成について、ASEAN に日中韓 3 カ国のみ加える案と 6 カ国を加える案が存在していた。中国は交渉の迅速さを重視して 3 カ国のみを主張したのに対し、日本は中国への対抗上、インド、オーストラリアなど民主主義国の参加を求めたのである。結果的には両案を折衷する形で上記の 6 カ国を加えて交渉が進められてきた。2019年11月には15カ国が翌年の署名を目指すことに合意したものの、インドは離脱を表明した。インドは国内に多様な地域的利害を抱えるため、関税引下げが困難であることや対中赤字増大の懸念を抱いているとみられる。

これら地域主義的な枠組みは多国間主義の一助となる「積み石」なのか、あるいはそれを損なう「躓きの石」なのかという議論がある。地域主義が保護主義や閉鎖的な貿易関係を志向するものであれば、第 2 次世界大戦前の国際関係悪化の一因になったブロック経済につながりかねない。その半面、WTO 交渉が進展しない以上、次善の策として地域的に自由化とルール形成を進めることは望ましいとの見方がある。現在までのところ、各地域枠組みは WTO 協定との整合性が図られており、自由化と貿易促進に資するものといってよい。とりわけ多数の国々が参加する TPP 等のメガ FTA については多国間主義への架橋的役割が期待されている。とはいえ、一部国のみで協定を結ぶ行為自体、「自由貿易の囲い込み」というべき排他性を有することにも注意が必要だろう。

◆参考文献
①日本国際問題研究所『反グローバリズム再考――国際経済秩序を揺るがす危機要因の研究』世界経済研究会報告書，2020年.
②野口悠紀雄『中国が世界を攪乱する――AI・コロナ・デジタル人民元』東洋経済新報社，2020年.
③船橋洋一『地経学とは何か』文春新書，2020年.
④大和総研（著），熊谷亮丸（監修）『この 1 冊でわかる　世界経済の新常識2021』日経 BP 社，2021年.
⑤ダニ・ロドリック（岩本正明訳）『貿易戦争の政治経済学――資本主義を再構築する』白水社，2019年.

第2章　IT・デジタル・サイバー空間

IT・デジタル化の進展

　過去数十年間におけるコンピューター、ソフトウェアや光ファイバー、通信衛星、パケット通信などの技術革新を受け、情報処理と通信に必要なコストは劇的に低下した。IT革命という言葉が示唆するように、その社会経済的なインパクトは産業革命に匹敵するとの見方もある。

　NYタイムズのコラムニスト、トーマス・フリードマンは『フラット化する世界』という著書のなかで、ITにより経済活動が地理的な制約から解放されつつある様を活写した。特にITの画期性として強調されるのは、一部業務を海外企業に委託するオンライン・アウトソーシングやサプライチェーンといった新たなタイプの国際分業を促進する点である。さらに情報通信ネットワーク上をマネーが瞬時に行き交うようになったことで、グローバルな金融市場の統合も進んだ。なかでも外国為替市場や債券市場では、世界の主要な金融センターにおける取引条件がほぼ等しくなっている。

　これらと並び、コミュニケーション手段としての利便性の向上も著しい。国際電気通信連合（ITU）によれば2019年の世界のインターネット・ユーザーは世界人口の5割を超える41億人程度と見込まれる。また業界団体のGSMAなどによれば、世界の携帯電話ユーザーは50億人を超え、その半数はスマートフォンを使っているという。情報の保存容量と処理能力をインターネット経由でほぼ無限大に拡大するクラウド・コンピューティングや自動車、家電、住宅、ロボットにセンサーをつけて操作、監視とデータ収集の対象とするIoTなど、技術・サービス革新も目覚ましい。新型コロナウイルスによるリモート勤務、オンライン教育の普及は、社会のデジタル化・IT化を一気に推し進めた観がある。以下では、このように技術・経済面で顕著なITの影響はどこまで政治や国際関係に及ぶのかを考察しよう。

ITと国家

　歴史的に知識や情報の排他的なコントロールは、国家にとって社会支配の重

要な手段であった。だが、IT の普及は情報へのアクセスを万民に開くことになった。そのことで、国家による情報統制は著しく困難になったといえる。しかも IT は国家に不満をもつ層のネットワーク化をも容易にした面がある。

そうした変化が体制転換にまで及んだ例として、チュニジアのジャスミン革命を皮切りに、エジプト、リビアでも権威主義的な政権が崩壊した2011年の「アラブの春」がある。その背景には、体制に不満をもつ人々がソーシャル・メディアを介して組織化されたことや、アル・ジャジーラなどの衛星放送の影響があったとされる。

共産党支配の続く中国もジレンマに直面している。中国は、科学技術と産業の振興を図る上で IT を重視する一方、「副作用」として反政府的な言論が流布する事態は避けたい事情もある。そのため、グレートファイアウォール（金盾工程）と呼ばれる10万人以上の監視員を動員したネット監視システムをはじめ世界で最も洗練されたフィルタリングを駆使した情報統制やアメリカ発のネットサービスの排除に努めてきた。検閲や人権活動家のメール・アカウントをめぐり政府と対立したグーグルは、2010年、中国から撤退している。主要ソーシャル・メディアも、2009年の新疆ウイグルの暴動以降、接続が制限された。自由平等、人権を求めるネット上の声明「零八憲章」を主唱して投獄された劉暁波が、2010年ノーベル平和賞を受賞したのも記憶に新しいだろう。

習近平体制下では、インターネットやデジタル技術を権威主義的統治の強化に活用する動きが進んでいる。ドイツの政治学者、セバスチャン・ハイルマンは、中国がネット上を流れる情報を巧みに操作し、収集したビッグデータを用いて国民一人一人の行動を監視下に置くやり方を「デジタル・レーニン主義」と名づけた。

IT による情報管理の困難化に悩まされているのは、実は情報流通の自由を標榜する先進国の側も同様である。2010年から11年には内部告発サイト・ウィキリークスにアメリカのアフガニスタン・イラク戦争関連の機密文書や外交公電25万件が公表された。アメリカ中央情報局（CIA）元職員が機密情報を国外に持ち出し内部告発を行ったスノーデン事件では、国家安全保障局（NSA）がグーグル、マイクロソフト、アップルといった大手 IT 企業の協力を得て情報収集を行っていた実態が明るみになっている。2016年の米大統領選挙と

BREXIT 国民投票では、イギリスの選挙コンサルティング会社、ケンブリッジ・アナリティカが数千万のフェイスブック利用者の個人情報を不正に取得し、宣伝工作に利用したとされる。

デジタル通貨

IT・デジタル化は国家が独占してきた通貨主権をも動揺させている。2019年6月、大手IT企業GAFAの一角であるフェイスブックが仮想通貨リブラ（2020年12月、ディエムに改称）の発行計画を公表した。フェイスブックの利用者は世界で27億とされており、実現すれば史上類を見ない規模の通貨圏になりうる。

ところが、IMFや国際決済銀行（BIS）など関係する国際機関の反応は批判や規制論の大合唱となった。G7は2019年10月の財務相・中央銀行総裁会議で、安全性、公正性、プライバシーなどリスクへの対応がなされる前のサービス開始に反対し、通貨主権の維持を訴える声明を公表した。G20財務相・中央総裁会議も同時期にリスクの深刻さに警鐘を鳴らしている。逆境のなか、リブラ側は政府当局の承認を目指す姿勢を示したほか、グローバルな単一通貨を断念して各主要通貨に連動した発行を模索するなど、計画の後退を余儀なくされた。

そうしたなか着々と準備が進められているのが、中国の中央銀行・中国人民銀行によるデジタル人民元である。2019年10月にはデジタル人民元に係る暗号の管理強化を図る暗号法が成立した。そして、2022年の北京冬季五輪までにデジタル人民元を発行予定であり、実証実験を進めている旨報じられている。すでにアリペイやウィーチャットペイなど電子マネーが普及する中国では個人も使用可能なリテール型のデジタル通貨も困難ではないとされる。将来的には、中国電子マネーの普及する東南アジアや一帯一路の区域にデジタル人民元が浸透していく可能性もある。

先行する中国に対し、先進国側も対抗の動きを見せる。欧州中央銀行（ECB）と日本銀行、イングランド銀行、カナダ銀行、リクスバンク（スウェーデン）、スイス国民銀行の6中銀とBISは、2020年、中央銀行によるデジタル通貨発行に関する協力に着手した。現状のドル基軸通貨体制に満足しているためか、アメリカは当初デジタル通貨に消極的であった。しかし、2020年6月、FRBのジェローム・パウエル議長がデジタル通貨発行の研究の必要性に言及するな

ど、姿勢転換の兆しもある。

IT と国際関係

IT は安全保障にも大きな影響を及ぼしつつある。1991年の湾岸戦争では偵察衛星や衛星位置情報システム（GPS）、レーダー偵察機が大々的に投入され、位置情報の把握に活用された。そしてビル・クリントン政権時より推進されている「軍事における革命（RMA）」などを通じ、IT は兵器に加えて軍の組織のあり方にも変革をもたらしつつある。なかでも、米国防総省が2014年から進める「第3次オフセット（相殺）戦略」は注目された。これは、中国やロシアを念頭に、技術革新を通じて軍事的優位と抑止力を強化する政策方針である。関連技術として想定されているのは、人工知能（AI）、ビッグデータ、3D プリンティング、電子戦や自律型（無人）システムなどである。

また近年、サイバーセキュリティが安全保障上の課題として浮上してきた。サイバー攻撃は、情報の窃取や改ざん、金融、運輸、電力など重要インフラの妨害などからなる。その動機には、嫌がらせ、愉快犯から商業的利益、地政学的なねらいが混在していると考えられる。主な例として、2010年にはイスラエルとアメリカが共同開発したウィルス（スタックスネット）によりイランの核施設が攻撃を受けたとされる。2014年に明るみになった米大手銀 JP モルガン・チェースの情報流出については、ウクライナ危機で米欧から制裁を受けたロシアの関与が疑われた。関連して、ロシアなどによる政治や社会の混乱をねらった偽ニュースの拡散に対する懸念も最近欧米で高まっている。

サイバーセキュリティは米中間の懸案にもなっている。2014年5月、米司法省は人民解放軍の将校5人をアメリカ企業へのサイバー攻撃のかどで訴追した。被害企業には原子力、鉄鋼、太陽光発電大手が含まれる。2015年9月の米中首脳会談では、知的財産を盗むサイバー攻撃を行わないことや閣僚級協議の設置が合意された。もっともサイバー攻撃がすべて政府や軍の統制下で行われているわけではなく、合意の効力には限界も指摘される。

アメリカのトランプ政権下で進められる次世代移動通信5G システムからの華為技術（ファーウェイ）排除も、先端技術の主導権争いに加えて、ファーウェイが構築した海外ネットワークにバックドア（裏口）を設けて、中国政府の情

報活動を助けているとの疑念がある。

サイバー空間はグローバルな公共財としての性質を備えており、そのガバナンスのあり方も重要な課題である。インターネットは元来、米国防高等研究計画局（DARPA）により、核戦争に備えた分散型ネットワークとして構築された。だがその後は民間の研究者を中心に開発が進められた。そうした経緯から、インターネットのガバナンスはアメリカ中心的でかつ民間主導の面が強い。例えばサイバー空間の住所に当たるIPアドレスやドメイン名は、カリフォルニア州の非営利法人・ICANNにより米商務省の監督下で管理されてきた。

それに対し、国連主催の世界情報社会サミット（2003、05年）では、新興国から国家と政府間組織の関与の拡大が提起された。中国やロシアは2012年にも国際電気通信連合（ITU）でインターネット規制を提案し、採択を勝ち取っている。さらに中国、ロシアは近年、上海協力機構（SCO）を舞台に要求を強めている。中国やロシアのねらいは国内統治の安定のため、デマや反政府的な言論の散布を正当な規制対象に位置づけることにある。しかし、これは先進国にとって言論の自由という民主主義の根幹にかかわる問題であり、歩み寄りは容易ではないのが現状である。

IT と地球社会

情報通信ネットワークで世界中の人々がつながることは、国際社会をコスモポリタニズム（世界市民主義）の方向へ導くかもしれないという期待もある。リベラリズムの祖の1人、アダム・スミスは『道徳感情論』で、社会秩序の構成原理は人間相互の共感であると説いた。この考え方を推し進めれば、ITを通じて世界の人々が互いの状況や考えを理解しあうことは、究極的には国境なき地球社会の誕生に結びつくといえるのかもしれない。

実際、例えば米欧先進国は近年、直接的な利益につながらず、国際法上の合法性も定かではない「人道的介入」をしばしば行ってきた。その一因として、衛星放送やインターネットの普及で世論が国外の人権侵害を許容しなくなったという「CNN効果」が働いたとする説がある（☞第IV部第4章第2節「人道的介入論」参照）。要は見てしまった以上、放っておけないというわけである。

2020年5月、アメリカ・ミネソタ州の黒人男性の死亡を機に盛り上がった

「ブラック・ライブズ・マター」運動は、動画の拡散によって世界中に共鳴を呼び起こし、差別撤廃や過去の植民地主義者の銅像撤去を求める運動につながった。

　もっとも IT によるコスモポリタニズムの促進を過大に見積もるのは禁物だろう。というのも、電子メールやソーシャル・メディアは実際には同一国内、それも同じ学校や職場などの身近な人間関係におけるコミュニケーションを緊密にする傾向が強いためである。その意味で IT はコミュニケーションのグローバル化だけではなく、むしろローカル化を促進する面もある。IT により、偏狭なナショナリズムや差別扇動的な言辞など、伝統メディアに掲載されなかった極論や暴論が表出されやすくなった面もある。日本でもネット利用者の１％にすぎない「ネット右翼」が全体の論調を左右し、排外主義を煽っているとの研究がある。

　2015年にはグーグルの人工知能が黒人を誤ってゴリラとタグづけするミスを犯した。また、IT を最も効果的に活用しているアクターの１つは、イスラーム過激派のテロ組織であるという皮肉な状況も生じている。2016年の米大統領選におけるドナルド・トランプもソーシャル・メディアを使いこなした例として記憶されるだろう。グーグル会長の E・シュミットらは、各国が独自の社会規範を基に規制を強めることで、インターネットが国別のネットワークに分化していくという「インターネットのバルカン化」の懸念を指摘する。このように IT が国際関係に与える影響に一定の方向性を見出すことは難しい。引続き注意深く観察していく必要があろう。

◆参考文献

①川口貴久「サイバー空間における『国家中心主義』の台頭」『国際問題』683号，2019年.

②土屋大洋『サイバーセキュリティと国際政治』千倉書房，2015年.

③野口悠紀雄『中国が世界を攪乱する――AI・コロナ・デジタル人民元』東洋経済新報社，2020年.

④日本国際問題研究所編『国際問題』658号「焦点：安全保障と技術の新展開」2017年.

⑤E. シュミット・J. コーエン（櫻井祐子訳）『第五の権力――Google には見えている未来』ダイヤモンド社，2014年.

第3章　開発・貧困・ODA

貧困と開発の問題の所在

　国家間関係における貧富の差を考える前に、国内における貧富の差について考えてみよう。国内にももちろん貧富の差があるが、国家間関係における貧富の差の解消よりも国内における格差は政府の意向次第で解消を試みることは比較的容易である。なぜなら主権国家は税金を徴収することができるから、収入の多い人には高い税金を払ってもらい（累進課税制度）、税収を収入の低い人や社会的に立場の弱い人に社会福祉政策を通して再分配して、貧富の差の解消に努めることができるからである（所得再分配）。

　では、国内で行われているような富の均等な分配やより公正な分配は国際的に可能なのだろうか。国内では半ば強制的に徴税できるのに対し、世界の裕福な国から強制的に税金を集めることができる公権力は存在しないし、世界中の貧困国に対して共通の社会政策や福祉政策を実施できる世界政府のような存在もない（主権国家体制）。一方で、先進国といわれる国々と、開発途上国といわれる国々との間には歴然とした貧富の差が存在しているし、この差は国内における貧富の差よりも大きくなっている。そのため、格差を解消するための試みとして国際的な開発援助や貧困対策が行われてきた。では、国際的な富の分配は、どのように試みられてきたのだろうか。

ODA（政府開発援助）とは

　開発援助のなかでも、主要国の政府が供与し、途上国の経済および社会開発に寄与することを主な目的とする援助をODA（政府開発援助）という（主要援助国のODA実績は☞QR5-3-1）。開発途上国の発展に寄与することがODAの主な目的であるが、主要国のODA政策はつねに被援助国の利益を優先して形成・実施されてきたわけではなく、援助国の軍事的・政治的戦略、製品の輸出市場や資源の確保など現実的な国益に左右されたり、供与国の選択では過去の植民地支配の経緯や地域的な関係にも影響されたりしてきた。もちろん、人道的側面が強い援助や国益に左右されない開発援助もあるが、直接的に公平な所

QR5-3-1

得再分配を目指して行われている性質を持つ援助が多いわけではない。

　主要先進国以外に途上国への開発援助を実施するアクター（行為主体）としては、世界銀行などの国際機関、多国籍企業をはじめとする民間組織、国際的NGO（非政府組織）などがあり、最近はゲイツ財団（マイクロソフトのゲイツ会長らが創設）のように著名な経営者・投資家が関係するNGOが途上国の保健衛生分野などで大きな影響力をもつ例もあり、近年は民間企業による途上国への直接投資も活発になっており、開発途上国とのかかわりや支援の形態も多様化してきている。国家による開発援助としては、日本も加盟するOECD（経済協力開発機構）のDAC（開発援助委員会）が、長い間先進国のODA政策に一定の影響を与え、また援助コンセンサスの形成にも寄与してきたが、近年は中国やインドなどの新興国がDACの枠組みにとらわれずに援助を行っており、こうして見ると世界における貧困問題は実に多種多様なアクターによって実施されていることがわかる。

　このように多様な援助主体が存在する一方で、援助される側の途上国内も多様な階層によって構成されている。いわゆる貧困国（あるいは最貧国）に分類される国であっても、すべての国民が一様に同等に貧しいわけではなく、最下層の人は極度の貧困状態にあり切実に援助を必要としているかもしれないが、所得が比較的高い人はそれほど援助を必要としていないかもしれない。また、援助される途上国も主権国家であるから、援助主体が途上国内で自由に援助活動を行うことに途上国側の合意があればいいが、そうでない場合には援助対象国の内政に干渉することになる場合もある。途上国が、援助のターゲットとなる階層や地域を選好したり、特定の形態の援助に消極的であれば、本当に援助を必要としている人に援助が行き渡るとは限らない。また、権力をもつ政治家や役人が援助から利益を得るなど、援助を舞台にした腐敗や不正はこれまでにも頻繁に起こってきた。したがって、主権国家体制下による富の再分配とは、誰が援助を行うか、という問題だけではなく、誰のために行うかという問題も抱えているのである。

援助への多様なアプローチ

　第2次世界大戦後、西欧諸国の植民地から第三世界の国々が独立して以降、

新興独立国を援助する側も、どのような政策やアプローチを取れば途上国の経済成長や貧困の解消が進むのか、ということを模索してきた。開発援助政策が途上国の経済水準の向上や貧困の削減を最終的な目標としていても、その目標に至るプロセスにおいては競合する考え方が存在したのである。具体的には、途上国全体が経済成長を達成すれば、いずれ貧困層も含めた幅広い国民にその恩恵が行き渡るという経済成長重視のアプローチと、貧困層の保健衛生や教育などの基礎的社会分野への援助を重視するアプローチとがある。この「経済成長重視」と「貧困削減重視」の異なるアプローチは援助国や国際援助機関の援助政策のなかでも揺れ動いてきた。もっとも、この2つのアプローチの競合と対立は、対途上国対策のみならず、先進各国の国内でも見られ、成長戦略や減税による経済成長がいずれは国民全体の富を増やすことを期待するか、それとも社会福祉政策を重視して国民間の所得格差を積極的に解消する政策を優先するか、という路線対立に表れる。

　歴史的にたどっていくと、第三世界の途上国が旧植民地から相次いで独立した1960年代には経済成長重視のアプローチが主流であった。なぜなら、新興独立国が貧しい状態にあるのは植民地支配によって富を収奪され、発展を阻害されたと考えられたからであり、独立を果たし、国の経済成長が実現すれば、その恩恵は貧困層や個々人にもいずれ行き渡るだろうと楽観的に考えられたからである。この考え方は、スピル・オーバーあるいはトリクル・ダウンとして説明される。例えばコップに水を注いでいくとやがて水は溢れてこぼれるが、これを国の経済発展にたとえ、まずは国家が経済成長により富を蓄積すれば、富が溢れて貧困層や個々人にやがてその恩恵が行き渡る、と考えたのである。

　しかし、植民地から独立すれば貧困から脱出できるとの楽観は現実とはならず、多くの途上国で貧困状態は改善されなかった。1970年代になると「人間の基本的ニーズ」(ベーシック・ヒューマン・ニーズ、BHN) アプローチが主張されるようになる。これは経済成長の恩恵が貧困層に行き渡るのを期待して待つのではなく、直接貧困層を対象とした経済社会政策や援助政策の実施を重視するもので、例えば上下水道設備の充実、保健衛生環境の改善、教育体制の整備などを目指した。「絶対的貧困」状態にある貧困層の境遇を改善する政策としては画期的な側面を持つ BHN アプローチであったが、問題としては成果が目に

220　第Ⅴ部　地球社会のアジェンダ

見えるものとはならない場合が多いこと、また財政的な負担も非常に大きくなることなどがあった。また、貧困層を直接のターゲットとすることは、途上国内の不平等な社会・経済構造（比較的裕福な層と貧困層との二重構造）の矛盾を突くことにもなるし、70年代の相次ぐ石油危機の発生や一次産品の国際価格の低迷、世界的な不況（スタグフレーション）などの国際環境もあり、BHN アプローチは後退していった。

　このような状況で80年代には再び経済成長が重視されるようになり、「構造調整アプローチ」と呼ばれたものが主流となる。世界銀行などの国際金融機関は主に先進国が出資してつくられる機関であるため、代々の世銀総裁がアメリカ人であることを見てもわかる通り、国際金融機関の政策には欧米先進国の経済思想や政策が影響しやすいが、このアプローチも80年代にイギリスのサッチャー、アメリカのレーガンが「自由市場のイデオロギー」によって市場原理重視の国内政策を遂行した影響を受けたものである。途上国の経済発展を阻害しているのは非効率な経済政策であるとして、国営企業の民営化や規制の緩和、貿易の自由化、不要な公共投資や補助金の削減などの実行が国際金融機関から支援を受ける条件とされた。しかし、先進国ではある程度の成功を収めることができた政策でも、経済や社会の条件や発展段階が異なる途上国でも必ずしも成功を収めることができるわけではなく、新古典派経済学の開発論である構造調整アプローチは多くの途上国の経済に打撃を与えたとされた。

　ここまで経済成長重視と貧困削減重視の２大アプローチを紹介してきたが、日本や東アジアの国々の経済発展の経験をベースにした開発論は異なる側面を強調してきた。それは、経済開発における政府の積極的な役割や介入を重視するものであり、この点では市場原理主義に依拠して「小さな政府」の実現を目指す新古典派とは対極に位置する。すなわち、政府が特定の産業を保護して国際競争力を高めたり、政治的にはときには強権的に、あるいは非民主主義的手段に訴えてでも社会の安定や秩序の維持を重視し、個人の政治的自由よりも国や社会全体の発展を優先する政府主導のこの開発論は、国によっては「開発独裁」と呼ばれ、韓国、台湾、中国、ヴェトナム、近年では旧ソ連圏の中央アジア諸国の経済開発を説明する開発論となっている。

有効な援助から人間開発へ

　これまで見てきた通り、開発援助といってもそのアプローチは多様であるが、冷戦終結以降の90年代から21世紀にかけて開発援助で重視されるようになってきた概念が２つある。１つは援助の効率性確保に関するものであり、もう１つは援助や経済開発の対象として人間レベルを重視するものである。

　援助の効率性確保については、途上国に供与された援助が無駄とならずに効果的に途上国の発展・成長に利用されるようにするため、途上国においてグッド・ガバナンス（良い統治）の実現や民主主義国がもつ諸制度の整備が重視されてきた。なぜなら、独裁的な政権が継続している国や、政府に責任能力・説明能力が欠如している場合に援助が行われても、腐敗や汚職が国の発展を阻害し、援助や経済成長の恩恵が期待通りに国民に及ばないからである。

　また、「人間開発」あるいは「人間の安全保障」として広く知られるようになった、援助において人間の開発や発展という人レベルの視点を導入した概念は、それまでの国全体の経済発展を目標とする国レベルの見方を補うものとして登場した。これらの概念を提唱した１人がノーベル経済学賞を受賞したアマルティア・センである。ベンガル飢饉やエチオピア飢饉を研究したセンは、飢饉の主な原因は洪水や干ばつといった気候変動による自然災害の結果としての食料の不作ではなく、食料が不足した事態において社会的弱者の地位にある人々のケイパビリティー（能力）の欠如が飢饉という結果を招いたとした。食料がないから飢饉が起こるのではなく、食料がある場所まで移動する手段がなかったり、食料の購買力が不足していたりすることが飢饉の原因とし、その証拠として特定の社会集団に飢饉の被害が集中していることをあげた。

　こうして、冷戦後から21世紀にかけての開発援助では、援助を効果的で有効なものとし国を成長の軌道に乗せることができる統治体制が模索され、一方で内戦の頻発や脆弱／破綻国家の出現といった問題を背景に、人々がいかに国家に頼らなくとも困難や危機を克服する能力を備えるか、という人のレベルに関心が向けられてきた（☞第Ⅳ部第4章第1節参照）。

　人レベルの重視は、直接的に貧困層への援助を重視することでもあり、21世紀にかけて再び貧困削減アプローチが重視されていくのだが、その舞台となったのが国連である。欧米先進国の影響を受けやすい国際金融機関と異なり、国

連総会には1加盟国が1票をもつ原則があるため、途上国の社会開発や貧困対策について途上国側の視点から議論がされることも多く、国連援助機関の統括調整役である国連開発計画（UNDP）による「人間開発」の重視や2000年9月の国連ミレニアムサミットで採択された「ミレニアム開発目標（MDGs）」はその成果であるといってよい。MDGs では21世紀の国際社会の目標として2015年までの具体的目標が提示され、貧困の削減や教育、医療・保健・衛生分野における数値目標の重視により、貧困層の生活水準の向上が大きな目標となった。こうした潮流のなか、世界銀行も途上国側の視点を政策に取り入れていくようになる。2016年からは「持続可能な開発目標」（SDGs、☞ QR5-3-2）がMDGs を継ぎ、開発援助にとって重要と認識される17の目標が掲げられている。日本でも SDGs は瞬く間に広まり、今や頻繁に話題となり、議論される身近なテーマとなったことからもわかる通り、SDGs の目標は途上国だけではなく先進国にとっても、つまり世界全体で共有し意識するべき共通のものとなっている。

QR5-3-2

新型コロナウイルスと南北問題

2020年にパンデミック（世界的大流行）となった新型コロナウイルス感染症（COVID-19）は、本章のテーマである開発と貧困、先進国と途上国関係を浮き彫りにした。中国で発生したこの感染症は、まず西ヨーロッパの国々やアメリカで多くの感染者と死者を出し、開発援助をしてきた国々の医療体制を逼迫させたが、その後援助を受けてきた中南米・アジア・アフリカの途上国で感染が広がっていった。その影響は医療保健体制が比較的整っている先進国でも大きかったが、そうではない途上国ではさらに大きなダメージとなった。途上国では、医療体制・施設の不備や保健衛生といった問題に加え、1世帯当たりの人数の多さや、感染症に対する人々の備えや知識など様々な感染拡大要因が指摘された。21世紀に入って途上国援助で重視されてきた保健衛生面での課題が浮き彫りとなる一方で、1人1人が感染症を脅威と感じ、自分の身を守る必要があるという点で人間の安全保障アプローチの重要性を再認識することとなった。途上国の一部では、マスクなどの衛生用品が高額で手に入れることが難しいほか、手洗いの習慣が伝統的になく、そもそも手を洗う水を大量に入手すること

が困難な地域もあり、人々がきわめて脆弱なままパンデミックの脅威に直面した。感染拡大防止のための都市封鎖や経済活動の停止・停滞は貧困層の家計を直撃し、生活をさらに困窮させた。

先進国でもウイルス検査体制の整備・充実、対処治療薬の投入等には時間を要したが、途上国では医療体制・施設を整えるのにさらに時間的および費用的な問題が立ちはだかった。新型コロナの流行を抑制するためのワクチンの確保についても、南北格差が顕著となった。ワクチンの開発や製造が可能な国と製薬会社は、技術的にも資金的にも先進国のなかでも一部の国に限られるからである。途上国は先進国や国連、WHO、GAVI アライアンスなどの国際機関・国際運動が関与する公平なワクチンの分配を求めるが、先進国内においてもワクチンの確保は最重要政治課題であり、公権力のない世界での公平な資源の分配という本章の冒頭で提示した問題は感染症の拡大でも表出した。

途上国でワクチンが普及し、医療保健体制が感染症に対応し、感染症予防体制が整い感染を抑制することは途上国にのみ利益があることではなく、先進国の利益でもあり、人類共通の利益とさえなる。COVID-19の次に新たな感染症が将来世界的に大流行する可能性が十分にあることを考えれば、新型コロナへの対応と先進国・途上国の関係を考察することは一過性のものではなく本質的なものといえる。

途上国の経済成長や貧困の解消は、半世紀前に新興独立国が誕生した頃に比べると一定の成果があったともいえるが、途上国の貧困や世界的な貧富の差をめぐる問題・課題はまだまだ山積している。世界の貧困・開発問題は、一方で主権国家体制との軋轢や問題を抱えながらも、これからも人類全体の共通の問題としても取り組まれていくだろう。

◆参考文献
①蟹江憲史『SDGs（持続可能な開発目標）』中央公論新社，2020年.
② A. セン（黒崎・山崎訳）『貧困と飢饉』岩波書店，2017年.
③下村恭民・辻一人・稲田十一・深川由起子『国際協力——その新しい潮流（第3版）』有斐閣，2016年.

第4章　自然災害と国際協力

　20世紀以降の自然災害による死者は6,000万人を超えるとされ、この数は2度の世界大戦の犠牲者に匹敵するものである。しかし、戦争や紛争に関しては高い関心が寄せられ研究や文献も豊富にあるのに対して、国際関係学における自然災害とその影響や帰結への関心は高いとはいえない。人為的に開始され、人為的に終結する戦争や紛争などの国際問題は「どうしたら発生を防ぐことができるか」「どのように人命の損失や物理的損害を最小限に抑え、どのように平和を構築するか」といった高い関心を集めるのに対し、自然災害は人為的な行為が発端ではなく、いつ、どこで、どのように発生するのかを予測することが難しい。戦争や紛争あるいはグローバル化に伴う諸問題は多くの人々の生活や将来に影響を与えるため、日頃から安全保障や国際問題に高い関心をもち、政治や経済の動きを意識しながら生活する人はいても、たいていの人は世界のどこかで大規模な自然災害が発生することを意識しながら生活するわけではない。「天災は忘れた頃にやってくる」というように、いつ起こるかわからない、また人類の英知や努力をもってしても発生を防ぐことが難しい自然災害は国際関係学の中心的テーマとなりえないのかもしれない。

　しかし、近年、自然災害が世界各地で大きな被害をもたらし、海外における災害の発生に対するメディアや一般市民の反応や関心は、戦争や紛争と同様もしくはより高い関心を集めるようになってきている。2011年には日本で東日本大震災が発生し、その後の福島第1原子力発電所の事故の影響もあって自然災害を発端とする被害が未曽有の規模になり、内外の高い関心を集めたことは記憶に新しいところである。途上国では自然災害による被害の規模がより大きくなる傾向があり、2004年に発生したインドネシアのスマトラ島沖でのM9.1の地震とその後に発生したインド洋津波は20万人を超える犠牲者を出したし、2010年にハイチで発生した地震でもやはり20万人を超える人々が犠牲になったとされている。水害でも2008年にサイクロンの被害によってミャンマーで14万人近くが犠牲となり、2010年のパキスタンでの洪水では被災者は1,700万人近くに及んだとされる。このように、地震・津波・洪水・地滑り等の大規模自然

災害は、経済・社会の基盤が脆弱な途上国において発生すると大きな被害につながることがあり、既存の援助ドナーばかりではなく、全人類的な国際協力の側面の重要性も増している。

自然災害と国際関係学

近年世界で相次ぐ自然災害とその後の影響の事例を検討してみると、戦争や紛争と異なり人間の行為が発端ではない自然災害が、国際関係学の理論や関心にとって重要な問題を提起し、また示唆を与えていることに気づく。

まず指摘できるのは、大規模な自然災害の結果として被災者に同情・関心が世界的に集まり、地球規模で被災国・被災地に対して協力や寄付の申し出が広がる現象が見られることである。東日本大震災の後に日本に寄付や援助を申し出た国は160以上にものぼり、非国家行為体であるNGO（非政府組織）や個人、企業も支援の輪に加わった。いまや世界のどこかで大規模な自然災害が起きると、政府が主体となる緊急援助や災害支援だけではなく、様々なチャリティー活動も盛んになる。サイクロンなどの自然災害と独立戦争によって混乱・困窮し大量の難民が発生したバングラデシュのために元ビートルズのジョージ・ハリスンらが呼びかけた1971年のコンサート以来、チャリティ・コンサートは今や世界各地で開催されるし、「自然災害で被災した人々のために自分が何かできないだろうか」と考えて行動する一般市民は多数存在する。もちろん、20世紀前半までの歴史においても、自然災害の被災地への国際的な支援は存在した（1923年の関東大震災の例など）が、メディアやSNS等の通信手段の発展に呼応するようにここ数十年の間に徐々に大きくなってきたヒューマニズムによる支援は、従来の国家中心的な国際関係観に挑戦するものといえる。

これは、世界では主権国家が並立して存在していても、世界社会の基本単位である人間は国境によって分断されているわけではなく、国境を越えた人類共同体が存在している、というカント的な世界観（28頁参照）が具現化したものであるといえるだろう。リアリズムは、国家は国益に従って合理的に行動すると説くが、被災国や被災地への援助活動や協力の姿勢は国益や合理性の側面から説明するよりも、人間の道徳心や他者への同情から説明するほうがより説得力をもつ。

主権国家と自然災害

こうして全人類的共同体の存在が指摘できる一方で、災害への対応や復興において依然として主権国家の存在や機能の重要性は低下するどころか、通常時よりも重要性を増すこともある。被災者や被災地への関心・同情・支援が集まって人類共同体的な状況が発生したとしても、被災者へ対応するのは第一に被災した国であり、災害後の治安の確保から各国や援助機関・NGO が行う緊急援助の効果的な実施まで、被災国が国家としての機能を果たせるかどうかが重要な要素となる。

特に災害支援の場合は迅速に届くかどうかが重要となるが、例えばハイチ地震のケースのように、もともと行政や統治が有効に機能していない脆弱国家において大地震などの大規模自然災害が発生すると、治安の確保のほか、インフラストラクチャーの破壊や分断という物理的な問題に加えて、情報を含めた被災地域へのアクセス、援助物資や人の移動、援助機関間の調整等が困難となり、災害後の支援活動に大きな支障が生じ結果的に被害が拡大することがある。アメリカでも2005年のハリケーン・カトリーナによる災害の後には混乱に乗じて略奪が横行したが、途上国では災害により警察や統治機構が機能しなくなったり崩壊したりするケースが頻繁に報告され、支援物資が横取りされ行き渡らないケースもある。被災国政府が機能しなくなると、秩序を維持しつつ支援を実行することは困難となるから、国境を横断する援助もある程度強固で効果的な主権国家の存在を必要とするのであり、人道支援の前に軍事的に治安の確保が必要となる場合もある。

国家の基盤が揺らぐと自然災害の被害は拡大するが、一方で国境を越える善意の支援が主権国家の壁に衝突する事例もある。東日本大震災後の日本にも多くの支援申し出があったが、例えば医療行為を伴う支援の申し出は当初は国内の医師法の制約により迅速な医療行為を阻んだし、外国の医療支援隊が使用する薬品が日本の薬事法では使用できない場合などにも問題が生じる。また、災害が少数民族の支配する地域で発生した場合には、中央政府が海外からの支援の受け入れに消極的になることもあるし、強固に独裁的な国家基盤を築いている国の場合には、海外支援の受け入れが政府の正統性の動揺につながることを懸念し、国内的な面子を保つためにやはり支援の受け入れに消極的になること

図5-4-1　日本が行う国際緊急援助

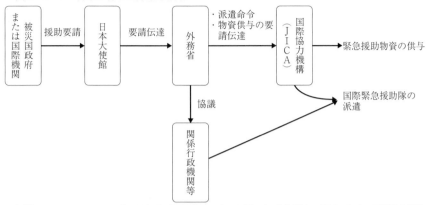

出所）http://www.mofa.go.jp/mofaj/gaiko/jindo/jindoushien2_3.html　具体例は☞ QR5-4-1。国際緊急援助は自然災害だけではなく、大規模な事故対応や感染症対策チームとしても派遣されている。

QR5-4-1

もある。

自然災害への国際協力

　自然災害における国際協力の特徴として、災害発生後迅速な援助が必要になる緊急性の問題や、被害の大きさに対して事後の援助の効果が限定的にならざるをえないという問題があるが、このほかに前章で述べたグッド・ガバナンスや効果的な政府の存在、そして人間レベルの視点も重要である。

　自然災害における国際協力では、緊急時の人道支援体制の確立、その規模やスピードの確保、あるいは国際的な災害予防・予知・情報共有体制の整備・構築といった側面に加えて、災害発生後の２次被害を最小限に抑え、支援の効果を最大限にするために、長期的な視野に立って通常時からグッド・ガバナンスや援助効率の確保を目指すことが重要になる。途上国のガバナンス、効率的で責任ある政府の存在、援助の有効性の確保は、自然災害発生後の援助の有効性を大きく左右するのである。

　また、自然災害によって被害をこうむるのは一般国民であり、特に貧困層や社会的弱者への影響が多大になることから、人レベルの視点、つまり人間の安全保障の概念も必要となる。人間の安全保障では、危機に見舞われた人々の危機察知能力、自然や災害に対する正確な知識や経験の継承など、自分が直面し

た状況から逃れる選択能力をもつことが重要であるが、こうした能力の向上は被害を最小限にすることにもつながる。災害の発生前後により多くの人が迅速に正確な情報を得ることができるか、情報を得る状況下にあるか、危険に対処する行動を取ることが可能かどうかなどを含めた総合的な防災への対応能力を向上させるには、途上国における基礎的な社会開発分野の整備が必要になる。インド洋津波やハイチの大地震では、いずれも地震や津波の知識や経験がともに不足していたなかで被害が拡大したとされ、ミャンマーの水害ではサイクロンの予報が事前に国民に伝わらなかったことが被害の拡大につながったとされているが、地震や地震後の津波に対する知識をもつ人が増え、また適切な避難行動を取ることができる人が多くなれば、地震・津波の被害が軽減される可能性は高まるし、水害をもたらす可能性のある暴風雨の予報や知識が多くの人に伝われば、被害から逃れる行動を事前に取る人が増えることも期待できる。

　自然災害の予測には困難な部分もあるが、途上国における自然災害の発生に備えて、国際組織・各国政府・軍・NGO による緊急人道支援や国際人道支援、あるいは防災・予知体制の構築とともに、通常時における途上国での情報公開も含む良いガバナンスの確立と、教育、保健医療、能力開発などを含む広い分野での人間開発／人間の安全保障の視点からの対策・取り組みが、自然災害の被害を最小限にとどめるために必要と考えられる。

自然災害と人災

　このように、自然災害に対して通常時から政府や国際機関・個人が備えることができる範囲は多岐にわたる。多くの自然災害は人間の営為とは無関係に発生するとはいえ、発生後に生じる様々な人為的な行動や政策が被害を拡大させたり、災害からの復興を妨げたりすることも多く、福島の原発事故のように天災が人災を招くこともある。また、水害などの自然災害が地球温暖化などの影響によってより頻繁に発生しているとすれば、人為的な活動が間接的に自然災害に関係しているともいえるから、天災にも人災の要素を指摘できるケースもあるだろう。

　一方で、国際協調や地球環境の適切な管理・改善によって自然災害による被害を最小限にとどめることは、人的物理的損失を抑えるという点で国益にも適

うのであるから、国家にとっても内外の自然災害の発生に関心をもつことには合理的な理由もある。主権国家体制や主権国家間の協力体制、国境を横断する援助などが提示する自然災害を巡る諸問題は、国際関係学がもっと関心を寄せるべき分野であるといえよう。

◆参考文献

①佐藤元英・滝田賢治編『3・11複合災害と日本の課題』中央大学出版部，2014年.

②明石康・大島賢三監修，柳沢香枝編『大災害に立ち向かう世界と日本──災害と国際協力』佐伯印刷，2013年.

③武田康裕「自然災害と日本の国際緊急援助」大芝亮編『日本の外交5：対外政策課題編』岩波書店，2013年.

第5章　資源・エネルギー問題

国際政治と天然資源

　資源とは狭義には、人間活動や産業活動のために利用できる自然界から得られる要素（原材料）であり、広義には人間が生活していく上で有益・有用または不可欠な物的・精神的な要素であるといえる。一般的に資源という場合、金や鉄鉱石あるいは石油などの天然資源を指すことが多いが、広義に定義すると世界文化遺産などを含む観光資源や人的資源も含むことになる（図5-5-1）。本章では天然資源を中心に説明する。

　国際政治の歴史とは、金・銀・塩・スパイス・絹・茶などの天然資源や生物資源あるいは水資源の獲得をめぐる闘争の歴史といっても過言ではない。それは人間生活や経済活動さらには自国防衛のための軍事力強化のために不可欠であったからである。この資源獲得をめぐる熾烈な闘争が世界的規模で行われるようになったのは、イギリスに次いでフランスやベルギーなど西欧諸国が産業革命を展開して以降のことである。これら産業革命を推進していた当時の先進資本主義諸国は原綿・鉄・銅・鉛・天然ゴム・コルク・石炭・石油などを不可欠とした。そのためこれら諸国は、これらの天然資源が豊富なアジア・アフリカ・中東地域に進出して植民地化していった。この植民地化をめぐって先行した先進諸国と産業革命を遅れて展開した後発諸国との間に緊張が生まれたのである。

図5-5-1　資源の分類

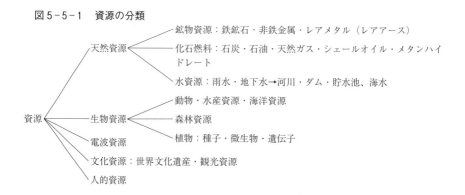

さらに第2次大戦後は、世界人口の激増——1950年の約25億人から2010年の約70億人へ——とバイオテクノロジーの飛躍的発展により生物資源、とりわけ新薬をつくる（創薬）ために植物の種子や微生物などの生物資源を獲得する競争も激しくなり、国益を保護するために生物多様性条約も締結されるに至っている。とはいえ21世紀初頭、国際政治を緊張させているのは鉱物資源獲得競争であることは疑いない。

第2次世界大戦後の資源ナショナリズム

植民地あるいは勢力圏として長いこと資本主義諸国の収奪の対象であった歴史をもつ途上国（「南北問題」の「南」の諸国）は、キューバ危機以降のデタント状況のなかで「天然資源恒久主権」の原則を中心とする新国際経済秩序（NIEO）（☛QR5-5-1）の樹立を要求し、この動きと連動して資源ナショナリズムを強めていった。1973年の第4次中東戦争の勃発に際して石油輸出機構（OPEC）諸国は石油戦略を発動し、欧米の石油メジャー（セブン・シスターズ）に対抗するオイル・パワーとして国際政治経済を左右する勢力となっていった。しかし石油価格の値上げは「南」の諸国の非産油諸国を深刻に打撃し「南」の分裂を引き起こし「南南問題」を発生させる結果となった。OPEC諸国に刺激され、他の天然資源を生産する途上国も消費国である先進資本主義諸国に対抗するための生産者同盟（☛QR5-5-2）を設立し、多国籍企業との交渉力の強化を目指すようになった。

QR5-5-1

QR5-5-2

冷戦終結後の資源獲得競争

冷戦終結により、世界各国は自国の経済成長の実現とグローバル市場におけるシェア拡大を目指して熾烈な資源獲得競争に巻き込まれていった。石油や天然ガスの採掘権をめぐる紛争が世界各地で頻発し、この天然ガスを供給するためのパイプラインの敷設ルートをめぐって産出国と関係国がしばしば緊張することになった。またハイテク産業に不可欠な鉱物資源、特にレアメタルやその一種であるレアアースを巡る獲得競争が激化してきている。半導体・液晶パネル・パソコン・MRIなどの生産にはレアメタルが不可欠であるが、生産が中国・ロシア・オーストラリア・南アフリカなど少数の国に偏在しており（表5

-5-1）、これら諸国と日米欧諸国との駆け引きが熾烈になっている。これら生産国自体も自国のハイテク産業育成のためにレアメタルを必要としているので、自国資源の保護を名目に輸出規制をしたり、輸出税を課して日米欧諸国に対抗する政策を採用しているが、後者はそれをWTO規約違反であるとして提訴しつつ、海底の鉱物資源の探索を始めたり（☞コラム「海底熱水鉱床」）、海水からウランやリチウムを回収する技術の開発を急いだり、国内で廃棄されたハイテク製品からレアメタルを回収したり（☞コラム「都市鉱山」）、代替物質の研究を加速している。

国際政治のカードとしての天然資源

産出国自体が自国の経済成長とハイテク化を進めなければならないという対内的理由からばかりか、天然資源を外交の

海底熱水鉱床

海底のうちマグマ活動が盛んな場所に海水が染み込んで、マグマそのものや内部の地殻に含まれている元素が熱水（250～300℃）とともに噴出された後、海水により冷却され沈殿した鉱床のこと。ここには基本的な金属であるベースメタルのうち金・銀・銅・鉛・亜鉛や、レアメタル・レアアース（インジウム・ガリウム・アンチモン・セレン・バリウムなど）が含まれている。これと同じように海底には、海水に溶けていた鉄・銅・白金・ニッケル・マンガン・コバルトやレアアース（希土類）などが非常にゆっくり沈殿してできたコバルトリッチ・クラストと呼ばれる塊も存在している。

都市鉱山

先進工業国で大量に廃棄される家電製品をはじめとする工業製品に含まれている金属、とりわけそのなかでもレアメタルをリサイクルして新たな工業製品に利用する場合、それらの有用金属を「都市鉱山」と呼ぶ。すでに製品に使われていたので品質が高く、新たに製錬する必要がないので省資源かつ環境に優しいという優位性がある。日本に蓄積されている金は6,800トンで世界の現有埋蔵量42,000トンの約16％、銀は22％、インジウムは61％、錫は11％、タンタルは10％と、世界有数の資源国であることがわかっている。

カードに利用しようとするパワーポリティックス的意図も見え隠れしている。

表5-5-1　主要金属とレアメタルの世界全体の生産量に占める割合（2017年、単位％）

1．金：中国13.2、豪州9.3、ロシア8.4	2．鉄：豪州36.5、ブラジル17.9、中国14.9
3．銅：チリ30.2、中国9.0、ペルー8.9	4．ボーキサイト：豪州28.5、中国22.7、ギニア15.0
5．鉛：中国49.3、豪州9.5、米国7.3	6．亜鉛：中国35.2、ペルー11.8、豪州6.7
7．錫：中国31.9、ミャンマー18.8、インドネシア18.1	8．ニッケル：フィリピン17.0、ロシア12.4、カナダ11.6
9．タングステン：中国81.6、ベトナム8.0	10．モリブデン：中国43.8、チリ21.0、米国13.7
11．コバルト：コンゴ56.5、ロシア4.9、豪州4.9	12．マンガン：南ア34.7、豪州17.0、中国12.3
13．クロム：南ア46.3、トルコ18.2、カザフスタン12.8	14．アンチモン：中国74.7、タジキスタン9.7、ロシア5.6
15．バナジウム：中国56.2、ロシア25.3、南ア11.2	16．レアアース：中国79.5、豪州14.4、ロシア2.0

出所）公益財団法人矢野恒太郎記念会『世界国勢図絵2020/21』141-152頁。
筆者注）中国としてあるのは中国が多くの天然資源において生産量が多いことを強調するためである。

かつての欧米系の石油メジャーに代わって、アラムコ（サウジアラビア）、ガスプロム（ロシア）、ペトロチャイナ（中国）、イラン国有石油会社＝NIOC（イラン）などの新石油メジャーが世界の3分の1の鉱区を押さえ、これら諸国はこの優位性を外交カードに利用している。さらにより積極的に海外の鉱山会社を買収したり海底資源を採掘するため一方的に領海を囲い込む中国のような国も現れ、周辺諸国と緊張を引き起こしている。

鉱物資源とレアメタル

鉱物資源といっても多様であり、工業製品製造の基本となっている金属（ベースメタル）は鉄・銅・鉛・亜鉛などであるが、現在、国際政治で焦眉の問題となっているのはハイテク製品製造に欠かせない31種類のレアメタル（希少金属）（☞QR5-5-3）をめぐる問題である。このレアメタルのなかの1つであるレアアース（希土類）の17元素（☞QR5-5-4）は、相互に化学的性質が似ていて単体として分離することが困難であり、希少金属のなかでもさらに希少であるためその獲得に各国が必死になっているのが現状である。レアメタルは、鉄以外のいわゆる非鉄金属のうち、埋蔵量が相対的に少ない金属や埋蔵量は多くても技術的・経済的に純粋な形で抽出・分離するのが難しい31種類の金属で、他の元素と合わせて全く新しい性質をもつ合金をつくることが可能である。ハイテク製品のなかでも半導体・二次電池・パソコン・スマートフォン・液晶パネル・LED照明・太陽光パネル・風力発電機・電気自動車のモーター用強力磁石・高度医療機器・精密誘導兵器など経済成長や国防に不可欠な金属である（☞QR5-5-5）。

QR5-5-3

QR5-5-4

QR5-5-5

レアメタルの産地や生産拠点が偏在している上に、少数の資源メジャーや企業が生産・抽出を独占しているため、資源ナショナリズムが高揚したり二国間関係が悪化したり労働争議などにより供給が途絶えるリスクがある。またレアメタルへの需要が高まり価格が高騰するリスクもある。さらに上述したようにレアメタルを国内資源保護を理由に輸出制限したり、外国のレアメタル鉱山を買収したりする国家が出現してきている。

アメリカやスイスは第2次大戦直前からすでに国家備蓄を進めたが、日本も遅ればせながら1983年より国家備蓄を行っており、日本の基準消費量の42日分

QR5-5-6

を国家備蓄している（☞ QR5-5-6）。

化石燃料社会から脱炭素社会へ

代表的な化石燃料は石炭と石油であるが、どちらも、①それ自体が燃料として使用されるばかりでなく、②都市ガスなどの原料となり、③さらには水蒸気を媒介として発電に使われるほか、④様々な製品の原料となる。いずれもCO_2排出量が大きいので最近ではCO_2排出量の少ない天然ガスの利用が増大してきた。天然ガスは石油と異なり、地上で大量輸送したり貯蔵するためにはマイナス162℃以下に冷却して液化する必要があり、液化されたものがLNGである。天然ガスの可採埋蔵量はロシアが最も多く、EU諸国やウクライナを含む旧東欧諸国にパイプラインで輸出しているため、これら諸国はロシアにエネルギーのカードを握られた形となっている。

21世紀の新しい形の化石燃料として、アメリカでは可採埋蔵量が100年といわれているシェールオイル、シェールガスが登場し、アメリカ経済復活の原動力となることが期待されているが、その生産には環境汚染や地震発生の危険がつきまとっており予断は許さない。また日本近海の東部南海トラフの深海底には、メタンハイドレートが約40兆立方フィートあると推定されおり、日本で消費する天然ガスの100年分に相当するが、採掘技術はまだ確立していない。しかし2015年12月のパリ協定採択以降、国際社会では石油や天然ガスなどの化石燃料への依存度を低下させて、脱炭素社会の実現に向けた努力が加速してきている。ガソリン車から電気自動車への急激なシフトはその象徴である。

第2次エネルギー資源としての電気

19世紀前後以降ヨーロッパで展開された産業革命以前のエネルギー源は、風力（風車）や水力（水車）、あるいは植物（木材）から作られる薪や炭、鯨油をはじめとする動物の油などの1次エネルギー資源であったが、産業革命以降は石炭・石油が1次エネルギー資源の主流となり、19世紀後半には石炭・石油をエネルギー資源とする2次エネルギー資源としての電気、さらに第2次大戦後は核燃料が登場した。1次エネルギー資源は、石炭・石油・ウランなどの枯渇性エネルギーと再生可能エネルギーに分類される。再生可能エネルギーへの転

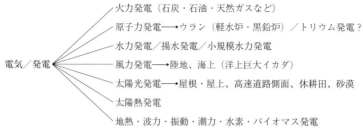

図5-5-2　発電方法

換を模索する動きが強まる一方、その経済性から核分裂による原発への執着も強いが、核融合による原発を目指す国際熱核融合炉計画に期待が集まっている。

図5-5-2に見るように、2次エネルギー資源である電気を発生させる方法＝発電方法には、1次エネルギー資源による枯渇性エネルギー（火力・原子力発電）と、自然界に存在するエネルギー資源を利用する再生可能エネルギー（水力・風力・太陽光〈熱〉・地熱・波力・潮力・水素・バイオマス発電）によるものとがある。

水素・バイオマス発電

近年、にわかに注目されている発電方法である。水素と酸素の電気化学反応によって電気と熱を発生させる燃料電池が実用化されつつある。水素は化石燃料からも取り出すことが可能だがCO_2を排出するので、化学工場や製鉄所などで発生する副生ガスを精製するか、メタノールやメタンガスなどバイオマスを触媒を使って発熱させつくり出すか、太陽光発電か風力発電でつくる電気を使って水を電気分解してつくり出す方法がある。またバイオマス発電も第3世代の微細藻類を原料にしてオイルを生産してこれを発電ばかりでなくエタノールやジェット燃料にする研究が具体化し始めている。

水資源

BRICSをはじめとする多くの新興国では人口増加、都市化率の上昇、工業化の進展、さらにはこれらに伴う環境破壊により淡水資源は激減し、水資源への需要が急速に高まってきている。例えば自動車1台を生産するのに40万リットルの水が必要とされ、アラル海では綿花栽培のため80％の水量を失い、中国の黄河は1972年以降、渤海湾に注がなくなっている。元々、飲料水となる淡水は地球上の水のわずか0.5％以下であり、現在73億人の世界人口が2050年には90億人になると予測されているので、ますます水の供給は逼迫することが危惧される。国際河川の上流国が水資源を独占しないように流域ガバナンスが重要になっているし、海水の淡水化技術をめぐる国際的競争も激化してきている。

また水そのものへの需要だけが問題ではなく、農産物や工業製品を生産する際に膨大な水が不可欠であり、このバーチャル・ウォーター(仮想水)も含めた水問題を考えなければならない。農産物や食肉1kgを生産するのに必要なバーチャル・ウォーターは、米では3.6トン、小麦2.0トン、大豆2.5トン、豚肉5.9トン、鶏肉4.5トン、さらに牛肉では20.6トンにものぼる。

生物資源

　米や小麦、トウモロコシなどの農産物の収量を飛躍的に上昇させるため異なる品種を交配させ、高収量で味がよく、耐虫性・耐病性の高いハイブリッド(1代交配種=F1品種)の種子をつくることに成功すると、その技術を盗み取ったり、それに対抗する品種をつくろうとする種子戦争が1960年代から70年代に、世界の大手種苗会社の間で展開された。さらにこの雑種2世代の種子(F2品種)は、自家採種が困難なために、農家は毎年、大手種苗会社から高い種子を購入せざるをえなくなるという自己矛盾に陥った。このことも契機となって世界各国の種苗会社は遺伝子組み換え技術の進歩を背景に、新たな品種改良に多くのエネルギーと資金を投入してきた。また大手製薬会社は、癌や認知症に対応した新しい薬を開発するため(創薬)、新たな生物の種(植物の種・微生物・昆虫・動物)を必死になって探索し始めた。しかし資源ナショナリズムと同様に、新たな種が多く発見されるのは「南」の新興国が多く、先進国の大手製薬会社が自国領から新たな種を無断で持ち出し、創薬して世界市場で莫大な利益を上げることに反発した。その結果、生物多様性条約(☛第V部第6章)がリオサミットで調印され(1992年6月)、93年12月に発効した。生物資源が生み出す利益は年間8,000億ドル〜1兆ドルともいわれているため、生物多様性を保存し、持続可能な利用を可能にし、遺伝資源による利益を公正に配分することを規定した。

◆**参考文献** (追加参考文献☛ QR 5-5-7)
①星野智『ハイドロポリティクス』中央大学出版部、2017年。
②ジャン=マリー・シュヴァリエ、パトリス・ジョフロン、ミッシェル・デルデヴェ (増田達夫監訳・解説、林昌宏訳)『21世紀エネルギー革命の全貌』作品社、2013年。
③根岸敏雄『化石エネルギーの今とこれから』風詠社、2011年。

QR 5-5-7

第6章　地球環境問題

　地球環境の歴史のなかで、20世紀以降ほどその変化が著しい時代はなかったといってよいだろう。石炭・石油などの化石燃料やメタンガスなどの温室効果ガスによって引き起こされた気候変動、フロンガスによるオゾン層破壊、森林破壊による生物多様性の減少、核実験や原発事故による放射能汚染、有害化学物質による土壌汚染と海洋汚染、有害廃棄物の越境移動、世界的な砂漠化や水資源の減少などの地球環境問題は、20世紀以降に顕在化したものである（☛QR5-6-1）。これらの人為的に引き起こされた環境変化あるいは環境破壊は、地球生態系だけでなく人間社会そのものの安全と存続を脅かすまでに至っている。このような人間がもたらした環境変化あるいは自然破壊の影響が今後さらに深刻な結果をもたらすことは、想像に難くないだろう。地球社会の差し迫った課題は、グローバルなレベルで環境への負荷の少ない、持続可能な社会経済システムをいかに構築していくのかということであろう。

QR5-6-1

近代世界システムの発展と地球環境問題

　環境破壊は人間の経済活動の拡大、すなわち近代世界システム（世界経済）の拡大とともに進展してきた。経済活動は人間社会に経済的な豊かさをもたらす活動である一方で、自然から様々な資源を「搾取」する活動でもあり、それによって化石燃料、鉱物資源、森林、生物多様性などが失われてきた。さらに温室効果ガスの排出、フロンガスの使用、放射性廃棄物を含めた有害廃棄物などは地球の自然生態系を悪化させている。

　近代世界システム（世界経済）が成立したとされるほぼ500年前、世界の年間GDPは約2,400億ドルほどであったとされる。それが1992年まで世界のGDPは28兆ドルに達し、120倍近くにもなった（表5-6-1）。このことは、視角をかえていえば、500年前と比較して、自然生態系に対して年間120倍あるいはそれ以上の負荷を与え続けてきたということを意味している。

　地球温暖化は化石燃料の利用の影響を強く受けているが、近代におけるエネルギーの利用を見ると（表5-6-2）、バイオマス（木材や炭など）、石炭、石油

表5-6-1　世界経済の発展（1500～1992年）

	1500年	1820年	1992年
世界の人口（100万人）	425	1,068	5,441
1人当たりのGDP（1990年ドル）	565	651	5,145
世界のGDP（10億1990年ドル）	240	695	27,995
世界の輸出（10億1990年ドル）	n.a.	7	3,786

出所）A・マディソン『世界経済の成長史1820～1992年』金森久雄監訳、東洋経済新報社、2000年、6頁。

表5-6-2　世界の燃料生産（1800～1990年）

燃料の種類	生産量（100万トン）		
	年代	1800	1900	1990
バイオマス		1,000	1,400	1,800
石　炭		10	1,000	5,000
石　油		0	20	3,000

出所）J・M・マックニール（海津正倫・溝口常俊監訳）『20世紀環境史』名古屋大学出版会、2011年。

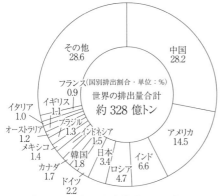

図5-6-1　世界の二酸化炭素排出量（2017年）

出所）「全国地球温暖化防止活動推進センター」ホームページより。(https://www.jccca.org/chart/chart03_01.html)

がエネルギーの大部分を占めている。19世紀後半から化石燃料がバイオマスを凌ぎ、20世紀以降は石炭、石油、天然ガスの化石燃料が優位を占めている。気候変動に関する政府間パネル（IPCC）はこれまで5次にわたって評価報告書を出してきたが、第5次報告書（2013年）でも気候システムに対する人間活動の影響、すなわち温室効果ガスの排出が気候変動を引き起こしている点は明白であるとしている。温室効果ガスの排出量はこれまで先進諸国の割合が大きかったが、近年では新興国の割合が大きくなり、2011年にはBRICS諸国だけで40パーセント近くを占めるようになった（☞図5-6-1、第Ⅴ部第4章「資源・エネルギー問題」参照）。

地球環境ガバナンス

1972年の国連人間環境会議（ストックホルム会議）で設立が決定された国連環

境計画（UNEP）は、地球環境問題に関する国連機関内部の活動を調整し、新しい提案を作成するための触媒として活動することによって、地球環境ガバナンスにおける指導的な役割を演じてきた。ストックホルム会議以降、1992年の地球サミットを経て今日に至るまで、多くの環境条約、IPCC や持続可能な開発委員会（CSD）などの機関、地球環境ファシリティ（GEF）などのメカニズムが出現し、それに国際環境 NGO などの市民社会組織が加わって、地球環境ガバナンスは急速に進展してきた。

　地球環境ガバナンスは、地球環境問題の解決に向けて国際的な合意を形成するための枠組みあるいは交渉のプロセスであり、それには主権国家、国際機関、環境 NGO、企業などの多様なアクターが参加する。まず主権国家は基本的には国益を追求し、国際法の基本原則においては自らの同意なくして国際法に拘束されることはないが、国際的な合意が形成される場合には地球環境ガバナンスを推進するアクターともなりうる。国際機関は基本的に国益を超えた地球公共性を追求できる立場にあり、地球環境問題においては新たな提案や規範を提起できる。UNEP は、オゾン層保護に関する1985年のウィーン条約や1987年のモントリオール議定書、有害廃棄物の越境移動を禁止する1989年のバーゼル条約、1992年の生物多様性条約を提案した。環境 NGO もまた国益を超えたグローバルな立場から、地球環境ガバナンスやレジームの形成に大きな役割を果たしている。環境条約のなかには環境 NGO が締約国会議にオブザーバーとして参加する旨を規定しているものもあり、国際環境政策に一定の影響を及ぼしている（☞第Ⅲ部第5章「国際 NGO」参照）。

地球環境レジーム

　地球環境レジームは、国際的に合意された規範やルールを意味し、具体的には環境条約、議定書、ソフトローなどの法的文書によって特定された規範やルールである。地球環境レジームの形成においても、主権国家、国際機関、環境 NGO、企業などの多様なアクターがかかわる。とりわけ1970年代以降、ラムサール条約やワシントン条約など多くの環境レジームが形成され、参加国の数も増えてきている（表5-7-3）。以下では、主要な環境レジームについて触れたい。

240 第Ⅴ部 地球社会のアジェンダ

表5-6-3 地球環境条約の締約国

条約	締約国数	採択年	発効年
生物多様性条約	196	1992	1993
ワシントン条約	183	1973	1987
有害廃棄物の越境移動に関するバーゼル条約	188	1989	1992
オゾン層保護に関するモントリオール議定書	198	1985	1988
気候変動枠組条約（UNFCCC）	192	1992	1994
京都議定書	192	1997	2005
砂漠化対処条約	197	1994	1996
ラムサール条約	171	1971	1975
ユネスコ世界遺産条約	194	1972	1975
国連海洋法条約	163	1982	1994
残留性有機汚染物質に関するストックホルム条約	184	2001	2004
ロッテルダム条約	164	1998	2004
パリ協定	189	2015	2016

（筆者作成）　国連ホームページ（https://treaties.un.org/pages/ViewDetails.aspx?src=IND&m
tdsg_no=XXVII-10&chapter=27&clang=_en）の2020年12月末日の数値より。

① 国連気候変動枠組条約（UNFCCC）と京都議定書およびパリ協定

　1992年の地球サミットで採択された気候変動枠組条約と1997年の第3回締約
国会議で採択された京都議定書は、地球温暖化防止に向けた国際レジームとし
て大きな役割を果たしてきた。京都議定書では、温室効果ガスとして、二酸化
炭素、メタン、一酸化二窒素、ハイドロフルオロカーボン、パーフルオロカー
ボン、六フッ化硫黄が指定され、第1約束期間の2008～2012年までの間に、
1990年の水準より少なくとも5％削減することになった。国別では、日本6％、
EU8％などで、途上国は削減義務を負わないことになった。アメリカは7％、
カナダは6％とされたが、両国とも議定書から離脱した。削減手段である京都
メカニズムには、排出量取引、共同実施、クリーン開発メカニズム、吸収源の
4つが規定された。2013年以降の第2約束期間の設定については、2011年に南
アフリカで開催された気候変動枠組条約第17回締約国会議で、2013年からの第
2約束期間（翌年の第18回締約国会議で第2約束期間が2013～2020年とされた）が定
められたが、日本はこれに参加しないことを表明した。世界最大の温室効果ガ
スの排出国である中国とそれに次ぐアメリカが削減義務を負わないことから、
このレジームの効果が問題視されており、これらの国々を包括したレジームの
構築が課題となっていた。そうしたなか、2015年の気候変動枠組条約第21回締
約国会議でパリ協定が採択され（2016年11月4日発効）、先進国と途上国の双方
が温室効果ガスを削減するための枠組みがつくられた。パリ協定には、世界的

な平均気温上昇を産業革命前と比較して、2度未満に抑えるとともに1.5度に抑える努力をすること、主要排出国を含むすべての国が削減目標を5年ごとに提出し更新すること、先進国が途上国への資金提供を行うとともに途上国も自主的に資金提供を行うことなどが盛り込まれた。パリ協定は、各国が設定する削減目標の達成に法的拘束力を持たせていないとはいえ、先進国と途上国が温室効果ガス削減に向けて取り組むための共通の枠組に合意したという点では大きな進展であった。

② オゾン層保護のためのウィーン条約とモントリオール議定書

オゾン層は、地上10〜50km の成層圏にある層で、紫外線の大部分を吸収することで、地球上の生物を守る役割を果たしている。そのオゾン層がフロンガス（クロロフルオロカーボン）によって破壊されることが懸念され、オゾン層保護のための国際レジームが比較的短い期間において成立した。しかし、代替フロンとしていまなお使用されているハイドロクロロフルオロカーボン（HCFC）はオゾン層破壊効果を有しており、この代替フロンに関して先進国は2020年までに生産を中止することが定められている。

③ 生物多様性条約とカルタヘナ議定書および名古屋議定書

1992年にリオデジャネイロで開催された地球サミットで採択された生物多様性条約は、「生物の多様性の保存、その構成要素の持続可能な利用および遺伝資源の利用から生じる利益の公正かつ衡平な配分」を目的とするものである。地球生態系は多様な動植物によって構成され、1つの生命体（ガイア）を形成し、人間はそれから生活に必要な様々な生態系サービスを受け取っている。

生物多様性条約の交渉では、バイオテクノロジーによる「改変された生物 living modified organism」（LMO）の安全性が問題となり、1999年のコロンビアのカルタヘナでの特別締約国会議で、「生物多様性条約のバイオセーフティに関するカルタヘナ議定書」が調印され、2000年にモントリオールで採択された（2003年9月発効）。さらに生物多様性条約第10回締約国会議では、遺伝資源へのアクセスと利益配分（ABS = Access and Benefit-Sharing）に関する国際ルールを定めた名古屋議定書が採択された。

環境安全保障

　人間の安全保障は、人間の生存・生活・尊厳に対する脅威から人々を守るという考え方であり、1994年の『人間開発報告』では、人間の安全保障の1つの領域としての環境安全保障に関して、その基本的な目的は自然と人間とが調和した自然生態系の持続可能性を確保することであるとされている。

　人間はこれまで地球生態系を変容させ、様々な資源を自然生態系から引き出し、そして化石燃料をエネルギー源として利用することによって経済成長を遂げ、豊かな生活を享受してきた。しかし、現在の状況は、その人間活動が地球生態系へ過度の負荷をかけている状態、すなわち「オーバーシュート」の状態にある。この生態系の危機というべき状況の最も重要な原因は、大量消費を伴う過度の経済成長と人口増加であろう。近年人間活動が「自然の変化の範囲」を大きく超えて自然生態系を変容させている時代を「アントロポセン（人新世）」と呼ぶようになってきた。このような時代状況のなかで、気候変動、生物多様性の喪失、天然資源の減少など様々な要因により生態系サービスはその機能を著しく低下させている。こうした状況が今後も続くならば、いずれ地球社会はカオスの状態に回帰することになろう。したがって、地球生態系の持続可能性を取り戻すためのグローバル環境ガバナンスの取り組みが必要不可欠となっている。

QR5-6-2

　2015年9月に、国連総会は17目標と169のターゲットからなる持続可能な開発目標（SDGs）を採択した。これら17の目標の基本的理念は、ミレニアム開発目標（MDGs）の考え方に基づきながらも、さらにそれを拡大することにあった。その意味でSDGsは、経済的・社会的開発と環境的な持続可能性を統合しようとするグローバルな取り組みの歴史においてきわめて野心的な取り組みである。またSDGsは多くの国連加盟国によって設定される法的に非拘束的な目標を利用するという点で新しい形態の環境ガバナンスである。SDGsは目標17において、「持続可能な開発のための実施手段を強化し、グローバル・パートナーシップを活性化する」としているが、そのための財政的な支援を確保するには、先進諸国が開発途上国への政府開発援助（ODA）としてGNIの0.7％を拠出するとした国連決議の実現が不可欠であろう。

　今、地球環境が瀕死の状態に陥ろうとしている状況のなかで、グローバルな

視点に立って地球生態系の持続可能性を回復する取り組みが急がれている。21
世紀のアントロポセンの時代に深刻化する地球環境の危機から人間の生存と生
活を守るためには、人間が環境に加えても持続可能で安全な最大負荷量すなわ
ち「環境吸収力」を上回らないような経済成長と環境保護のバランスをとるこ
とが必要である。

グローバル・グリーン・ニューディール

　現在の世界経済は、エネルギーの面で化石燃料依存の経済となっている。
2013年の世界のエネルギー消費のほぼ78％は化石燃料であり、今後新興国のエ
ネルギー需要が高まると石油価格の上昇をもたらすことは明らかである。石油
に関してはすでに供給能力の限界に達した「ピーク・オイル」ということがい
われている。しかし他面において、再生可能ネルギーの割合も世界的に徐々に
高まっており、「21世紀のための自然エネルギー政策ネットワーク」の報告書
『Renewable 2014』によれば、2013年末、再生可能エネルギーは世界の発電の
22.1％を占め、全世界の新規設置発電容量では56％を占めた。

　2009年1月に成立したアメリカのオバマ政権をはじめとして世界的に進めら
れつつあるグリーン・ニューディール政策は、1930年代のアメリカ大統領ルー
ズベルトのニューディール政策にならって、再生可能エネルギーなどのグリー
ン産業の育成のために公共支出を増やし、温室効果ガスを削減する一方で、雇
用の促進と貧困の削減をねらいとしている。このグリーン・ニューディール政
策は各国で進められているが、国連環境計画（UNEP）は、2009年に「グロー
バル・グリーン・ニューディール」という政策概要を公表し、①世界経済の復
興、雇用機会の創出、脆弱な貧困層の保護、②炭素依存逓減、生態系の保護、
水不足の低減、③2015年までに極度の貧困を終わらせるというミレニアム開発
目標の推進、を掲げた。

　これらの目標を達成するためには、各国政府による取り組みだけでなく、グ
ローバルなレベルの協力体制や資金メカニズムが不可欠であろう。リオの地球
サミットで採択されたアジェンダ21には、資金メカニズムとして政府開発援助
（ODA）と地球環境ファシリティ（GEF）が盛り込まれていた。グローバル・グ
リーン・ニューディールを推進するには、再生可能エネルギーの開発、省エネ

ルギーへの投資、貧困削減のための経済援助などを進めるためのグローバルな資金メカニズムを構築する必要があろう（☞南極海捕鯨事件ICJ判決QR5-6-3）。

QR5-6-3

脱炭素社会への動き：パリ協定

2015年に採択され翌年に発効したパリ協定は、化石燃料への依存を低下させグローバルな脱炭素社会へ移行するための大きな転換点となった。パリ協定は、①世界全体の平均気温の上昇を工業化以前よりも摂氏2℃以下に抑えること、ならびに摂氏1.5℃以下に抑えるための努力を行うことを目的としている点、②開発途上国を含むすべての主要排出国が対象である点、③各国に自主的な取り組みを促すアプローチ、すなわち各国が独自の削減目標（NDC）を作成し通報し維持することを促す方法をとり、また緩和に関する国内措置をとること、これらの点を特徴としている。さらにパリ協定においては、気候変動が進行しているという前提のもとで気候変動の悪影響への適応に関する能力の向上を規定している。

アメリカのトランプ前大統領は、2017年6月に協定からの離脱を表明し、2019年11月4日にアメリカはパリ協定から離脱するための手続きを開始し、2020年の大統領選挙の翌日の11月4日に正式に離脱した。しかし、民主党のバイデン新大統領が就任したことで、アメリカは再びパリ協定に復帰することになった。先進諸国をはじめとする主要各国のなかには2050年までに温室効果ガスの排出をゼロにするという政策を表明している国が多く見られ、今後、地球社会はカーボンニュートラルあるいはカーボンポジティブといった脱炭素社会に向けての弾みをつけてゆくことが期待される。

◆参考文献

①A. マディソン（金森久雄監訳）『世界経済の成長史1820～1992年』東洋経済新報社, 2000年.
②L. エリオット（太田一男監訳）『環境の地球政治学』法律文化社, 2001年.
③J.M. マックニール（海津正倫・溝口常俊監訳）『20世紀環境史』名古屋大学出版会, 2011年.
④E.B. バービア（赤石秀之・南部和香監訳）『なぜグローバル・グリーン・ニューディールなのか』新泉社, 2013.

第 7 章　人口問題

人口問題への視点

　人口問題を考察する場合、①人口数の大小、②人口が増減する速度（＝出生率の変化の速度）、③人口の集中度と分散度、④男女の比率、⑤年齢別人口構成の 5 点に留意することが不可欠である。世界人口が少なければ、領土問題や食料・資源をめぐる部族・民族間の紛争の可能性は少ないが、逆に多ければその可能性は高まる。人口が増加するにしろ減少するにしろ短期間で起こる場合には、多くの深刻な問題を発生させるが、徐々に起こる場合には深刻さは低減する。また同じ 1 億の人口であっても適度に分散していれば問題の発生は少ないが、過度に特定地域に集中すると多くの深刻な問題が発生する。これが一国内の問題であれば、地方の過疎問題と人口過密な都市問題となるし、世界的に見れば前者の現象は国力の衰退につながりかねない問題であり、後者は経済成長の要因になるとともに食料やエネルギーへの積極的なアクセスをもたらし関係諸国との緊張を生みかねない。

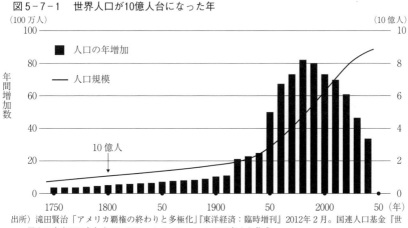

図 5-7-1　世界人口が10億人台になった年

出所）滝田賢治「アメリカ覇権の終わりと多極化」『東洋経済：臨時増刊』2012年 2 月。国連人口基金『世界人口白書2011年』と World Population Prospects 2013年より作成。

図5-7-2　世界人口の推移

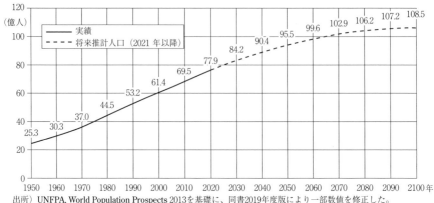

出所）UNFPA, World Population Prospects 2013を基礎に、同書2019年度版により一部数値を修正した。

グローバル・イシューとしての人口問題

　約2000年前には2〜3億人であったと推定されている世界の人口は19世紀初頭に10億人になるまでに1800年かかっている。19世紀初頭以降、人口爆発が起こりその後の約200年間で——2度の世界大戦にもかかわらず——世界人口は70億人を突破した（図5-7-1）。国連による2013年の世界人口推計では、2050年には95.5億人、2100年には108.5億人になると見込んでいたが（図5-7-2）2015年の推計では2050年には97億人、2100年には112億人と修正している。1995〜2000年の年間人口増加数は、年平均7,900万人で依然として人口爆発は続くと予測されている。人口爆発が起こった時期は欧米における産業革命の時期と重なり、農産物生産の増大や貿易拡大による食糧確保可能性の向上、あるいは医療技術の向上による死亡率の低下など様々な要因が考えられる。

　この人口問題は地球社会のほとんどあらゆる問題の原因となっており、グローバル・イシューの中核をなしているといっても過言でなく、世界的にも国内的にも環境・水・食料・エネルギー・都市問題などと密接にリンクしている。人口問題にはいくつもの側面があるが、特に人口増大と都市への集中が最大の問題である。もちろん人口減少、とりわけ少子高齢化は生産力や地域社会の維持発展ばかりでなく、社会福祉問題とも直結する問題であり軽視できない先進国共通の問題であるが、地球社会全体にとって深刻な問題を突きつけているのは人口増大とその都市集中である。

人口増加のグローバル・イシュー化

　図5-7-2に見るように2010年段階の世界人口は、第2次大戦直後の1950年の約25億人からわずか60年間で45億人も増加した。この人口の激増は、地球環境に負荷をかけ、水不足や食料・鉱物資源・エネルギー資源の獲得競争を激化させてきた。人口増加を背景にした生産活動の活性化によってフロンやCO_2排出量が激増し、オゾン層の破壊や地球温暖化が進行した。温暖化による海水面の上昇により島嶼国家の水没が危惧され、同時に気象条件の激変によるハリケーン・サイクロン・巨大台風の発生件数が増加している。また産業排水・生活排水による河川汚染さらには海洋汚染が進み、サンゴ礁が破壊されてCO_2吸収能力が低下したり、魚介類が死滅したり、海流が変化したりする現象が多発するようになった。

　アジア・モンスーン地帯に住んでいるわれわれにはなかなか理解できないことであるが、アフリカや南・中央アジアの多くの地域は、人口増加とそれに伴う食糧増産・都市化などにより慢性的な水不足に悩まされている。これらの国々においてはダムや運河の建設により取水効率を高めたり、農業や工業を水使用効率の高い様式にレベル・アップする必要が叫ばれている。またメコン川やチグリス・ユーフラティスなどの国際河川の上流域の国家が自国中心にダムを建設したために下流域の国家との紛争が起こる事態が発生している。また増大する人口を支えるために単独主義的に国際法を無視して一定海域を独占したりして周辺諸国と緊張を高める事態も発生している（☛第V部第5章「地球環境問題」参照）。

　図5-7-2に見るように2010年段階での世界人口は約70億人だが、中国とインドの人口合計は約26億人で世界人口全体の37％も占めており、人口圧力の強まりにより中印両国が上で見たような対外行動を強めていくことも予想される。2050年から2100年に向けては中印に加えて、人口90億人から100億人の世界で、インドネシア、ブラジルさらにはパキスタンやナイジェリアなども人口を増加させていくことが予想されるので、人口増加によって引き起こされる環境悪化、水・食料不足、資源獲得競争が激しくなる可能性が高い。しかし現在、新興国と分類されているこれらの諸国は経済発展していく可能性も高いので、産児制限や経済成長による出生率の低下の可能性も排除できない。

都市への人口集中

人口増加に伴い都市へ人口が集中するが、それにはプラス面もあるがマイナス面も無視できない。『国連世界都市化予測』（2005年版および2014年版）によると、20世紀は人口の急速な都市化を見た世紀であったという。1900年の都市化率は13％（世界人口のなかで2億2,000万人が都市に居住する）であったが、1950年には29％（7億3,200万人）、2005年には49％（32億人）になり、2030年には60％（49億人）、2050年には66〜67％（60億人）になると予測している。先進国では2010年時点ですでに都市化率は70〜80％に達しており、2050年には90％と大部分の人口が都市に住むことになる。都市化率を上げることは産業集積を進め経済成長に結びつくという議論もあるが、交通渋滞、住環境や治安の悪化はともかく、より深刻に環境への負荷を高めることは確実である。自然災害、特に地震や津波、火山爆発に襲われた歴史をもつ国家や地域にある都市への人口集中は危険であり、水道水やガスの供給にも限度がある。それ以上に1,000万から2,000万人もの人口を抱える広域都市（メガロポリス）では電気供給は原発に依存しがちであり、原発事故が発生した場合には都市そのものが崩壊する可能性も考えるべきであろう。

◆参考文献
①国連人口基金『世界人口白書2020』
②ダリル・ブリッカー，ジョン・イビットソン（倉田幸信訳）『2050年世界人口大減少』文藝春秋，2020年.
③ポール・モーランド（渡会圭子訳）『人口で語る世界史』文藝春秋，2019年.
④阿藤誠・佐藤龍三『世界の人口開発問題』原書房，2012年.
⑤早瀬保子・大淵寛『世界主要国・地域の人口問題』原書房，2010年.

第8章　人の移動

人の移動とは：「国際移民の時代」

われわれは、「国際移民の時代」[カースルズとミラー] に生きているといわれているが、太古の昔から移動すること自体が人間の本性の一部であり、地球上の人類分布は人間が移動する歴史の帰結として見なされてきた。約10万年前以前と考えられているホモサピエンスの「出アフリカ」以降、人類は移動を繰り返してきた。人が移動する原因、結果、および形態は絶えず変化しながらも、地理的な場所を離れ、複数の境界・国境を越える空間的行為は、グローバル化の進展する現代世界において、中心的な課題となってきている。

移民の多様な形態などを踏まえれば、それに関する厳格な定義を与えることは困難であるが、1997年の国連人口委員会への国連事務総長の報告書に記載されている一般的に受け入れられている定義によれば、移民とは「通常の居住地以外の国に移動し、少なくとも12カ月間当該国に居住する人のこと（長期の移民）」とされている。しかしながら、建設業などで海外へ渡る季節労働者などのように、短期での季節的、あるいは循環型の移住労働者が増加している現代的傾向を踏まえれば、移住と移動の境界があいまいになっており、どの程度、通常の居住地ではない他の国に滞在すれば移民になるのかという時間的な定義は意味をなさなくなってきているのである。

人の移動の形態：自発的移住と非自発的移住

人の移動の形態には、図5-8-1に見られるように、自発的移住と非自発的移住がある。前者には、旅行者による長期の海外旅行、外交官やビジネスマンの海外赴任、学生による海外留学、技能研修、国際結婚による「結婚移民」などがある。後者には、紛争、迫害、人権侵害から逃れる難民や国内避難民、自然災害や環境破壊から発生する避難民（いわゆる「環境難民」）、経済的貧困を原因の1つとする人身売買などが含まれている。

図５－８－１　国際移民の形態

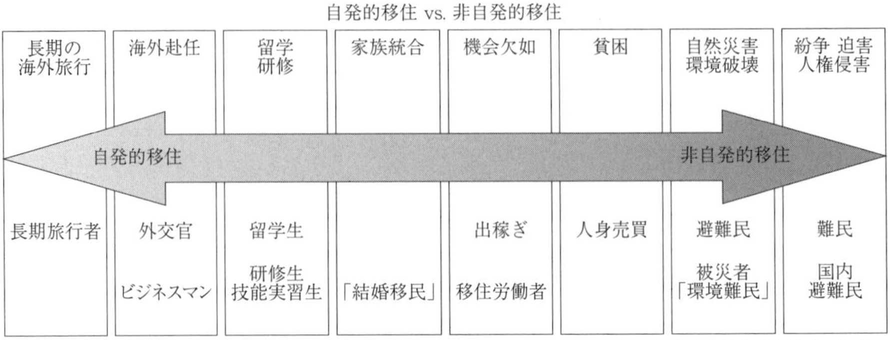

自発的移住 vs. 非自発的移住
長期の海外旅行
海外赴任
留学 研修
家族統合
機会欠如
貧困
自然災害 環境破壊
紛争 迫害 人権侵害
自発的移住
非自発的移住
長期旅行者
外交官
ビジネスマン
留学生
研修生 技能実習生
「結婚移民」
出稼ぎ
移住労働者
人身売買
避難民
被災者 「環境難民」
難民
国内避難民

出所）国際移住機関（IOM）のホームページ http://www.iomjapan.org/activity/quiz.cfm をもとに筆者が加筆・修正。

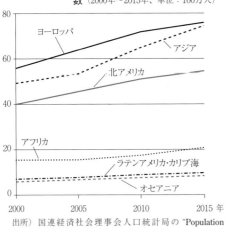

図５－８－２　主要な目的地域別の国際移民の数（2000年〜2015年、単位：100万人）

80
60
40
20
0
ヨーロッパ
アジア
北アメリカ
アフリカ
ラテンアメリカ・カリブ海
オセアニア
2000
2005
2010
2015 年

出所）国連経済社会理事会人口統計局の“Population Facts”（No.2015/４, December 2015）の Figure １をもとに筆者作成。

人の移動の現状と傾向

国連経済社会理事会の人口統計局が2015年に公表したレポート『国際移民トレンズ2015』によれば、（出生国以外の国に居住している）国際移民は、2015年に２億4,400万人に達し、2000年に比べて41％増加したとされる。居住している地域としては、ほぼ３分の２がヨーロッパかアジア、その後、北アメリカ、アフリカ、ラテンアメリカ・カリブ海、オセアニアと続く。2000年から2015年の間に、とくにアジアにおける国際移民の数が増加し、ヨーロッパ、北アメリカ、アフリカの順となっている（図５－８－２参照）。

2015年の傾向としては、アフリカ、アジア、ラテンアメリカ・カリブ海、そしてヨーロッパは、同じ地域にある別の国からの国際移民が多いのに対して、北アメリカやオセアニアにおける国際移民の大多数は、現在居住している国以外の主要な地域で出生している傾向がある。国際移民の３分の２（67％）は、上位20カ国に集中している。4,700万人の国際移民が居住する北アメリカは、

世界全体の国際移民の約5分の1の割合を占めているが、ドイツとロシアがそれに続き、サウジアラビア、イギリスと北アイルランド、UAE が続いている。

人の移動のもう1つの要素である国内移動に関していえば、国内における移住数のカウントの方法が国によって異なるために、より正確な実態を把握することは困難である。しかしながら、2009年には、国際移民の数よりも国内で移住する数のほうが約3.5倍も多いと国連の人口統計局は推計している。最大規模の国内移動が起こっている中国では、約1億人が貧困に苦しむ内陸部の農村から、経済発展の進む沿岸部の都市に移住したとされている。農村部から都市部への移動は、中国ばかりでなく世界中で見られていることであるが、深刻な経済格差を反映し、過剰な都市化の主要因となっている［キング、2011年、11-12頁］。

移民のジェンダー化

従来の移民は、男性の役割が中心的であり、女性の移民は「家族呼び寄せ」（family reunion）における位置を占めているにすぎなかった。しかしながら、1960年代以降、労働移民としての女性の役割が重視されるようになり、移民のジェンダー化が急速に見られるようになった。2013年の統計では、国際移民全体における女性の占める割合は、約半数になったとされている。フィリピンにおける例を取り上げれば、2006年の海外で就労するフィリピン人労働者の約6割が女性であり、移住先での看護師、介護士、家事労働者などの「ケアの連鎖」において重要な役割を担っている［キング、2011年、76-77頁］。そして、女性の移民労働者による送金が、出身国の経済に大きな影響を及ぼしていることはいうまでもない。ただし、近年の傾向を見ると、原油産出国の多い西アジアにおける男性の出稼ぎ移民労働者が軒並み増加してきている地域的状況も浮き彫りになっている。

難民と国内避難民：「人道危機」としての難民問題

1951年の「難民の地位に関する条約」（☛コラム）は、第2次世界大戦によって国籍を失った多くの人々のために制定された。それによれば、難民とは、「人種、宗教、国籍、政治的意見や特定の社会集団に属することを理由に、自

国にいると迫害を受ける十分な恐れがあるために他国に逃れた」人々と定義されている。難民として認定された人間の数は、世界総人口の約5％にすぎないとされるが、難民として認定してほしい「関心対象者」数は、その2〜3倍にも及ぶとされる。

2011年に始まったシリア内戦による1,000万人規模の難民および国内避難民の大量発生は、史上最悪の「人道危機」であり、それは、「人々の生活が失われ、無辜の人命が失われる状態」のことである。

「難民の地位に関する条約」
　第2次世界大戦の惨禍によって、ヨーロッパにおいて大量の難民が発生したことを踏まえて、それを保護することを目的として制定された。1951年に採択され、1966年にはこの条約を補充する「難民の地位に関する議定書」もつくられ、1967年に発効した。日本も1982年に加盟国になっている。
　この条約の第1条で、難民とは、「人種、宗教、国籍もしくは特定の社会的集団の構成員であることまたは政治的意見を理由に迫害を受けるおそれがあるという十分に理由のある恐怖を有するために、国籍国の外にいる者であって、その国籍国の保護を受けることができない者またはそのような恐怖を有するためにその国籍国の保護を受けることを望まない者」と定義されている。

る。2010年代は、まさにこの「人道危機の時代」といわれているのである［墓田、2016年、26-27頁］。国連難民高等弁務官事務所（UNHCR）（☞ QR5-8-1）の『数字で見る難民情勢2019』によれば、2019年末時点で紛争や迫害によって故郷を追われた人の数は7,905万人に達し（2015年末時点で6,530万人）、この数字は全人類の1％に値するとされる。難民出身国の内訳をみると、シリア（660万人）、ベネズエラ（370万人）、アフガニスタン（270万人）が上位3カ国を占め、世界の難民の85％が開発途上国で受け入れられている。そして、現代のトレンドとして、7,905万人のうちの4,750万人が国内避難民であることにも着目する必要がある。国内避難民とは、紛争などによって強制的に家から追いやられながらも、いまだに出身国内にとどまっている人々のことをいう。国内避難民の数が難民より多い理由は、局地的な地域・民族紛争の増加と激化などに加えて、国内避難民を保護する公式の制度や国際的合意が存在していないからだといえよう。半世紀以上も前に制定された難民条約における「難民」の定義にあてはめて、人間を保護することの限界を認識すべきであろう。

QR5-8-1

2015年は、地中海を渡ってEUを目指すかつてない人の移動が世界の注目を集めた。その数はゆうに100万人を超え、EUへの主要なルートとしては、「東地中海ルート」、「中央地中海ルート」、「西地中海ルート」に代表される海のルートと、「バルカンルート」のような陸のルートに分かれている（図5-8-3

図 5-8-3 EU に向かうルート

出所）墓田桂『難民問題——イスラム圏の動揺、EU の苦悩、日本の課題』中公新書、2016年、93頁。

参照）。入国管理の厳格な執行が難しい海のルートでは密航ビジネスも横行し、密航業者を取り締まれていない各国の苦悩もさることながら、難民にとっては、つねに命を落とす危険を伴いながらの移動となる。国際移住機関（IOM）（☞ QR5-8-2）によれば、2015年には、地中海を渡って密航する際に約4,000人が命を落としている。陸のルートに目を転じれば、アジアや中東からトルコやギリシャに入国した後に、バルカン半島諸国を経由してヨーロッパを北上するという「バルカンルート」では、ハンガリーの対応に代表されるように、国境フェンスを新たに建設したり、大量にやってくる難民に対して催涙ガスや放水銃を使用するなど、国境での大規模な衝突が発生し、人権の観点から国際社会の批判を集めた。

QR5-8-2

人身売買

　国際移住機関（IOM）によれば、人身売買、いわゆる「トラフィッキング（trafficking）」とは、「何らかの強制的な手段で、搾取の目的で弱い立場にある人々を別の国や場所に移動させること」である。性的な搾取のために、若い女性や子どもを誘拐・略取することが一般的であるが、近年では、臓器売買などのために男性も犠牲となるケースが増えている。非合法活動の１つであるために、人身売買に関する正確な数字を出すことは難しい。貧困国から裕福国へというルートが通常であるが、第三国を経由するという場合も多い。国際的な犯罪組織などが背後に関与している場合も多く、人身売買は麻薬や武器などとともに有力な資金源となっている。米国国務省の「2020年人身取引報告書」（☛QR5-8-3）によれば、日本に関しては外国人技能実習制度における強制労働や援助交際をはじめとする児童買春の問題に触れ、2018年と2019年には４段階のうちの一番上の第１階層にランクしていたが、2020年の報告書では第２階層へと引き下げられた。

人の移動の現代的課題：感染症の拡大と地球社会

　人の移動がグローバルな規模で拡大すれば、それに伴う国境を越えた深刻な負の側面も顕在化する。近年の感染症の国境を越えた流行が、人類全体に対する脅威となってきている。2019年末に中国・武漢で発生した新型コロナウイルス感染症（COVID-19）は、アジアばかりではなく、遠くヨーロッパやアメリカにも拡大し、2020年３月に世界保健機関（WHO）より「パンデミック」と宣言された。歴史を振り返れば、中世ヨーロッパのペスト（黒死病）やコレラ、第１次世界大戦期のマラリアやスペイン風邪、第２次世界大戦後の天然痘やポリオ、近年ではSARS（重症性呼吸器症候群）、MERS（中東呼吸器症候群）、エボラ出血熱、ジカ熱など、人類は感染症との闘いの連続であった。

　ジョンズ・ホプキンズ大学コロナウイルス・リソース・センターの発表によれば、2021年２月23日の段階で世界の新型コロナウイルス感染者は１億1,000万人を超え、死者は250万人に達しつつある（☛QR5-8-4）。最も被害の大きい米国での感染者は2,800万人、死者は50万人を超えた。

　このような国境を越える脅威としての感染症との闘いは、主権国家の枠組み

で対処することには限界があり、国連やWHOなどの国際機関（☞第Ⅲ部第2章　国際機関）などを含めた多国間の国際保健協力の必要性を認識させる。大国を中心としたパワーや国益をめぐる国際政治の影響をつねに受けながらも、人間の「健康（ヘルス）」という普遍的な目標を達成するために、感染症の克服に立ち向かうという地球社会の共通課題は、自国第一主義を乗り超えたグローバル・ガバナンス（☞第Ⅱ部第4章　リベラリズム（2））の構築にも資するだろう。

◆参考文献（☞追加参考文献QR5-8-5）
①詫摩佳代『人類と病――国際政治から見る感染症と健康格差』中公新書，2020年．
②墓田桂『難民問題――イスラム圏の動揺，EUの苦悩，日本の課題』中公新書，2016年．
③ラッセル・キング（竹沢尚一郎・稲葉奈々子・高畑幸共訳）『移住・移民の世界地図』丸善出版，2011年．
④ステファン・カースルズ，マーク・ミラー（関根政美・関根薫監訳）『国際移民の時代（第4版）』名古屋大学出版会，2011年．
⑤UN Department of Economic and Social Affairs, Population Division, Trends in International Migration, 2015, No.2015/4.
http://www.un.org/en/development/desa/population/migration/publications/populationfacts/docs/MigrationPopFacts20154.pdf

第9章　人権問題

人権保障の国際化

　基本的人権という考え方の起源は、西欧の近代市民革命、そして近代人権宣言にある。しかし、その人権の中身や保障措置が国内事項としてではなく、国際的に確立するのは、第2次世界大戦時のナチスドイツによるユダヤ人のジェノサイド（大量虐殺）やファシズムによる大規模な戦争犯罪を経て、国連が設立されて以降のことである。国連憲章は第1条3項において「人種、性、言語または宗教による差別なくすべての者のために人権及び基本的自由を尊重するように助長奨励することについて、国際協力を達成すること」を目的に掲げた。ここに人権の国際化時代が始まったのである（☞ QR5-9-1　国連憲章）。

QR5-9-1

　経済社会理事会の補助機関として設立された人権委員会は、単一の国連人権章典の作成を目指した。しかし、結果的には、拘束力はないが各国が守るべき人権の具体的内容を示す「世界人権宣言」がまず先行して1948年に採択された。

資料Ⅴ-9-1　世界人権宣言（Declaration of Universal Human Rights）

前文
　……
　よってここに国際連合総会は、
　社会の各個人及び各機関がこの世界人権宣言を常に念頭におきながら、加盟国自身の人民の間にも、また加盟国の管轄下にある地域の人民の間にも、これらの権利と自由との尊重を指導及び教育によって促進すること並びにそれらの普遍的かつ効果的な承認と遵守とを国内的および国際的な漸進的措置によって確保することに努力するように、すべての人民とすべての国とが達成すべき共通の基準として、世界人権宣言を公布する。
第1条（自由平等）すべての人間は、生まれながらにして自由であり、かつ、尊厳と権利とにおいて平等である。人間は理性と良心とを授けられており、互いに友愛の精神をもって行動しなければならない。
第2条　すべての人は、人種、皮膚の色、性、言語、宗教、政治その他の意見、国民的もしくは社会的出身、財産、門地その他の地位またはこれに類するいかなる事由による差別もうけることなく、この宣言に掲げるすべての権利と自由とを享有することができる。（以下略）
（出所）薬師寺公夫・坂元茂樹・浅田正彦編『ベーシック条約集2020』東信堂、2020年。
＊なお、この宣言は賛成48、反対なし、棄権8（ソ連、東欧諸国、南アフリカなど）で採択。

第9章　人権問題　257

　世界人権宣言の規定は、大きく分けると、国家の個人への不当な介入を阻止するための「自由権」の部分と、個人が健康で文化的な生活を送るために国家の積極的な介入を必要とする「社会権」の部分に分かれている。前者に関しては、身体的自由、思想、良心の自由、集会、結社の自由など、後者には、社会保障の権利、相当の生活水準の権利、労働の権利などが明記されている。

国際人権規約

　1966年には、世界人権宣言を基本的に踏襲した「社会権規約」（経済的、社会的および文化的権利に関する国際規約）と「自由権規約」（市民的および政治的権利に関する国際規約）、ならびに個人の通報制度に関する「自由権規約第一選択議定書」、1989年には「死刑の廃止を目指す『市民的及び政治的権利に関する国際規約』の第二選択議定書」が採択され、これらを総称して国際人権規約という。

　当初の予定とは異なり、社会権と自由権が個別の規約になり、採択まで時間を要したのは、東西冷戦が自由権対社会権という世界人権宣言採択以来のイデオロギー論争を先鋭化させたこと、植民地からの独立による加盟国数の増加自体が、合意を難しくしていったことによる。もとより自由権は即時に実施が可能、期待されるのに対し、社会権は同規約の第2条それ自体にも示されているように、社会の発展とともに「漸進的に達成」されるものという両者の性質的な違いもあろう。

　植民地の独立に関連して、世界人権宣言にはなく両人権規約に共通の第1条1項として記されたのが「すべての人民は、自決の権利を有する」とする民族自決権と、同2項の天然の富および資源に対する権利である。民族自決権を法的権利として認めるかどうか、また集団的権利であって個人の権利の規約にふさわしくないとの反発もあったが、1960年代以降数を増大させた途上国は、個人のすべての権利の前提として民族自決権があるとの立場で押し切った。

新しい人権

　こうした途上国の勢いは、1974年の「新国際経済秩序」決議などの具体的な要求の形となり、さらに、自由権、社会権に続く新たな権利として、「発展の権利」（right to development）の主張へとつながっていく。発展の権利は、平和

の権利、環境権とともに「第三世代の人権」と総称される。そして、1986年には国連総会決議において「発展の権利に関する宣言」(A/Res 41/128) が、賛成146、反対1（米）、棄権8（日本など）で採択された。その後、1993年の第2回世界人権会議で採択された「ウィーン宣言および行動計画」で、自決権とともに確認されている。このようにして、西欧型人権から出発した人権は、より普遍的なものとして発展してきたのである。このことは、世界の重大な人権侵害を調査し、国連の人権活動の中心を担う国連人権高等弁務官が同年に設置されたことにも見て取れる（☞ QR5-9-2）。

QR5-9-2

　国連では個別的な分野での人権保障を目的とした条約も多数採択されている。例えば、「ジェノサイド条約」(1948年)、「人種差別撤廃条約」(1965年)、「女子差別撤廃条約」(1979年)、「児童の権利条約」(1989年) などである。

　また、地域で人権条約を採択しているケースもある。「欧州人権条約」(1950年)、「米州人権条約」(1969年)、そしてアフリカ統一機構（現在のアフリカ連合：AU）は1981年に「人及び人民の権利に関するアフリカ憲章（バンジュール憲章）」を採択した。同憲章では、発展の権利についても規定している。地域の人権条約は普遍的人権の考え方と矛盾するように見えて、地域的特性も配慮した人権基準のもと、条約の実施機関としての人権裁判所が設置されていることに特徴がある。なお、アジアでの人権条約は存在しない。

履行確保の問題

　このようにして、国連や地域機関を通して、第2次世界大戦後の人権条約体制それ自体は成熟してきた。しかし、個人の権利を対象とすることから、条約の実際の履行は各国の国内法に委ねられている側面が大きい。そのため、自由権規約委員会下の規約人権委員会のように、条約によっては履行を確保するための委員会を設けているものも多い。これらの委員会は、政府報告制度や個人通報制度を通して人権規範の国内へのいっそうの浸透につとめている。

　政府報告制度では、条約締約国政府が提出する条約履行状況の報告書に対して、個人専門家で構成される当該委員会がNGOの報告書などとともに審査をし、最終所見を採択する。法的拘束力はないが、政府も何らかの対応をとらざるをえないという影響力がある。一方、個人の通報制度は、条約の締約国下の

第 9 章 人権問題 259

表 5-9-1 主な人権条約

名称	採択年	発効年	締約国数	注記
ジェノサイド条約	1948	1951	152	日本は未批准 アメリカ*は批准
社会権規約	1966	1976	171	
自由権規約	1966	1976	173	アメリカは批准
自由権規約第一選択議定書	1966	1976	116	個人の通報制度を規定。日本は未批准
自由権規約第二選択議定書	1989	1991	88	死刑の廃止を義務化する内容。日本は未批准
人種差別撤廃条約	1965	1969	182	アメリカは批准
アパルトヘイト犯罪の禁止及び処罰に関する条約	1973	1976	109	日本は未批准
女子差別撤廃条約	1979	1981	189	
拷問禁止条約	1984	1987	171	アメリカは批准
児童の権利条約	1989	1990	196	
移住労働者及びその家族の権利保護に関する条約	1990	2003	55	日本は未批准
障碍者権利条約	2006	2008	182	
強制失踪からすべての者の保護に関する条約	2006	2013	63	

＊アメリカは国際条約で拘束されるのを嫌う傾向にあり、特に人権についてはそれが顕著である。ここではアメリカが批准している場合のみ注記している。
出所）国連のホームページより作成（☛ QR 5-9-3）。なお、締約国数は2020年9月現在。なお各国の批准状況などは、国連人権高等弁務官事務所（OHCHR）のホームページを参照 https://www.ohchr.org/EN/ProfessionalInterest/Pages/CERD.aspx

QR 5-9-3

個人が条約に規定された権利を侵害された場合は、委員会に救済を求めることができる制度である。委員会で採択された検討結果は、当該個人と関係締約国に送付されることになる。日本は、個人通報に関する議定書をいずれも批准していないことから、日本人が国内の人権侵害に対して当該制度を利用することはできない。

一方、混同しやすいが、2006年に従来の人権委員会に替えて、国連総会下部機関としてジュネーブに新たに設置された国連人権理事会では、すべての国連加盟国の人権状況について「普遍的定期的レビュー」（UPR）が行われている。日本は、2008年に第1回の審査を受けており、死刑制度や慰安婦問題が取り上げられた（☛ QR 5-9-4）（☛第Ⅲ部第5章「国際NGO」参照）。

QR 5-9-4

さらに広がる21世紀の人権問題

生物学や医学における技術発展とともに、新たな人権問題も浮上してきた。1997年にはユネスコ総会において、「ヒトゲノムと人権に関する世界宣言」が採択された（☛ QR5-9-5）。ヒトゲノムに関する研究およびその結果の応用が個人および人類全体の健康の改善における前進に広大な展望を開くことを認識しつつも、人間の尊厳、自由および人権、ならびに遺伝的特徴に基づくあらゆる形態の差別の禁止を十分に尊重すべきことを強調し、ヒトゲノムは人類の財産であるとしている。その後も、2003年には「ヒト遺伝子情報に関する国際宣言」、2005年には、「生命倫理と人権に関する世界宣言」が採択され、個人の利益と福祉を科学や社会の利益に優先させることが確認されている。遺伝子治療や医学技術の進歩は、数知れない難病やエボラ出血熱などの感染症の予防、拡大阻止に不可欠である。しかし一方で、代理母と生まれた子どもの人権のように、医学の進歩に法制度が十分に追いついていけないという実態もある。また、LGBT（= lesbian, gay, bisexual and transgender）に対する人権侵害も問題となっており、世界人権宣言や一連の人権条約に基づいて守られるべき人権として、国連を中心とする取り組みが始まっている（☛ QR5-9-7）。

QR5-9-5

QR5-9-6

QR5-9-7

国際結婚の破綻と子どもの人権

人の移動が容易になり国際結婚が増えるとともに、結婚生活が破綻した際に一方の親が一方の親に無断で子どもを母国に連れ去り、その後面会できないなどの問題が発生している。日本人に当てはめれば、外国に住む日本人が子どもを連れ去る場合、逆に外国人により日本から国外に連れ去られるケースがある。いずれの場合も、若年であればあるほど子どもの意思とは無関係に生活基盤が急変し、二度と一方の親や親族に会えないという子どもの人権に大きくかかわってくる。こうした問題は国際的にも認知されており、1980年には、「国際的な子の奪取の民事上の側面に関する条約」（ハーグ条約）が採択された（2021年1月現在、締約国数は101ヵ国）。同条約では、子どもへの有害な影響が生じないよう、原則として元の居住国に子どもを返還するための国際協力の仕組みや国境を越えた親子の面会交流の実現のための協力が定められている。日本は2014年にようやく加盟し、これにより、外務省が窓口となって、相手国に対して返還申請の援助を求めることができ、外国で生活している日本人にとっては、日本が非締約国であることを理由にした子を伴う渡航制限が緩和されることになる。

（☛ QR5-9-6 外務省のホームページ）

◆参考文献
①申惠丰『国際人権入門——現場から考える』岩波新書、2020年。
②横田洋三編『国際人権入門（第2版）』法律文化社，2013年．
③辻村みよ子『人権をめぐる十五講——現代の難問に挑む』岩波現代選書，2013年．

第10章　ジェンダー

ジェンダーという概念

「ジェンダー」とは社会的・文化的につくられた性別を意味する。すなわち特定の社会が男性および女性にふさわしいと考える社会的に構築された役割、態度行動、属性を指すもので、男女の生物学的な性別の「セックス」とは異なる。先進国、途上国を問わずジェンダーに起因する偏見や不平等、格差をもたらす数多くの問題に対処するためには、ジェンダーの視点に敏感な施策が不可欠であると考えられている。しかしジェンダー平等という目標は、既存の男性支配構造への挑戦となるため、強固な壁に突き当たることも多い。世界経済フォーラムによる教育、政治、経済、保健の4分野での男女格差「ジェンダー・ギャップ指数（GGI）」（表5-10-1）によれば、日本の順位は153カ国中121位（前回は149カ国中110位）と主要7カ国（G7）中最下位であり、日本女性の政治経済への参画度がきわめて低いまま、ジェンダー平等を目指す他の国々

表5-10-1　ジェンダーギャップ指数 （2020）
上位国および主な国の順位

順位	国名	スコア
1	アイスランド	0.877
2	ノルウェー	0.842
3	フィンランド	0.832
4	スウェーデン	0.820
5	ニカラグア	0.804
6	ニュージーランド	0.799
7	アイルランド	0.798
8	スペイン	0.795
9	ルワンダ	0.791
10	ドイツ	0.787
15	フランス	0.781
19	カナダ	0.772
21	英国	0.767
53	米国	0.724
76	イタリア	0.707
81	ロシア	0.706
106	中国	0.676
108	韓国	0.672
121	日本	0.652

出所）男女共同参画局『共同参画』2020年3・4月号。
http://www.gender.go.jp/public/kyodosankaku/2019/202003/202003_07.html

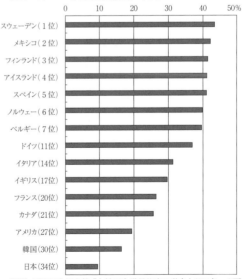

図5-10-1　女性国会議員の比率

出所）国立国会図書館「女性国会議員比率の動向」2015年、6頁。
http://dl.ndl.go.jp/view/download/digidepo_9535004_po_0883.pdf?contentNo=1

から取り残されている状況を示している。

最近よく使われるLGBTとは、性的指向を指すレズビアン、ゲイ、バイセクシュアルと、「セックス」と「ジェンダー」という性別に不一致なトランスジェンダーの頭文字であり、性的少数者を指す。オリンピック憲章はいかなる差別も禁止しており、国際機関は日本政府にLGBT差別禁止法の制定を再三求めてきた。2020年のアメリカ大統領選挙ではゲイを公言する初の候補が民主党予備選で注目されたが、カミングアウトもLGBTの呼称も必要としないのが理想の社会であろう（NHKアメリカ大統領選挙「最年少38歳、ブティジェッジの"静かなる"挑戦」☞ QR 5 -10- 1）。

QR 5 -10- 1

ジェンダーの平等とポジティブ・アクション

国連は1975年を「国連女性の年」と定めて第1回世界女性会議を開催し、「平等・開発・平和」をスローガンに翌年から「国連女性の10年（1976～85）」が始まった。女性NGOネットワークの強力な運動に支援され、最大の成果である「女性差別撤廃条約」（正式名「女子差別撤廃条約」。☞ QR 5 -10- 2）が1979年国連で採択され、日本は1985年に批准した。現在締約国は189ヵ国に上る。

QR 5 -10- 2

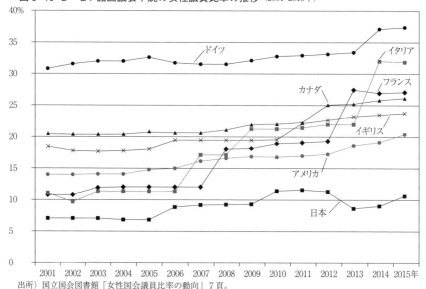

図 5 -10- 2　G 7 諸国議会下院の女性議員比率の推移（2001-2015年）

出所）国立国会図書館「女性国会議員比率の動向」7 頁。

ジェンダー平等を実現するためのポジティブ・アクションは同条約第4条1項にあり、以下に見る通り合法的かつ暫定的とされている。

「第4条1項『暫定的特別措置』 締約国が男女の事実上の平等を促進することを目的とする暫定的な特別措置をとることは、この条約に定義する差別と解してはならない。……これらの措置は、機会及び待遇の平等の目的が達成された時に廃止されなければならない」。

ジェンダー平等を推進するもう1つの重要な柱は、1995年の第4回世界女性会議で出された「北京宣言及び行動綱領」である（出所：男女共同参画局「第4回世界女性会議・北京宣言」☞ QR5-10-3）。ここでジェンダー主流化が初めて明記され、以後国際社会での取り組みが本格化した。国連では既存のジェンダー関連の4機関が2010年に統合され「ジェンダー平等機構（UN Women）」となり、グローバルなレベルでの女性のエンパワーメントとジェンダー主流化を支援し

QR5-10-3

図5-10-3 ポジティブ・アクションの実現方法

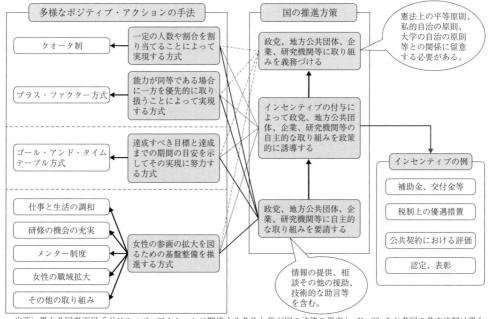

出所）男女共同参画局「ポジティブ・アクションに関連する条約と我が国の法律の規定」pdf.p.22. なお各国の基本法制は男女共同参画局『白書平成19年版』を参照のこと。（☞ QR5-10-4）

QR5-10-4

てきた。

政界で女性が対等に参画する権利を履行するためのクオータ制は、憲法や法律に基づく議席割当制、候補者クオータ制、政党の自発的クオータ制と3通りあり、いまや120以上の国でそのいずれかが採用されている。その結果、女性議員の比率は過去20年間で平均11.3％から22％以上に増加した（「女性国会議員比率の動向」☞図5-10-1）。こうした国際社会の潮流のなかで、政界や企業役員レベルでジェンダー格差の解消を積極的に目指し必要な措置を講じてきた国と、そうではない日本とでは差が拡大していることは、図5-10-2からも見て取れる。なお、図5-10-3はポジティブ・アクションの実現方法である。

日本では「第二次男女共同参画社会基本計画」（2005年）で、あらゆる分野において2020年までに、指導的地位に女性が占める割合を少なくとも30％にするという目標が決定された。が2020年には実現できず先送りされた。「女性活躍推進法」（2016年）や「候補者男女均等法」（2018年）が制定されたものの法的強制力はなく、女性が働く環境も整っていないままでは実効性は確保されない。

「女性が輝く社会」

2016年末の世界を見ると、ドイツ、英国という二大国で女性が首相に就き、アメリカでは女性大統領候補が落選したものの総得票数では勝った。また経済界においてはIMF（国際通貨基金）の専務理事、米国FRB（連邦準備制度理事会）議長も女性である。しかし日本では初の女性都知事に注目が集まるが、女性首相誕生の見通しもなく、女性国会議員の数も増えない。世界経済フォーラムが「ジェンダー・ギャップ指数」を発表していることからもわかるように、女性の活躍がその国の経済の発展に不可欠であるとの認識は日本以外の多くの国で共有されている。長時間労働、男女賃金格差、有期・無期雇用に加え、待機児童、老親介護といった日本の女性が抱える問題点を見直さなければ、安倍政権が最重要課題の1つと位置づける「女性が輝く社会」は「絵に描いた餅」で終わるだろう。

ジェンダーと開発・平和

世界の人口の半数は女性であるが、貧困層の7割が女性であり「貧困の女性化（feminization of poverty）」と呼ばれている。これは先進国も含めて、女性の限定的な経済参加、家事育児など無報酬の労働、男女の賃金格差、または人口の高齢化などに起因する。南アジアやアフリカのサハラ以南では女子の識字率は男子より低く、HIV/エイズ感染者や人身取引の被害者、途上国で起きる大規模災害で落命するのも女性のほうが多い。このようなジェンダーの不平等を是正するため、日本が行う途上国援助は、単に女性を受益者とする初期のアプローチに代え「ジェンダーと開発（GAD）イニシアティブ」アプローチを実践

している（☛ QR 5-10-5）。

「女性の権利は人権である」と「ウィーン人権会議」（1993年）で強調され、次いで国連総会で採択された「女性に対する暴力の撤廃に関する宣言」（1993年）（☛ QR 5-10-6）では、戦時下のレイプ、売買春、夫による暴力、セクシュアル・ハラスメント等すべての性暴力は人権侵害であると断定された。さらに2000年に平和・安全保障活動にジェンダーの視点や女性の参画が初めて織り込まれた「国連安保理決議1325号」が全会一致で採択された（☛ QR 5-10-7）。この安保理決議により、これまで蚊帳の外におかれていた難民の女性たちも紛争後の復興や和平交渉に加わることが可能となり、また紛争地での性的暴力の問題に、国連機関や加盟国政府の対策を迫るきっかけともなった。

1990年代以来のこうした女性の人権尊重の動きを背景に、日本の従軍慰安婦問題が93年の河野内閣官房長官談話（☛ QR 5-10-8）以来注目を集めてきた。96年、国連人権委員会のクマラスワミ報告書（☛ QR 5-10-9）では慰安婦を軍の「性奴隷（Sex Slave）」と定義し、同委員会は日本政府に謝罪と補償を勧告したが、日本政府は戦時賠償問題は日韓基本条約締結（1965年）により決着済みとの態度を変えなかった。しかし日韓国交正常化50年目の節目である2015年12月に、日韓両政府は慰安婦問題を「最終的かつ不可逆的解決」とすることに合意し、日本政府が10億円を出資して「和解・癒し財団」が設立されたが、韓国内の強い反対を受けて日本政府の同意のないまま2019年に解散された。韓国内では慰安婦像を模した少女像が各地に設置されるなど、日韓関係の悪化に拍車をかける結果となった（☛ QR 5-10-11）。（朝日新聞デジタル2019年7月5日「日韓慰安婦財団が正式解散」☛ QR 5-10-12）

従軍慰安婦問題

日本政府は2014年に河野談話を検証し、強制連行の証拠がなく、慰安婦証言の裏づけ捜査もなかったことが判明した。また1982年以来慰安婦問題を報道してきた朝日新聞は「女性を強制連行した」という吉田証言を虚偽と判断し、過去の記事を取り消し（2014年8月5日、6日朝刊 ☛ QR 5-10-10）謝罪した。しかし2015年末に日本政府は軍の関与や政府の責任を認め、韓国政府が新設する元慰安婦支援の事業を行う財団に10億円を拠出すると表明した。

◆参考文献
①内閣府男女共同参画局編『男女共同参画白書』毎年刊行，平成28年版 http://www.gender.go.jp/about_danjo/whitepaper/h28/zentai/
②辻村みよ子編『壁を超える――政治と行政のジェンダー主流化』（ジェンダー社会

266 第Ⅴ部 地球社会のアジェンダ

科学の可能性 第3巻）岩波書店，2011年.
③大沢真理編『公正なグローバル・コミュニティを——地球的視野の政治経済』（ジェンダー社会科学の可能性 第4巻）岩波書店，2011年.
④辻村みよ子『ポジティヴ・アクション——「法による平等」の技法』岩波新書，2011年.
⑤前田健太郎『女性のいない民主主義』岩波新書，2019年.

終章　21世紀地球社会の展望と日本

　振り返って、あのときに歴史が変わったという瞬間があるものである。国際政治のいかなる理論も予測しえなかった冷戦の終焉、それに続くソ連邦の崩壊、9.11同時多発テロ事件は、まさしくその瞬間であった。そして、新型コロナウイルス感染症のパンデミック（世界的大流行）が起きた2020年は、グローバリゼーションの大転換点、そして国際政治の構造変化を迎えた時として、後から位置づけられることになるであろう。

　目まぐるしく、そして、想定外に動く国際関係の未来予想をすることは、あまり賢明ではないかもしれない。しかし、グローバル化のマイナス面を前面に国家の重要性が声高に主張され、他者に対する寛容度を著しく欠く世界的な息苦しさは、コロナ禍でいっそう高まった。それは、明らかにこの本のコンセプトでもある「地球社会」の意味を問われている状況である。

　本章では、冷戦後の歴史を振り返りながら現実に何が起きているのか、その事実を確認するとともに、21世紀地球社会の可能性と日本の役割、立ち位置について考察する。

グローバル化がもたらす負の側面

　冷戦の終焉後、軍用から民生化された半導体技術は、インターネットなど通信・情報技術を発展させ、経済のグローバル化を一気に加速させた。人、モノ、資本の自由な移動は、地球を1つにするかのように礼賛をもって迎えられた。もちろん、グローバル化は世界にあまねく均等に進むものではなく、当初から国家間格差、国内格差など負の側面も指摘されていたが、1990年代は、気候変動枠組条約が締結され、世界貿易機関（WTO）が設立されるなど、地球規模で取り組まなければならない問題での制度化が進むことへの期待が上回った時代であった。

　先に矛盾が露呈したのは、途上国であった。米ソ対立と結びつく形で国内を掌握していた途上国の権威主義体制は、国際社会からの民主化、市場経済の導入の要求とともに動揺した。そして、ますます権力にしがみつく体制側に対し、

国内の不満分子を取り込む形でテロリストはネットワーク化を進めていった。それらは、グローバル化＝アメリカ化に対する批判を展開し、最大規模となった国際テロが、2001年の9.11同時多発テロ事件であった（☛第Ⅲ部第9章）。

　一方、資本を自由に操る側にいた先進国に目を向ければ、国内の製造業が途上国へと分業化され、空洞化していった。また、人の自由な移動がもたらす移民の増加は、国内労働者の賃金が低く固定化されることにもつながった。グローバル化の旗振り役であり、最大の恩恵を受けてきたアメリカやイギリスだからこそ、恩恵を受けない市井の人々の国内格差への不満は蓄積され、結果的に、ドナルド・トランプ大統領の登場やBREXITへつながったのである（☛第Ⅲ部第3章）。

アメリカの驕りと翳り

　アメリカは、2001年の9.11後、対テロで世界が一致していたアフガニスタン紛争の余勢を駆り、国連決議による正統性もないままイラク戦争を開始した。戦争開始の根拠であった大量破壊兵器は存在せず、9.11テロとイラクの関係も検証には至らず、ここにグローバル化時代の「パクス・アメリカーナ」（アメリカによる平和）は、威信を大きく傷つけた。アメリカの手による「イラクの民主化」は、宗派対立を先鋭化させ内戦に至らしめ、これまで以上に中東を不安定化させ、イスラーム主義過激派集団を伸長させただけであった。一国の民主化を大国が外から軍事力で達成できると考えたことがイラク戦争の大きな誤算であり、大国ゆえの傲慢であった。

　イラクの清算と経済不況の脱却を訴え登場したバラク・オバマ大統領であったが、そのアメリカが2011年にイラクからようやく撤退すると、その力の真空を埋めるかのように「IS」（☛第Ⅲ部第9章）が勢力を拡大した。国境を越えた広がりはシリアの内戦を悪化させ、ヨーロッパを分断させることになる大量の難民を生み出すことになる（☛第Ⅴ部第8章）。2013年にアサド政権が化学兵器を使用したことが明らかになった後でさえ、国連は無力であり、米ロは力の駆け引きを行うだけで、有効な手立てを講じることはなかった。それどころか、このとき、オバマは、「アメリカは世界の警察官ではない」と明言したのである。ロシアがクリミア半島を力で奪う暴挙にでたのは、その翌年である。

終章　21世紀地球社会の展望と日本　269

　一方、アジアに目を転じてみれば、南シナ海での中国の人工島の拡張や埋め立てが本格化してくるのも同時期である。オバマ政権下で初めて行われた2009年の米中首脳会議では、「積極的、協力的、全面的な米中関係」の強化が示され、中国に対する見方は楽観的であった。しかし、徐々にあからさまになる南シナ海での中国の不法行為や2010年の尖閣諸島の漁船衝突事故などを受けて、2011年にアメリカはアジア太平洋に軸足（ピボット）を移す、いわゆるリバランス政策を提示していた。にもかかわらず、中国の海洋進出はおさまらず、北朝鮮がミサイル開発・実験を行うなど、アメリカは軽んじられた大国になっていたのである。

　オバマは、就任早々「核なき世界」という高邁な理想を謳いあげ、現職大統領として政権最後の2016年にヒロシマを訪問し、核問題に取り組んだ大統領としての１つ軌跡を描いた。しかし、現実の紛争や大国の力関係、アメリカの世界的な影響力については、あまりにもナイーブであった。アメリカはすでにオバマ政権下で、国際秩序を担う意思はなく、覇権国の立場を放棄していた。そして、トランプ政権の誕生により、世界を主導する国がいない「Ｇゼロ」世界が本格的に始まった。

　トランプ大統領は、「アメリカ・ファースト」の公約通り、TPPからの離脱に始まり、気候変動に関するパリ協定やイラン核合意など国際的取り決めから次々離脱した。さらに、新型コロナウイルス禍では世界保健機関（WHO）からの脱退を表明するなど、自由貿易や国際協調に背を向けた４年間であった。アメリカが第２次大戦後に自らの国益にかなうように主導的につくり上げてきた"リベラルな国際秩序"そのものの破壊者となったのである。さらに、自国の負担を軽くしようとするあまりの同盟国批判は、NATO、ヨーロッパ諸国との関係を悪化させた。一方、米中関係も、それまでの政権では貿易面では相互依存のウインウイン関係にあると考えられていたのが、トランプ自らが"米中貿易戦争"を仕掛け、ファーウェイ（華為技術）に対する禁輸措置を行うなどデカップリングが進行した（☛第Ⅴ部第１章）。

軽くなる言葉、政治

　地球社会を語るのが憚られるのは、アメリカに限らず、各国で政治家の語り

がますます排他的、攻撃的になっているからである。現代のグローバリゼーションを象徴する IT 革命により、ポピュリズム（大衆迎合主義）の強力なツールとなったのがソーシャルネットワーク（SNS）である（☞第Ⅴ部第2章）。そこでの情報は単純化され、排外主義やナショナリズムを極端に鼓舞するような過激な意見が短文・短時間で飛び交い、反論さえ許されない空間をつくっていく。しかも、グローバル化に伴う所得格差や不公平感を抱く人々の不安感を煽り、個人的な信条に訴えかける偽情報が政治的に影響をもつ「ポスト真実」の時代になっている。ともすれば、超大国の指導者をはじめとする政治家が SNS 上で、フェイクニュースやヘイトスピーチを大量に流し、社会的な攪乱要因となって、民主主義の根幹を揺るがしてきた。一方で、既存のマスメディアの報道も権力者におもねり、信頼度を低下させてきたことも否定できない。

　日本も例外ではない。事実と異なる乱暴な発言や外国人差別に対する単純化された議論はネット上に溢れ、コロナ禍では、医療従事者への偏見や「コロナ自警団」なるものが出現している。“忖度”の技量が問われる官僚、重要な問題を回避する国会、存在感の低い野党を目の当たりにすると、何より民主主義の政治の“場”が貧困化しているのではないだろうか。

　日本は中国、韓国、ロシアと近隣諸国との領土問題を抱えている（☞第Ⅳ部第1章）。東シナ海をめぐっては、中国の公船による領海侵犯が恒常化し、中国空軍が領空侵犯すれすれの飛行を行うなど、危機レベルはかなり高い。また、北朝鮮問題のミサイル開発、核保有がめぐって、「対話より圧力」との姿勢は、相手の挑発行動や偶発事故が SNS で即時に単純化して伝わり、ナショナリズムを刺激し、紛争のエスカレーションへとつながることも、大いにありうるシナリオである。軍事的行動は誤情報を生み出し、人々を熱狂させることは、歴史が物語っている。

3.11は日本にとっての転換点になったのか

　2011年3.11の東日本大震災は、日本にとって戦後最大の被害をもたらした複合災害であり、エネルギー問題、少子高齢化問題、地方の過疎化・都市との格差問題など、日本が抱える様々な問題を一挙に顕在化させた。日本の将来像にとっての大きな転換点になると思われた。震災からすでに10年が経過し、教訓

が活かされ、想定される南海トラフ地震への万全の備えがなされているとは思えないのが現状であり、繰り返し起きる異常気象に伴う自然災害についての事前の対策も十分とはいえない。

エネルギー資源に乏しい日本は、エネルギー自給率は一桁であり、その多くを輸入に頼ってきた（☞QR6-1　資源エネルギー庁）。3.11東日本大震災は、そのことを理由に「原子力ムラ」がつくってきた安全性の言説が誤りであったことを世界中に知らしめた。しかし事故当時の民主党・菅政権でこそ、脱原子力発電や再生エネルギーへの転換も模索されたが、安倍政権は当初から原発維持の方針を打ち出しており、2018年に出された「第5次エネルギー基本計画」（☞QR6-2）でも、原発を「エネルギー需給構造の安定性に寄与する重要なベースロード電源」と位置づけている。実際に、2020年までに5原発9基が再稼働した。原発を抱える地元は、再稼働の安全基準を目の前に、廃炉と原子力発電がもたらす経済的恩恵の間で揺れている（☞QR6-3　日本原子力産業協会）。

QR6-1

QR6-2

QR6-3

フクシマ原発事故は、直後の情報開示不足が国内のみならず国際社会からも大きな不信を招いた。また、核兵器保有国を除いては最大のプルトニウム保有国であることが核兵器への転用可能性として危惧されている。平和利用の要であった福井県にある高速増殖炉「もんじゅ」は、初臨界からほとんど稼働しないまま20年以上が経過し、2016年には廃炉が決定された。しかし、建設時に、想定外の工程は、可能かどうかも含め難航が予想されている。一方、菅（すが）政権は2020年10月に「2050年カーボンニュートラル」を宣言し、脱炭素化を目指しているが、"いかにして"は見通しさえ立っていない（☞第Ⅴ部第6章）。

こうして、3.11から10年が経過し今なお仮設住宅暮らしの市民がいるなか、日本のエネルギー政策（☞第Ⅴ部第5章）は再び原子力に依存しようとし、3.11東日本大震災は風化しつつある。

危機的な日本の人口・労働問題

東北の避難所の映像は、これは日本の地方都市の過疎化、人口の高齢化の縮図でもあった。安倍政権は希望出生率1.8人、人口1億の総活躍を目指してきたが、ハイパー少子高齢化、人口減少は止まる所を知らない。晩婚化や晩産化の影響もあるが、そもそも出産する世代の人口が減っている以上、出生数は減

り、人口減も当然であろう。高齢化に伴い定年年齢が今後上昇していけば、少ないパイをめぐって若年層の失業が高まるなど、労働市場が混乱する可能性もある。日本の社会を劣化させないためにも、就業時間など男女問わず労働環境を整えるとともに、女性の就業率ならびに出生率を同時に上昇させることが喫緊の課題である（☛ QR6-4　内閣府『高齢化社会白書』）。

QR6-4

　また、介護現場や建設現場などまったなしで労働力を必要とする現場では、外国からの労働者雇用も考えていかなければならない。実際に、外国人労働者数は、2019年の10月末時点で166万人で（☛ QR6-5　厚生労働省）、就業者全体に占める割合は2％を超えている。それでも、日本は「移民政策」はとらないと強固に主張している。日本で技術を学んで自国の発展に役立ててもらうことが目的のはずの技能実習制度は、いつの間にか、安い労働力を確保する隠れ蓑になっており、人権問題にさえ発展している。

QR6-5

　少子高齢化が進むなかで、国内の貧困、格差の問題も深刻である。なかでも子どもの相対的貧困率は、2018年時点の数値に改善が記されたものの、先進国で構成される経済協力開発機構（OECD）の平均値を上回り、子どもの7人に1人が貧困状態におかれており、主要36カ国中23位の高さである（☛ QR6-6　OECD Family Database、QR6-7　厚生労働省）。

QR6-6

QR6-7

未来に向けて：ポストコロナの日本に求められること

　2020年、新型コロナウイルスのパンデミックの時代になると誰が予測したであろうか。21世紀に入って、SARS（重症急性呼吸器症候群）やMERS（中東呼吸器症候群）、エボラ出血熱などが流行したが、短期間にこれだけ世界大に広がったものはなかった。感染は途上国も例外ではないが、相対的に医療の進んでいるヨーロッパ、アメリカといった先進国で、2020年末時点で感染者や死者数が増え続けている事実をどのように考えたらいいのか、人口動態や生活習慣と合わせて考えるべきなのか、現時点でポストコロナを論じるのは早すぎるのかもしれない。ただ1つ確実なことは、グローバリゼーションの後退、負の側面の顕在化、その反動のようにゲート・キーパーとしての国家の復権であり、過去に戻ることはできないことである。

　アメリカ・ファーストを掲げてきたトランプ大統領は、楽観的フェイク

ニュースを流すだけで新型コロナウイルスに無策であった。そのことが、2020年の大統領選挙の敗北の一因であることは、皮肉である。トランプ政権によって失われた4年はあまりにも大きい。その理念なき外交は、アメリカの経済利益が最優先で、すべてをディールと見なし、同盟関係や多国間の合意を蔑ろにするものであった。一方、アメリカに歴史的に存在していた人種差別や移民排斥感情を高揚させ、国内の分断化は、よりいっそう厳しいものになった。その政治手法は、選挙で選ばれた大統領とはいえ、独裁者然としていた。2021年から民主党・バイデン政権になったからといって、2020年大統領選挙でのトランプに対する支持が予想を上回るものであったことが示すように、政治を正常に戻し、分断を修復するのは容易ではない。さらに4年後に振り子が再び振れることも考えられる。

　もちろん、アメリカは軍事力でも経済力でも依然として世界の第1位の地位にあることには変わりはない。しかし、トランプ政権下でアメリカが国際政治における影響力を低下させる一方、中国はその間に軍事力を増強し、新型コロナウイルスをいち早く抑え込み、発生源と批判されながらも経済の回復力を見せつけた。習近平国家主席の南シナ海をはじめとする海洋での強硬姿勢は変わらず、国内の人権弾圧や香港版「国家安全法」の導入に対する国際社会からの批判にも動じるところがない。

　そして、さらに深刻なのは、トランプ政権の4年間と新型コロナウイルスが、民主主義への懐疑にもつながっていることであろう（☞第Ⅲ部第1章）。コロナ禍では、感染拡大を防ぐためには、移動の制限や行動の把握のための情報収集など、行き過ぎれば個人の自由や権利を損なう国家の行動が緊急事態を理由に容認されることになった。冷戦後の世界で自由主義・民主主義こそがすぐれた政治体制であると考えられてきたのに対し、「中国モデル」の存在感を途上国に示したともいえよう。われわれはこれらの意義を問い直す必要があるのかもしれない。

　本書で取り上げてきた、テロ、難民・移民問題、環境問題、世界経済の問題、そして、現在進行形のパンデミックも、一国のみで解決できるものではない。行き過ぎたグローバル化をコントロールする術も含めて、国際機関を利用しながら各国が協調し取り組む以外に解決方法はないのである。それは、政治体制

の違いや大国か否かを問うものでもないし、逆に、市民レベルでの連帯、地球市民社会が貢献できる余地も大きい。

　日本はアメリカとの同盟関係が強固であること（少なくともそう信じ込もうとしている）に、戦後の安全保障を依存してきたことは否定できない。しかし、パンデミックが地球全体の安全保障の問題として立ちはだかることが明らかになったいまこそ日本に求められることは、アメリカへの追従ではなく、開かれた自由主義・民主主義に基づく国際秩序の意義を示し、他国を国際協調へと誘い、アジアの安定やグローバルイシューの解決に貢献することである。そのためには、歴代1位の長期政権となった安倍政権の負の遺産を脱却し、コロナ後の新しい時代に向けて、国内の問題解決への道筋をつけることができるのかどうか。そして、歴史認識問題を超えて、日中、日韓の間の信頼関係を構築することができるのかどうか。日本は足元を盤石にすることから始めて、国際秩序に責任ある国としての立ち振る舞いも可能となろう。

◆参考文献
①宇野重規『民主主義とは何か』講談社現代新書，2020年．
②詫摩佳代『人類と病――国際政治から見る感染症と健康格差』中公新書，2020年．
③竹中治堅『コロナ危機の政治――安倍政権vs. 知事』中公新書，2020年．
④水島治郎『ポピュリズムとは何か――民主主義の敵か、改革の希望か』中公新書，2017年．
⑤イアン・ブレマー（北沢格訳）『「Gゼロ」後の世界――主導国なき時代の勝者はだれか』日本経済新聞出版，2012年．
⑥東京電力福島原子力発電所事故調査委員会『最終報告』2012年．（☛QR6-8）

QR6-8

編　者

滝田	賢治	中央大学名誉教授	序章、第Ⅰ部第1章～第3章、第Ⅳ部扉文・第1章第1節・第3章第1節～第4節、第Ⅴ部扉文・第5章・第7章
大芝	亮	広島市立大学特任教授	まえがき、第Ⅱ部扉文・第1章・第3章・第4章第1節
都留	康子	上智大学教授	第Ⅲ部第5章、第Ⅳ部第1章第3節・第4節、第Ⅴ部第6章・第9章、終章

執筆者（執筆順）

任	君三	山梨県立大学専任講師	第Ⅱ部第2章・第6章
柳	始賢	韓国延世大学校大学院客員教授	第Ⅱ部第4章第2節
井上	睦	北海学園大学専任講師	第Ⅱ部第5章
竹内	雅俊	東洋学園大学専任講師	第Ⅲ部第1章・第2章
上原	史子	岩手県立大学専任講師	第Ⅲ部第3章・第4章
和田	洋典	青山学院大学教授	第Ⅲ部第6章、第Ⅴ部第1章・第2章
今井	宏平	日本貿易振興機構アジア経済研究所研究員	第Ⅲ部第7章、第Ⅳ部第3章第2節
溜	和敏	中京大学准教授	第Ⅲ部第8章・第9章、第Ⅳ部第3章第3節
川久保文紀		中央学院大学教授	第Ⅳ部第1章第2節、第Ⅴ部第8章
橋本	昌史	内閣府地方創生推進事務局参事官補佐	第Ⅳ部第1章第5節
宇田川光弘		中央大学兼任講師	第Ⅳ部第2章、第Ⅴ部第3章・第4章
小林	綾子	上智大学特任助教	第Ⅳ部第4章第1節～第4節
星野	智	中央大学教授	第Ⅴ部第6章
宇田川史子		元東洋学園大学人間科学部教授	第Ⅴ部第10章

国際関係学――地球社会を理解するために〔第3版〕

2015年3月16日　初　版　第1刷発行	〔検印省略〕
2017年4月20日　第2版　第1刷発行	
2021年3月30日　第3版　第1刷発行	

編　者ⓒ滝田 賢治・大芝 亮・都留 康子
発行者　髙橋 明義

印刷・製本　亜細亜印刷

東京都文京区本郷1-8-1　振替　00160-8-141750
〒113-0033　TEL（03）3813-4511
FAX（03）3813-4514
http://www.yushindo.co.jp
ISBN978-4-8420-5581-7

発　行　所

株式
会社　有信堂高文社

Printed in Japan

国際政治と規範——国際社会の発展と兵器使用をめぐる規範の変容　足立研幾著　三〇〇〇円

レジーム間相互作用とグローバル・ガヴァナンス——通常兵器ガヴァナンスの発展と変容　足立研幾著　二六〇〇円

オタワプロセス——対人地雷禁止レジームの形成　足立研幾著　六三〇〇円

移行期正義と和解——規範の多元的伝播・受容過程　クロス京子著　四八〇〇円

国内避難民問題のグローバル・ガバナンス——アクターの多様化とガバナンスの変化　赤星聖著　四六〇〇円

北アイルランド政治論——政治的暴力とナショナリズム　南野泰義著　七四〇〇円

米国の冷戦終結外交——ジョージ・H・Wブッシュ政権とドイツ統一　志田淳二郎著　六三〇〇円

民族自決の果てに——マイノリティをめぐる国際安全保障　吉川元著　三〇〇〇円

国際協力のレジーム分析——制度・規範の生成とその過程　稲田十一著　二七〇〇円

制度改革の政治経済学——なぜ情報通信セクターと金融セクターは異なる道をたどったか？　和田洋典著　七三〇〇円

国際政治史としての二〇世紀　石井修著　三〇〇〇円

新版日本外交史ハンドブック[第二版]——解説と資料　増田弘編著　佐藤晋　三〇〇〇円

★表示価格は本体価格（税別）

有信堂刊

国際法の構造転換　石本泰雄著　五〇〇〇円

二一世紀国際法の課題　安藤仁介先生古稀記念　浅田正彦編　九〇〇〇円

国際立法の最前線　藤田久一先生古稀記念　坂元茂樹編　九二〇〇円

軍縮条約・資料集〔第三版〕　浅田正彦編　四五〇〇円

違法な命令の実行と国際刑事責任　佐藤宏美著　七〇〇〇円

国際海洋法〔第二版〕　林司宣・島田征夫・古賀衛著　二八〇〇円

海賊対処法の研究　鶴田順編　三〇〇〇円

国際環境法における事前協議制度　児矢野マリ著　六六〇〇円

国際環境法講義　西井正弘・鶴田順編　二九〇〇円

新版国際関係法入門〔第二版〕　櫻井雅夫・岩瀬真央美著　二五〇〇円

世界の憲法集〔第五版〕　畑博行・小森田秋夫編　三五〇〇円

★表示価格は本体価格（税別）

有信堂刊

20世紀社会学理論の検証　北川隆吉 編　四三〇〇円

移動という経験 ——日本における「移民」研究の課題　宮島喬 編　伊豫谷登士翁 編　三八〇〇円

移動から場所を問う ——現代移民研究の課題　伊豫谷登士翁 編　三八〇〇円

移動を生きる ——フィリピン移住女性と複数のモビリティ　小ヶ谷千穂 著　五〇〇〇円

現代アフリカ社会と国際関係 ——国際社会学の地平　小倉充夫 編　三五〇〇円

ディアスポラのパレスチナ人 ——「故郷（ワタン）」とナショナル・アイデンティティ　錦田愛子 著　五六〇〇円

女が先に移り住むとき ——在米インド人看護師のトランスナショナルな生活世界　S・M・ジョージ 著　伊藤るり 監訳　三〇〇〇円

「永続的ソジョナー」中国人のアイデンティティ ——中国からの日本留学にみる国際移民システム　坪谷美欧子 著　五六〇〇円

アメリカとグアム ——植民地主義、レイシズム、先住民　長島怜央 著　六〇〇〇円

オランダ社会への統合と「クルド人問題」 ——クルド組織と第2世代の活動を中心に　寺本めぐ美 著　五〇〇〇円

日本とドイツの気候エネルギー政策転換 ——パラダイム転換のメカニズム　渡邉理絵 著　六六〇〇円

日本の通商政策転換の政治経済学 ——FTA／TPPと国内政治　金ゼンマ 著　四八〇〇円

★表示価格は本体価格（税別）

有信堂刊